Le Pouvoir intellectuel en France

法国的知识权力

Régis Debray
〔法〕雷吉斯·德布雷 著

朱艳亮 译

人民文学出版社

著作权合同登记号　图字 01-2019-8090

Régis Debray
Le Pouvoir intellectuel en France
©Editions Gallimard, Paris, 1986
All rights reserved.

图书在版编目（ＣＩＰ）数据

法国的知识权力 /（法）雷吉斯·德布雷著；朱艳亮译. -- 北京：人民文学出版社，2022
ISBN 978-7-02-017343-3

Ⅰ. ①法… Ⅱ. ①雷… ②朱… Ⅲ. ①知识分子－研究－法国－现代 Ⅳ. ① D756.561

中国版本图书馆 CIP 数据核字 (2022) 第 134019 号

| 责任编辑 | 卜艳冰　何炜宏　郁梦非 |
| 封面设计 | 李苗苗 |

出版发行	人民文学出版社
社　　址	北京市朝内大街 166 号
邮政编码	100705
印　　刷	山东新华印务有限公司
经　　销	全国新华书店等
字　　数	200 千字
开　　本	889 毫米 ×1194 毫米　1/32
印　　张	9.5　插页 2
版　　次	2022 年 9 月北京第 1 版
印　　次	2022 年 9 月第 1 次印刷
书　　号	978-7-02-017343-3
定　　价	59.00 元

如有印装质量问题，请与本社图书销售中心调换。电话：010-65233595

目录

再版序言   1

告读者   1

绪论：巴尔扎克或动物学现状   7

第一章　定　位   21

  1．悖　论   22

  2．定　义   27

    A）引　子   27

    B）首次定义   27

    C）一个类别的历史   30

  3．统　计   32

    A）知识分子：首次计量   32

    B）知识分子：二次计量   34

    C）知识分子与评估   36

  4．响　铃   38

    A）真实的社会主义   38

    B）神职人员   40

第二章　三个周期   47

  前　言   48

  1．大学周期（1880—1930）   51

  2．出版周期（1920—1960）   76

  3．媒体周期（1968—?）   101

补充注解　　　　　　　　121

第三章　权力之逻辑　　　125

　1．地貌学：鸟瞰图　　126

　2．解剖学：切面图　　129

　3．经济：基础设施　　136

　4．新俏品，新权力　　144

第四章　传音即命脉　　　157

　1．影响的技术："野心"　158

　2．作为文学史的元素　166

　3．影响的动力："腐化"　175

第五章　等级符号及徽章　189

　1．新魅力　　　　　　194

　2．新逻辑　　　　　　197

　3．新策略　　　　　　199

　4．新午餐　　　　　　204

　5．性别之金字塔　　　212

　6．赦罪券计算表　　　216

　7．收入剪刀差　　　　228

第六章　高级与低级教士　231

　1．一个反差和两个原因　232

　　A）集中化　　　　　233

　　B）利　润　　　　　236

2．两个阶层和一个抗争　　　　　239
第七章　竞争社会　　　　　　　　249
　　1．原　则　　　　　　　　　　250
　　2．运　用　　　　　　　　　　262
　　3．后　果　　　　　　　　　　270
结　论　　　　　　　　　　　　　283
　　Ⅰ．不幸之圈　　　　　　　　284
　　Ⅱ．地狱新门　　　　　　　　290

再版序言[1]

名望是一种误解。这个悲喜剧性的规则同样适用于书及个人。

本书原设想包含三部：有关"知识动物"的自然史研究，该社会物种于十八世纪末在法国出现，其解剖研究始于黑格尔——此书原为动物学；研究从1880年至今，最近一个世纪以来有关国家知识分子圈子、其内容及影响过程的演化编年史——此书原为史学；尝试一套概念，它属于一种有待诞生的理论，这种理论或许是关于思想的物质存在条件——此书原为"媒介学"(médiologie)，或媒体、中介、信息的未来科学。

继本书之后出版的《文员》(Le Scribe)一书，试图高角度、从其与政治力量的关系中阐明知识分子的功能，相反地，《法国的知识权力》则自基层，即知识分子与传播物质手段的关系以及后者的转变进行阐述。然而，不论是以谱系学或社会学，从遥远的查理曼大帝或是现今的多媒体来切入主题，在我看来，知识分子的形象堪称是进入"道成肉身"的神秘核心的跳板——一个想法是如何，又在何种条件下成为一种权势的呢？在这神秘核心中诞生了一种"思想

---

[1] 本书1979年由Ramsay首次出版。1986年由Folio再版。——译注（若无特别说明，本书脚注均为译者注。）

的肉身",我称之为媒介学,且将在日后介绍其原则。

雄心合该不幸。三书合一,起码有两部显得多余。证据:它们统统掉入一个陷阱,被核心令我反感的第四部所取代:无尽的戏谑、诽谤,针对频频出现于荧屏、橱窗,坐在高脚椅上的知识分子,这种诽谤,近两个世纪年年盛行于巴黎,媒体与丑闻双双大获成功。"谩骂,这东西卑劣且违背认知的伦理"……我虽提过醒,人们还是盲目地信赖那些自以为明白的名人。总之,作为名声对作品、媒体噪音、信息价值进行新独裁的最好见证,我的论文在一瞥间随机被视为:"支持"——新分析工具的创造;"反对"——自由化、商品化的高层知识分子。论战始终比理论更得宠;它们的嘈杂在数月后减退但仍被受众的胃口推崇。一个小采访从此竟真的胜过长篇大论:在公开场合附带性地推翻一个观点,可以在众人面前抹杀一种思想背后所有艰苦的努力。一页对"引号"[①]节目的专题介绍立即令其他三百个节目在评论者的眼中黯然失色。

在搪塞敷衍中半推半就地成为名望误解的受害者,我也负有部分责任。我需要激烈争论,需要通过具体、可指的讽喻来为严肃深涩的事态进展润色,尤其再加上好说教和激进的怪癖,令我拙劣地冒充学者。我不满足于冷眼旁观地分析,于是沉默地以生产者的抵抗来反对传播者,希望借此从某种角度上使知识分子阶层重归其演变程序和正统特性,而不是任凭"大众"市场神经质的不断壮大的网络所主宰。作为反对电视的书籍,本书以它自己的方式再次发起

[①] "引号"(Apostrophes),法国20世纪七八十年代最著名的文学类电视节目。

先前的战役——抗议的，清教徒式的——以文字迎战图像。呼吁未被听见，知识分子改革没有发生，抵抗缺乏规模，以及前所未有地，"作品价值与作者价值相互混淆"。作为一名作家，我个人坚持远离电视屏幕十年之久，并以此为代价（可以这么说，从读者数量和销量上，这种戒绝对作者来说代价昂贵）明白了在文学和其他圈子里，图像主宰究竟意味着什么。我曾被标记为"不为任何人而写的作家"，被束住手脚送到大牌媒体的全能杀手面前，媒体是当下的主宰，完全免于惩罚。月刊不计算在内的话，《费加罗文学》《法国文学》《艺术》等刊物之间，每个星期都既独立又彼此配合地制定知识的市价和更新符号行情，在这样的世界里，我不想于尖酸乖戾的伤感中独自老去。1986 年，伯纳德·皮沃特①再次以他绅士的优雅邀请我参与他的节目，我觉得应该接受。我的出尔反尔本该令人反感，结果我不过是被认定宣告投降（不过这两者并不相斥），进入演播室仿佛把信投进邮筒。媒体民主下的信息倍增和视听传播影响的迟钝化导致了营销的平庸化，消费者健忘而冷漠，吐掉被强饲的信息，在过满的环境中头脑空空。在"噪音"的野蛮主宰面前，这些现象或许给予作者的那些担忧一个狡黠的对位。

雷吉斯·德布雷

---

① 伯纳德·皮沃特（Bernard Pivot, 1935— ），法国记者。前文提到的"引号"电视文学节目主持人。

告读者

本书最初是为补全一个更为宽泛的理论研究，名为《论媒介学》(*Traité de médiologie*)，目前正在出版中。第一部分在于确定西方社会的象征功能，追溯其载体的历史，阐述其与国家权力的有机关系。第二部分试图同时分析媒介概念以及由现代大众媒体（mass média）诱发的政治、文化的新科技。本书的具体分析，是将相对自由的概念场理论（champ conceptuel）应用到现代法国知识分子具体状况的结果。我们选择将其单独出版，因为就其研究对象而言内容是完整的。至于观察的方法及"终极"议题，它们只会在系统地制定知识分子、媒体、国家的概念时才出现。因此，我请求读者，如果有读者的话，在《论媒介学》出版之前，给予我有限的暂时性的信任。

简短说一下眼前具有现实意义的挑战。法国高层知识分子数量上的微不足道和表面的边缘化特性再也无法遮掩他们在社会阶层、国家和国际等政治关系中所扮演的战略性角色。他们联手"新媒介支配"（nouvelle médiocratie）（media 即"大众传播方法"——或针对大众基层进行观点生产的方法；-kratein 即"支配"）[1]，试图与其纯

---

[1] médiocratie 是法语中的一个复合词，由 médiocre（中等）加后缀 cratie（本文用古希腊语 kratein）构成。该词最早出现于 1844 年，意为"中产阶级的统治"。作者在此以 media 取代 médiocre，使 médiocratie 具有双关意义。

粹彻底地融合，在日渐庞大的围墙内为其确保新闻事件、价值、事实、象征性标准的垄断性生产与流通：自北向南、从东到西地覆盖全法国之后，再由中央制高点往下，令基本概念和标准化、相接连的、均质化的文化蔓延至西方边界线。高层知识分子通过融入主流传播方式为自己购得至高社会权力，其代价是严重败坏了知识的功能。鲜有如今这样将为文化的抗争与为自由的抗争混为一谈；同理，对传统文化的维护决定了历史创新能力、精英知识分子的境遇与独立性。罕见的还有——彼此互为因果——精神的方向与处事之道并未因此混杂。马基雅维利说过"统治即令人信服"。在今日法国，那些垄断舆论的，有时甚至连自己都不知道，他们在以维持公民"观点"为己任的共和政府中已占有了席位。于是，在法国如同在全世界，我们根本无法推翻这个诈取并操控多数民众的利益联盟，除非放弃或推翻公民社会，正是它，每天令混乱的事实进驻我们的大脑并构成了权利和自由的基础。治理一个国家和减少人民的主权有不同的方法；最不明目张胆的并非是性能最差的。占主导的中产阶级统治论在法国构成了资产阶级统治的中流砥柱。已是老生常谈的"公民社会"与"国家"的分离（分析中方法化的分离被扭曲成实体上真实的分离）不仅是对政治权力本质巨大的理论误导，更成为行之有效的诡辩，其厚颜无耻的一面使不少"知识分子"在成为操纵我们体制的最有效的国家人物的同时，却以公民社会的英雄形象自诩。在这个上当者的世纪，在这涉及我们切身利益、充斥着令人目不暇接的假面具的大型喜剧中，"知识分子党"中的精英们为自己预留了最佳角色：集一切权威优势，无任何权力羁绊。

我们的意图不是心血来潮，不是愤慨，不是怨恨，而是分析。如果说论战立场是思想的原动力，谩骂在我们看来则与认知伦理相悖并令其贬值。一个如媒介学这样的理性技术（自愿向众人证明是一个严肃的学科）能够提供方便的工具，使一个事实易于理解，并成为转变该事实的武器；通过对真相状态的维持，令从中获益者发挥更大作用。为我们提供坐标功能的专有名词应该被理解为单纯的同类关系的载体，我们仅对其内在的必然逻辑感兴趣。这样一来，影射讽喻自然会销声匿迹，有的便是对个人经历的自我反省。开发一个客观性的逻辑难道不比罪过的炒作更急迫吗？显然，这里的"知识分子权力"是客观性的，本书的作者不久前曾使用并滥用。在这个视觉陷阱的舞台上，他和别人一样作为配角挣扎着。虽算不上全国顶级的知识分子，他偶尔也会受到邀请，有偿出现在几个电视节目中。他因此明白媒体带来的知名度陶醉，串通默契的论战以及骁勇的广告宣传。有一次，在1975年，他甚至上了电视与同仁在"引号"节目上闲聊。自称还不知道电视是一个意识形态，称在接受媒体操纵者邀请上电视令自己名声大振时，未曾估算在节目中什么该说、什么不该说和怎么说的得失，只不过是承认他懒得算计，或者有意倾向于以玩个性增值他的作品。自诩道德模范者难以逾越的妥协。我们唯有的野心在于：在风尚领地上将无意识转变为经验，观察知识分子合理性的大门关闭，试图展示令这些大门打开的机制，为谁，为什么，在什么条件下。歌德说，"我们只拥有我们所放弃的"。认识，即拒绝。但如何拒绝我们未曾进入的？那些未曾进入本文描绘的"思想社会"的，将如何知道其运作法则？以第一人称创作的《穿越巴黎》，难道不是仅作为消遣存在了四、五年（1973—1978）？将其个人生活轨迹客观化是一回事，滔滔不绝讲些轶事和隐情又是另一回事。凡事有其时机。这个国家如今充斥着"自"（auto），满溢橱窗的自传，电视里的自画像，讲坛的自治，小报的自毁，街道的汽车（automobile），看起来，在"批评"前多加一个"自"，还是有希望的。

　　最后说明：在一个人、同一社会群体、一个艺术家、知识分子或学者身上出现的界限与交叉点，难以全面展现在本书中（不是怕麻烦，而是考虑到总体所涉定义和事件间的连贯性）。这种不确定性导致我们精炼解读范围，令我们在欣赏其高度价值的同时，注意到在每个时代，将相互排斥的成员驱逐出局的圈内高层知识分子，正是他们的变节构成了这个引人入迷的现象。这样的局势下，决定知识分子价值的不是"学识"而是他的"社会"地位。创作者加入其所属阶层并非宿命而是一种屈从，对个体而言，始终有可能违背其对命运的承诺。我们记得热内（Genet）、米肖（Michaux）、夏尔（Char）、莱里斯（Leiris）、贝克特（Beckett）、克里斯·马克（Chris Marker）、雷兹瓦尼（Rezvani）等众多的持异见者，他们的名字将时而出现在书中（他们的面孔未曾现于屏幕上）。他们是所有在这个时代缺席的典范。这西方庞大景观的冗余荧屏中的黑洞，明天将喷发出时代的发明者。

　　在此诚挚向所有为本书提供意见的朋友致谢：克劳德·杜兰德，克拉拉·马尔罗，克里斯蒂安·博德洛，丹尼尔·林登贝格，伯纳德·卡森，杰拉德-亨伯特·古力，埃里克·奥森纳，以及米歇尔·塞尔和皮埃尔·布尔迪厄，同时感谢他们费心解除我学术上的举棋不定。经济学方面，感谢米歇尔·古特曼给了我宝贵的建议。我还要感谢所有为本书细节繁琐的调查提供答案的朋友：米歇尔·贝纳先生——作家社会保障管理协会的职责和特性；阿兰·德罗西耶，劳伦·泰弗诺，以及克里斯蒂安·博德洛提供的国家统计局统计资料及他们的分析；贝纳德·庞古——作家联盟的历史；玛丽·卡迪纳尔——法语作家工会的存在理由。以及科莱特·勒丹努瓦不懈的合作。

绪论：巴尔扎克或动物学现状

  动物没有历史：知识分子史有什么用？动物学的诱惑令人眩晕。嘲讽抑或预卜？十九世纪三位伟大的动物志学家仍在观察着我们，在他们狡狯的阴影前，怎能不退缩？最使人泄气的不是黑格尔、巴尔扎克和尼采对当初尚未被称为"知识分子"的人所作的最精确的射线透视，而是他们所描绘的内容在今天仍然是不争的下流事实：此类分析研究在成为学科之前已存在了一个多世纪。有必要在这里重提的是，社会历史研究之初，文化人的秘密是通过其天性而非历史来彰显的。或者说在社会历史学家之前，具有人道精神的博物学家已将他们戳穿识破。早在尼采之前，在他的"高等教育反刍动物"和"文化骆驼"之前，1807年，我们即看到出现于《精神现象学》的"精神动物王国"，知识分子贴切的形象是"了解真实自我及目标的个体"。但其目标地点并不随意：思想发展最严峻之处——在理性与神灵世界之间，即抽象理论形态与神灵将体现于其中的具体历史的交接点。这个"良知的形象"，"耶稣苦旅"中必要而临时的停靠站，以"知识分子动物"的绰号众所周知①。巴尔扎克并没读过黑格尔，但他的"动物"更特别，或者说一个极特别的"社会种类"——

---

① 参阅黑格尔的《精神现象学》卷一，Aubier 出版社；《创世纪与结构……》一书中让·伊波利特的评论（Aubier 出版社），以及罗杰·埃斯塔布莱的《不同意识之冲突与共同使命》（高等教育学位出版社，1964）。——作者注

在"文人等级"的标签下正式地编成目录,以一张分类表格汇拢了其种类、次种类以及变种。这个名为《巴黎报刊专志》的动物学研究摘录自 1843 年出版的《前肢动物在社会中的自然史》。如我们随后将看到的大纲图,分类学方法更多汲取自林奈①,而不是居维叶②("等级",阶级与家庭之间的中间状态),因为巴尔扎克在其作品中不是仅借助于唯一一个术语。而其本质则属于布丰一系③,他重述了传统的"自然整体性"观点以及对若弗鲁瓦·圣伊莱尔④已然是生态学的论题("构造的整体性")的忠诚——后者将于 1854 年缔造"动物生态学"这一术语来指定对动物习性特征的研究。上述种种分类标准均已失去昔日威信,但让巴尔扎克式的显微观察法直至今日仍未受出版社重视的原因,无疑不是因为过时,而是它尴尬的现代性。没有一个种类、一个变种(头面人物、金色评论家、雅克老师、先知、游击队员,等等)不让读者今天在阅读时联想到某个具体的名字或面容——哺乳动物的形态学比起它的生理学似乎没有变化更多。查看这些用达盖尔银版法制成的老照片,亦即翻阅我们的家庭影集。该不该返附生物物种静止性这一教条呢?

写作的发明使一个静止的生物物种一跃成为人类史。若将司书文员们做成稻草填芯的标本送到自然博物馆,将显得令人难以接受。

---

① 林奈(Linné, 1707—1778),现代生物分类学之父。他采用双名法为生物命名,其中第一个名字是属的名字,第二个是种的名字,属名为名词,种名为形容词。
② 居维叶(Cuvier, 1769—1832),法国博物学家与动物学家。他认为物种以突发性方式出现,没有进化的过程。
③ 布丰(Buffon, 1707—1788),法国博物学家。他主张物种起初的整体性以及随后某些物种的退化(如马变成驴)。
④ 若弗鲁瓦·圣伊莱尔(Geoffroy Saint-Hilaire, 1772—1844),法国博物学家。

我们有理由反抗。其实，博物学家的假设存在着两个对称的差错：天赋性与奇特性（就商店或陈列橱之意）。在第一种情况下，个体无穷尽的游戏被溶化在按遗传学制订的物种持续性中。种系的生物进化史将吞并社会史的所有资源。另一种情况下，二等货色的折叠沙发床掩盖了一个阶层至关重要的整体性，一段个体发育的生平狂想曲，与多少有些怪诞但因无本源故而没有明显后果的"现象"并存。病态增殖在闪烁的外表下没有丝毫中心标准，各处、各年龄层的"拉摩的侄儿"① 络绎不绝地涌现，其背后没有任何功能的必要性。生物学总结为"太阳下没有新玩意"，畸胎学却认为"四处风景如画"，而两者最终在"自古以来便是这样"中得到宽慰，《旧约·传道书》将再次握住仲裁员先生的手。就方法错误这点上，每个人发现的都将只是他最初的形象，这同样会落到参加"异国情调"团队旅行的游客身上：文人即一出没有日期但有剧情、风俗和特征的上流社会喜剧固定目录中的经典面孔。

里瓦罗尔② 将取代黑格尔，奥芬巴赫③ 会接替巴尔扎克。"资产阶级知识分子"永恒的浮浅轻佻：为何还要重提他们的卑怯、自负、唯利是图等这众所尽知的老一套？可上帝晓得，这恰恰仍是每一天，每一位作者、教授、记者对他们刚离开的朋友和同事的私底下评介——当然后者对前者完全抱有同样看法。平庸的讥讽已是该物种的风俗的一部分。特征植物学不能在这里代替社会学，因其本身也

---

① 《拉摩的侄儿》是狄德罗的一部对话体哲理小说。拉摩的侄儿是一个愤世嫉俗的艺术家、哲学家，他拒绝由社会强加的道德价值观，认为成功要不择手段。
② 里瓦罗尔（Rivarol, 1753—1801），法国记者、作家和评论家。出身平民，但自称意大利贵族。
③ 奥芬巴赫（Offenbach, 1819—1880），法国作曲家，被后人尊为轻歌剧的奠基人。

是社会学的对象。而知识分子社会学只能在哲学的严峻、慎重中进行阐述。是的，要拒绝模式化的平庸论据和对"思想成品"的挖苦。作为今日潮流的组成部分，对"思想成品"的挖苦只会为作者们掩饰住他们参演的剧本的意义，同时回避了根本问题：怎样的知识分子生活才会委从于潮流现象？为什么今天偏偏就是这个而非那个潮流呢？必须严肃看待荒诞的"巴黎生活"。严肃对待巴尔扎克用来分析及思考他那个时代滑稽文人与记者时的严肃态度。吕西安·沙尔东，未来的吕邦普雷——"知识分子"的象征——或许是《人间喜剧》中最悲剧性的人物，他漫长的"教化"以在巴黎监狱中自杀告终。喜剧，也许吧，但结局悲惨。知识分子的世界是一个滋长着孤独与不幸的隔离世界：自我和与他人共处的分裂；自我和动机或准则的分裂。黑格尔称此为"事物自身"（die Sache selbst），在现象学的这一章节里，讲述的也是自我意识的幻灭。知识分子动物——绝对个人主义的代表——导致"最个人的解决办法"的失败。他希望将自己变成他真正的作品——没有将核心赋予他的作品（文学或科学的），而是给了他的主观创造能力、他的才能和个人天资。他声称自己的"操作"是为着一个客观目标，内心深处却对这个目标嘲讽且一贯地置之不顾。这便是为什么知识分子欺人的同时又自欺。他没有作品，他的"操作"是空虚的。在这种虚假的末端，不幸的感觉将返回来折磨他自己。又一个不得志的尤利西斯。知识分子动物痛苦而吃力地想回到纯粹的自我，但他的自我并不存在。在黑格尔和巴尔扎克看来的知识分子，即一个子虚乌有的个体，开始以为自己是个人物，随后发觉自己毫无价值。为了将他小说中的描绘扎根于若弗鲁瓦·圣伊莱尔的变化规律，巴尔扎克彻底避开了博物学家的琐碎。他为此严格采用了在《人间喜剧》前言展示的方法规则："动物是以其外在形态构成的一种本源。或者更准确地说,为在不同环境里成长、壮大而采取各种各样的外在形态。动物学的种类即来自这种差异。"本源可以解释为什么在被巴尔扎克本人称为"作品中之关键作品"的《幻灭或一个外省大人物在巴黎》①中,我们会感觉与吕邦普雷这样的漂亮动物,与书中所有乌合之众同处一个时代。也可以解释一个昂古莱姆不起眼的失意小诗人如何来到巴黎这个"巨大的竞技场",跻身于成功的上流社会,成为时尚的大记者。表面上看,这是一出时代情节剧的第一幕。事实上:这是霸权实体机构分解的首个纲要。他的同时代人将巴尔扎克与欧仁·苏②放在同一个次种类下。《巴黎之谜》这个种类恰好揭示了思想与社会举止的多结之谜(比布莱希特③的作品早了一百年)以及政治权术即思想之命运(比葛兰西④的作品早了一百年)。爱与荣耀永恒的游戏吗?如果权力没有历史、不比爱更有历史的话,知识分子作为权力动物却如同古代伟大的政治动物般,将始终与我们共存:令老夏多布里昂⑤泪丧的"世界之老火车"并不打算老去。自打诞生后又出现了几千个吕邦普雷?他们不是来自昂古莱姆;紧跟潮流的出版编辑不再叫多里亚,要和解的编辑主任不再是《辩论报》的那个,要

---

① 中文版译作《幻灭》。
② 欧仁·苏(Eugène Sue,1804—1857),法国作家,著名作品为社会问题连载小说《巴黎之谜》。
③ 布莱希特(Brecht,1898—1956),德国戏剧家、诗人。
④ 葛兰西(Gramsci,1891—1937),意大利社会主义思想家,以文化霸权论著名。
⑤ 夏多布里昂(Chateaubriand,1768—1847)法国作家、政治家、外交家,早期浪漫主义代表作家。

得到的大签名，配得上"头版签名"（《世界报》）或者"文化封面"（《观察家》杂志）的，不再是亚宁的了；斗士之路总是靠不住，枯燥而晦暗——必须早日离开它以便用最快的速度告别无名小辈的处境的——通向的不再是圣西蒙式的小圈子；"牡蛎岩"不再是部长们与明星照面的"海员酒馆"。但是"好人们"借助权势阶层的晋升／贿赂机制并没有实质上的改变。因为"圈子"没有变，至于它内在的运作逻辑，我们在迷宫般的情节和巴尔扎克式的肖像画廊中不会有生疏感。一切均囊括其中，乃至媒体走红的最后秘诀，媒体公关的窍门和他们的保护者、我们的朋友的纠缠骚扰：需要围绕"一本"书挑起论战，"真正的知识分子辩论"是绝对不可或缺的商业操作，争分夺秒地"让报刊反应"及时（由于书店的库存更新加速了）；出版之前，须讨得三四个有决定权的记者的欢心；靠不花钱的编辑软广告缓解"启事"过高的费用压力，那些编辑软广告，人人知道它物超所值。而在这些细节——有传染性的痼疾所表现的症状——之外，已经是新一轮的游戏发牌与赌注：出现了报刊对文学，"记者"对"作者"的至高霸权；一个未名的有天资的青年，早晚会到达这个已划分明确的十字路口，一旦入内，在他的左边，是漫长的职业生涯，即知识分子斗士或学术研究人员，而在他的右边，等待他的是一条超短捷径，借助于记者、投机钻营的野心、掌控个人成功所需的一切客观物质手段的权势阶层、荣誉与金钱的守门人。知识分子职业的权衡清单（难易度对比）已经改变了其指标与等级——但是1839年的表格印证了1979年的巴黎。没有哪段历史中没有特定的种类——但这个种类本身亦有其历史。巴尔扎克站在法国文化史海滩的边缘，那里，看到终点的我们继续费力前行。熟门熟路。

在此之前存在着文化人，但没有"文人"（gendelettre）①。巴尔扎克以历史学家的身份见证了一个物种的诞生，该物种成熟于我们这个时代，明日不会立即消失。无论表象如何，它的生存条件确实与工业革命息息相关：是后者一面下订单，一面给了它高尚的文字、充分的政治功能和它的社会基础。随后当然还有其他的"科学和技术革命"，每场革命都同时引发一次内部重组和政治—文学知识分子的身份上涨（而非仅仅是科学家，如普遍意义所愿）。但应该是西方工业革命的开端确定了大众文化消费的开始以及垄断式集中化生产。印刷业的普及，读者队伍的扩大（伴随初级教育和之后中等教育的发展）以及随之而来的作家对占主导地位的资产阶级的隶属关系，汇集起来立即产生了雪球效应。铁路的出现废除了上门兜售赖以存在的物质基础，清算了"蓝色文学"②，从而解除了粗暴横亘于大众文化与精英文化、女佣小说与沙龙小说之间的障碍——司汤达曾强烈抱怨，并期望以《红与黑》来调和的近乎正式的对立③。铁路给了巴黎报刊在全国范围内流通的可能性。广告成为"报刊的乳母"。1836 年，埃米尔·德·吉拉尔丹④（他所创始的这一谱系，在一个世纪后出现了普罗沃斯特、拉扎雷夫和埃尔桑家族⑤）首次在报纸管理中引入广告收入，有了广告，他以认缴资本的形式创办了《新闻

---

① 法语口语中对文人的讽刺称呼。
② 法国最初的大众文学形式，产生于 17 世纪，因其书本封面为廉价的蓝灰色纸张而得名。在大城市以上门推销的形式出售。
③ 请参阅《红与黑的文章计划》（*Projet d'article sur le Rouge et le Noir*），1832 年 10 月 18 日司汤达致斯尔瓦涅诺利（Silvagnoli）伯爵（七星丛书，卷一，p.700）。——作者注
④ 埃米尔·德·吉拉尔丹（Émile de Girardin, 1802—1881），法国记者，政客，巴黎人。
⑤ 三人均为法国当代活跃的媒体老板、大记者、政客。彼此间业务频繁。

报》(La Presse)，并降低了报纸零售价，成功如闪电般迅疾。波旁复辟时期重要报刊的发行量，《宪政报》为1.6万份，《辩论报》1.3万份。而《新闻报》却即刻拥有4万订户，它为一条上升弧线标记了起点，这条弧线将在1885年达到百万发行量，并于1863年创办只要一个苏的《小报》(Le Petit Journal)。借连载小说挂靠到报纸这个火车头（巴尔扎克是德·吉拉尔丹的第一位连载作者），凭借职业化的文学评论，文学感受到同样强劲的飞跃，令其由1830年两到三千的印数——已被认为相当可观——增加到1880年的一万份（左拉的《娜娜》）①。令我们这个时代与七月王朝如此接近（同理，与第二帝国）的，是这种双重运动中经济加速突变与显而易见的象征性抑郁症的联合。而当后者诱发知识分子在政治舞台上重显实力（以活跃气氛）的同时，金融资本通过借道出版社和报刊，直接导致文化生产涨溢。与奥尔良主义的资产阶级商人一起，报刊转型成为知识市场主要的调度员：从内容传播到知识分子制造均受到极大震荡。过去如同现在，高等银行可以放弃道德价值，却不得不，这甚至是它的逻辑，顺便地，按它的经济价值等级指数计算流通中的象征价值。像《新闻报》和《世纪报》这样的大报（专门地）提供给小说作者的前景不仅是可观的新经济来源，还有史无前例的意识形态和道德上的广泛影响力（参考欧仁·苏事例）。之前，卖书是作家的事。此后，由报纸来卖书，因为这样书卖得更多。换言之：作家得在自己被报纸买下的条件和情势下卖书。那么是谁拥有这些报纸，又出于

---

① 在英国——工业革命先于法国半个世纪——早在50年前，拜伦和沃尔特·司各特就已超过万份印数。请参阅罗伯特·埃斯卡皮的《文学社会学》(Sociologie de la littérature)以及他的论文《拜伦勋爵，一种文学气质》(Lord Byron, un tempérament littéraire)。——作者注

何种目的办报的呢？同样，自1836年起，巴尔扎克已经简扼地（in nuce）但在活体内（in vivo）识破了将由时间来白纸黑字填满的晦涩三段论：文学依赖于报刊，既然报刊自身依赖于大资本持有者，那么文学将，多多少少，戴或不戴面具，成为资本的仆人。中项及中介：媒体。

巴尔扎克是一位艺术家，而艺术家的本性不是给出答案而是提出问题。令人惊讶的是这些问题提得如此恰到好处，也就是说先于时代之前并具反时代性。毫无疑问，这是因为巴尔扎克没有把自己当作家看待，他视自己为公证人和动物学家。同时代所谓的唯美主义者所持的腔调和炫耀卖弄的讽刺诗只会在该领域制造意识形态，即陈词滥调。"艺术家"神秘的神话——被排斥蔑视，不被赏识，又患有肺痨：穆杰的主角①出场前，是维尼的查特顿②。我们还知道——其他有说服力的形象——艺术家小团体的传统讽刺作品和造作的波希米亚风景：泰奥菲尔·戈蒂耶③（为1835年出版《莫班小姐》所作的序），斯克里布④（《友情或一臂之力》，1837年）。巴尔扎克则抛开外壳直击硬核："新闻业骇人而滑稽的风尚，我们这个世纪唯一的独创。"他的作品不会苍老并非偶然——如同资本主义，报刊内部发生了彻底变化，但其内在的逻辑例外。这个令人仰慕的记

---

① 穆杰（Henri Murger，1822—1861），法国小说家和诗人。著名作品为1847年出版的《波希米亚人》，讲述一个生活在巴黎阁楼的贫穷作家的故事。
② 查特顿（Chatterton）是法国作家、诗人和剧作家维尼1835年创作的同名三幕剧中的主人公：以自杀结束其潦倒命运的青年诗人。
③ 泰奥菲尔·戈蒂耶（Théophile Gautier，1811—1872），法国诗人、小说家、戏剧家和文艺批评家。
④ 斯克里布（Eugène Scribe，1791—1861），法国剧作家。

者成了"大报刊"第一个头脑清楚的敌人。由于起点的差错,卢梭对报纸倨傲的宣判观察的只是过去①。正统又反动的巴尔扎克拥有睿智远见的分析,预料到我们的未来,他没有倒退着进入那个未来。人们只理解被自己拒绝的。他对他那个时代的记者不抱任何期望更无感激,但有机会独自探讨那些对他粗暴抨击的人,他能够与时代保持足够的距离,如同居维叶关注一块化石,以重构其器官间的隶属关系及其重要形态间的关联。巴尔扎克还发现了随后成为"文人"类哺乳动物脊椎骨的——一个其国家使命尚在形成中的物种——"本世纪的大伤口,或许将吞噬全国的绝症"。1839年,他已对报刊这个微不足道的良性肿瘤做出预判。事实上,一百五十年之后,它不仅吞噬了整个国家且操纵了它的国民,同样使得统治阶层在经过长久的烹饪之后吞噬了它的知识分子。

这份绪言性的、绝无造作的向巴尔扎克的致敬,是为了介入我们主题中最要害的部分:媒体如同连接金钱与权力之间的锚链。牌虽然换了,但游戏规则并没有。毋庸置疑,持续了二十五年之久的《百科全书》之战使狄德罗几乎开发出一个媒介学的基础三角,只是当时尚未具备真正意义上的社会尺度。如果说狄德罗的三角工程,这个民主党派版的巴尔扎克形象,左派的至交,在三个方向上都已登峰造极,事情并非偶然。一种严密的时代错误②将召唤"政治权力"(《论克劳狄及尼禄的统治》)的就位,"知识分子"形象(《拉摩

---

① "何谓定期出版读物?昙花一现的、既无价值又无用处的作品,有学识的人不屑也不会去读,只能留给女人和没教养的自负傻瓜。"(1775年,卢梭)——作者注
② 时代错误(Anachronisme),把不可能出现于同一时代的事物安排在一起。

的侄儿》）的登场，"媒体"问题（《关于书店贸易的信函》）①的更新。接下来，如同现代世界的第一观察者，小说家巴尔扎克擅于根据我们在这三个角度的问题来调整他的镜片。领会：1）思想的物质存在条件（造纸业，铸造业，排版，印刷）；2）作为商品，受到市场判约的知识分子的产品；3）知识生产者在政治领域的有机关系——最后这个方面使得该作者在文化生活中成为真正的专业斗士（以下为其恒定如一的隐喻："报刊军团""文学战争""巴黎论坛"，等等）。《幻灭》（*Les Illusions perdues*），即一本书如何被制造出来；如何卖掉；如何抗争。印刷，新闻，政治，文化链中的三个锚链，一本小说中递进的三部小说，从吕西安到化为乌有的三个层次。三者之叠加则将"文化球体"分解成以物质为基础的权力金字塔，具体表现在构成占支配地位的知识分子内部整体的等级关系体系中，以及在这个通向国家权力之径的等级内部中的个人之晋升。分析者拥有"同步性"特征，小说家的航线具有历时性。但"作品中之关键作品"将前者融入后者之中。

睿智的聚焦。巴尔扎克观察了马克思所不曾看到的一切。我们设想后者曾希望将生命的最后时光投注于前者的研究。知识分子权力的动物学不是对立，而是完整了对资本主义生产模式的分析（或在接受的同时将其超越）。

如果德尼·狄德罗是伯父，奥诺雷·德·巴尔扎克便是媒介学

---

① 《关于书店贸易的信函》（*Lettre sur le Commerce de la Librairie*），有些版本译为《关于书本贸易的信函》。

之父。入口正门的两根门柱即芙罗琳家晚会的全体齐奏和卢斯托在卢森堡公园的独白。

非巴尔扎克派的必不入此。

文人等级

	第一种类：政论作者		第二种类：评论者 ⑮	
次种类	记者：变种……	德杜费耶侯爵 ①	老岩石派的评论者 ⑯：变种……	大学派
		"头面人物" ②		上流社会
		深度撰稿人	金色评论者 ⑰：变种……	好否认的
		雅克老师 ③		爱捉弄人的
		编外顾问 ④		谄媚者
	国家人物：变种……	政治人物 ⑤	大评论家：变种……	对高级作品宣判死刑者
		专员 ⑥		
		非专员之专员 ⑦		矫揉造作者 ⑱
		政治小册子 ⑧	专栏评论家 ⑲：无变种	
	抨击文章作者：无变种		小报记者：变种……	勇敢者 ⑳
	空物学家：无变种 ⑨			开玩笑者 ㉑
	公文包作者：无变种 ⑩			字行渔夫 ㉒
	全《圣经》作家：无变种 ⑪			游击队员 ㉓
	翻译：消失的次种类			匿名者
	有信念的作者：变种……	先知 ⑫	摘录自《前肢动物在社会中的自然史》巴尔扎克，《巴黎报刊专志》（1843）	
		不信神者 ⑬		
		狂热信徒 ⑭		

① 集"总编—编辑主任—物主—公司主管"于一体的代表人物。
② 其签名每日出现于报纸，极受读者推崇的舆论领袖。
③ 报社雇佣收集巴黎和各地社会新闻以填补报纸空白的文人。
④ Les Camarillistes：原为西班牙语，贬义词，指无任何正式官衔的王子顾问小团体。此处指报社派入议院的速记编辑，发表带本报色彩的现场报道。
⑤ 代表报纸的政治派别，是报纸的保护人。
⑥ 与报纸无直接利益关系，因信仰、品位与报纸相投而为其写稿、出谋划策。
⑦ 游弋于政治与文学写作，服务于政界要人但不忠诚。多为有些才华的大学教授，看报酬写稿。
⑧ 靠专门撰写小册子而成为政治人物。
⑨ Rienologue，表面严肃的学者，文章冗长，充斥各类哲学文学理论，实则空洞无物毫无见解。
⑩ 小报中以文章行数计数付酬的编辑，需绞尽脑汁找到好卖的笑话讽刺内容。
⑪ 深谙政局和资产阶级对知识的虚荣追求，这类"聪明人"出版的智慧书用以装饰门面或供人引用。
⑫ 以先知愿悲的口吻或推崇已故思想家的方法写作。
⑬ 推销思想的商人。巴尔扎克写道："先知看到了天使，但不信神者让他们被大众看到。"
⑭ 年轻幼稚、血气方刚的作者。
⑮ 巴尔扎克："今日评论的唯一作用是养活评论。"
⑯ 伪善古板的道德卫士。
⑰ 缺少阅历又自负的年轻评论作者。
⑱ Euphuiste：英国伊丽莎白时期流行的矫情做作文风。
⑲ 特指得到戏院大量好处的戏剧评论作者。
⑳ 靠诽谤攻击名流而攒取名利。
㉑ 与上面"金色评论"中"爱捉弄人的"的区别在于，开玩笑的小报评论员为玩笑而玩笑，顺应大众言论。
㉒ 发表其演讲或大学讲座稿，希望以此在政府中得到晋升。兼具空物学家特征。
㉓ 小报以付稿酬的形式让读者提供低俗的花边新闻。

第一章
定 位

1. 悖 论
2. 定 义
   - A）引子
   - B）首次定义
   - C）一个类别的历史

3. 统 计
   - A）知识分子：首次计量
   - B）知识分子：二次计量
   - C）知识分子与评估

4. 响 铃
   - A）真实的社会主义
   - B）神职人员

1. 悖 论

首先是失望："知识分子并不存在。"在知识分子圈内长途跋涉直到尽头，调查者无可避免地会立下这般确凿的誓言。对话者的地位越高，否认越剧烈。在知识界，这句被重复的话堪称是个密码或纹章。"我们不是同一个学派"仿佛是所有成员的座右铭。数周后，调查者倾向于将这种否认当作定义该类别最可信的特征之一。

其次是惊奇："权力"是这个圈子中最频繁出现的主题。法国知识分子常常直接将"权力"与各职业行会、机构以及各式各样的名词捆绑在一起，但他们自己不包括在内。对历史的和其他领域的机构设置、关系网络和结构滔滔不绝的同时，针对自己此时此刻正在大学、出版社、媒体运作的选择/审核/晋升/排斥机制，知识分子似乎狂烈地自愿缄口。难道知识分子的权力在知识分子眼中不存在吗？极少有人注意到这个古怪的现象。看来，权力总是别人的——从来不是我施加于别人的那个东西。

除了气馁之外，调查者手中这根朝圣者的手杖有什么用处呢？表面现象与倾向不足以支撑分析。这些途中所遇的悖论为什么是一种症状呢？我们不能同时既"是"又自知"是"；或者说，没有人能不需将自己视作他人便知道自己是谁——这个十字旋转门同样适用于个人和社会团体。思想家为自己选取一种思想意识，只能证明咒骂具有的自发性和普遍性。可是，社会学家的社会学裹足不前这个事实却构成了一个特殊案例。我们应该质问知识分子面对知识界时的沉默以及作家们的缄口症。作家的职业性注定了他们以个体身份讲述自己，但作为本该高度关注文学社会学的社会团体，这些符号权力的持有者无意探究他们权威的起因、性质和范围，反而全力鼓动理论学家对权力问题的研究兴趣——结果使得"需要关照的真相被小心翼翼地掩盖起来"。让我们远离肤浅的抗议吧，不只是因为绅士在表示赞同的底线上有自知之明：这类优雅将不会是我们在此的态度。人们说："黑手党内一切都可以做，就是不能直呼其名。"沉默法则能确保律师辩护时的一致性，但知识分子为保护其机构所采取的沉默却不可与拒绝作证（omertà）① 相提并论，因为——即便有共同点，将高等知识界与黑手党混为一谈会犯下严重错误——缺乏鉴赏力的主观审判。不错，知识分子圈内有相互间行之有效的潜规则，但进行某些不透明操作也是其"职业"本身的技术要求：如果自己待在暗处，就更容易向周围传播"光明"。就此含义而言，只有抹去其结构严密的社会主体的一面，知识界才能更好地实施它纯粹政治性的职能。

这是一个社会学上的悖谬：初看起来，知识界表现的是纯属思

---

① 原文为意大利语词，黑手党的一个行为准则。

想意识，乃至论战范畴的分门别类，既无身份也无实际内容。事实上，当一个知识分子拿"知识分子们"作为反思之客体时，基本上是视他们为忏悔、祈求或说教的材料——而非研究对象。规范的激情抑制了描述性的担忧以及对价值观的论述——不管涉及的是吹捧还是贬低，效果始终如出一辙——使作者按规矩（de jure）避开论证和逻辑的最低要求。让一个普通市民讲述"城邦"中的知识分子和让一位历史学家讲述"历史"中的犹太人却不被困于犹太复国主义和反犹太主义间，两者一样困难。人们不描述知识分子，对他们不是维护便是打击，好比以前的耶稣会会士或共济会会员。这种不可能性很早以前就已成经典：伯特①和佩吉②提出控诉，赫尔③与左拉辩护——无人居中。班达以揭发《知识分子的背叛》来荣耀全体知识分子④，尼赞⑤揭露的则是知识分子可耻的一面，却无意追究知识分子的功能⑥。雷蒙·阿隆写了《知识分子的鸦片》，萨特出了《为知识分子辩护》。忠实清点在最后 B 阶段——名人几乎都集中在

---

① 伯特（Berth, 1875—1939），法国革命工会理论家、社会主义思想家。
② 佩吉（Charles Péguy, 1873—1914），法国作家、诗人和散文家。
③ 赫尔（Herr, 1864—1926），法国知识分子、社会主义思想先驱。
④ 班达（Benda, 1867—1956），法国哲学家和作家。《知识分子的背叛》（La trahison des clercs）是他最著名的作品。
⑤ 尼赞（Nizan, 1905—1940），法国小说家、散文家、政治记者。
⑥ 爱德华·伯特的《知识分子的危害》（1914）。佩吉的《我们的青春》（1916）及多处发表的文章。吕希安·赫尔的《写作的选择》（1932）。丹尼尔·林登贝格、保尔-安德烈·梅耶、赫尔的《社会主义和它的命运》（1977）。左拉的《真相在进行》（1901）（尤其要加上原发表于 1898 年 1 月 13 日那封著名的写给共和国总统的信，是宣言和书名的来源），以及《新战役》（1897），文集中包括"共和之美德""精英与政治""致青年的一封信"。朱利安·班达的《知识分子的背叛》（1927）《一个知识分子的青春》（1937）及《本世纪的一个教士》（1938）。尼赞的《看门狗》（1932）。——作者注

一起的阶段——法国人奉献给法国知识分子的作品,对他们记录之不严密我们只能目瞪口呆①。比如雷蒙·阿隆——被认为是个务实的人——其成功壮举在于就知识分子这个主题写下洋洋洒洒四百页,却一次都未曾对事物的"列举"、该类别的"历史过程"、其存在方式的指征等术语给出定义。唯一严肃的作品(那个时代)已从书目中划掉:作者并非"大名鼎鼎",书售罄后没有重印②。可见,在知识分子眼中是政治天堂的法国,却成了社会学的炼狱。德国人有曼海姆(Mannheim)、韦伯(Weber)、熊彼德(Schumpeter)、米契尔斯(Michels)。美国人有S.M.利普塞特(S.M.Lipset)和赖特·米尔斯(Wright Mills)。意大利人有葛兰西及其后继者。法国有过德雷福斯事件,但从此便躺在这个桂冠下睡大觉。如果在这已陈旧的不利条件——允许法国知识分子建立一个可口的理论来论述奶油咖啡在西方文化实践中的地位而不提及热水作用的不利条件之外,再加上——目前思想局势衍生的走火入魔,我们将优雅地原谅这个行业故作庄重的缄默症。法国知识界人士无法宽恕的主要指控中有:"庸俗的社会学""幼稚的经验论"和"粗浅的实证主义"。对此,不少人心知肚明但不吱声;另一些人驱除危险的方式在于指控进入游戏的竞争者,令其在起跑之前已被取消比赛资格;大多数人提前预告将面临的讽刺挖苦,以某种先钉后拔的方式,回应对他们作品凌辱性的误解。在抽吸泵般的法国思想俱乐部,在不把另一个人排挤出局

---

① B阶段是指权威机构内部强制性权力与象征性权力的分离阶段。第四共和国即是一个例子。我们将在《论媒介学》第一卷给出完整的参考书目。——作者注

② 路易斯·布丹(Louis Bodin)所著《知识分子》(Les Intellectuels)。——作者注

就甬想进去的领地,这些串谋程式同时起到了相互威慑和交映生辉的作用。最近,高层知识界聪明地掌握了一种"说话技术",最大限度地减轻了他们的思考工作,以至于精确性可用来掩饰观点的平庸,而缺乏准确性的内容则被精明的说辞所遮盖。象征符号的背后是对真实的敷衍搪塞——聚焦二十年来的法国思想潮流(拉康派心理分析、结构主义人类学、学术性马克思主义、符号学和语言学)——其优点在于时常能将眼高与手低配对(对那些步研究权威后尘而谋生的人来说)。因此导致了一方面所谓的"理论疑难"和"概念机器",一方面思忖"我该以什么身份说,说哪个领域",但愿我的发言被所有的人听到,但谁也不清楚我说的是何事何人;更不知道我说的个体有"多少",哪个历史阶段,哪个国家。以为个人经验式的验证加上书呆子式的摘录汇编,便是同一阵线知识分子相互承认的方式——除了福柯或布尔迪厄的几个弟子外,底层知识分子中的无产者——历史学家、社会学家和底层研究人员,合乎逻辑地成为这套陈旧慈善理论的受骗者。也正因为如此,在他们费尽心机往上钻营,想从坐板凳爬到教师讲坛的同时,继位者/获奖学金者这条界线被延伸了。

所以,不必害怕当"书生":正是在陈旧的辩论话题中我们找到了新问题。说到知识分子,一些经院式的马克思主义者皓首穷经地寻找"正确答案"。阶级,团体,等级集团,类别,究竟哪个词最准确?要研究知识界,经验社会学有可能是个死胡同。但要证明的话,最好是无畏地投身其中。何况除了时间,我们也没有什么可损失的。那么就来看看以下这些疑虑、时期和数据吧。

2. 定　义

A）引　子

即使已嵌入并依赖于资本主义生产模式，知识界无法以其在物质生产过程中的位置来自我定性，其存在的本源也无法被归诸一个单纯的经济类别（地租、薪金、利润）：这不是一个阶级。虽然聚合在一起的人彼此存在沟通联系，但这些关系又以组织行为的框架来安排：这不只是一个非正式的"团体"。表面上，知识界并非世袭制，人们可进可出：这也不是一个等级集团。它没有自己的行业理事会，既没有内部章程，也没有狭义上的特许专卖权：这不是一个同业公会。这样看来，撤退到"社会类别"显得比较谨慎，其优点在于不受任何约束。事实上，我们将看到，这种说法既不足又超出。不足，是因为其成员的个人身份与他们的社会出身类别都已相当分化。超出，因为它以制度模式运行，不受国家机构法律上的拖累。

B）首次定义

知识分子本身的中介或经纪人功能意味着这是一个骑跨了多个

领域的临界类别：一边是"自由职业者"，一边又是"高级行政管理人员"；抑或：是为自己干活的手艺人，也是拿薪水的公务人员。如果说在一个社会职业类别中，同质性的一个标准在于加入成员的归属感，那么知识界便完全是异质性的。也就是说知识分子的社会身份是相当不同的。如果按同质性的规矩征员，就没有知识分子集体；这个集体中的每个成员在他的邻居面前都不会屈服——这种特殊性使他成为知识分子。摆出一堆复杂个性的聚合体，知识分子总找得出理由来拒绝将自己归类。自视为精英，自然与芸芸庶民格格不入，其职业特征令他们更习惯于评估税收阈值（censitaire）①：个体在他们眼里，重要的是分量，而非数量。这无疑就是为什么该类别的特性在于对外界比对其内部、对高层比对社会底层更有把握。公共权力应该有统一的决定资源分配的衡量系统。就像司法需要定义"权利"以对违反者施行惩罚，政府给自己的"强敌"发放救济金，理应着手知道给的是谁，凭什么标准。为了保护和保证所有权，法学家早就以令人欣赏的扼要风格定义了什么是作者、作家、作品、复制，等等。虽部分失效但仍在使用的1957年3月11日颁布的法律中规定："任何人，其被印刷的作品通过书籍渠道进行发行，视为作家。"这个狭窄的框架因为技术的演变而扩大了，"文人"这一类别已包括了电影剧本、电影对白、戏剧、广播剧等的作者。1970年，"文人"群体在给国家计划委员会的一份报告中重新定义了"作者"："借由原创文本赋予某事物生命的人"，以及"或以传统的印刷形式，或以

---

① 旧制度时的法国，只有交税额度在规定限值以上的公民才有选举权。限值设有不同等级，等级越高在选举和参选时分量越重。此处用以形容知识界的功利风气。

独立于纸质载体之外的其他方式生产原创文本的人"。而1975年，为"艺术家，文学作品、戏剧、音乐舞蹈、视听及电视、图表及造型艺术的作者"建立社会保障体系的法律颁布后，则需要一系列的法令法规来划定具体执行时的适用界限。

"生产"或"创作"的概念，因其语义中具有新颖和独特的内涵，立即在知识职业（医生、律师、工程师、法官、军队高层人士、神职人员）和知识人士间划出了第一条分界线。法国知识工作者联合会（CTI）有百来个子组织，它们在四个条目下进行了重组：艺术、文字和科学；自由职业者；有薪水的知识工作者；学生。1952年，CTI通过的这个定义描绘了一个比知识分子"本身"更为宽泛而模糊的身份："知识工作者即其工作需要精神付出，并具有首创精神与个性，通常优先于其体力付出的工作者。"用通俗易懂的语言表达，即脑力劳动者中的贵族阶级，该字眼在日耳曼-俄罗斯语中习惯称为Intelligensia。创造者是相对于管理、传播和组织者而言；发明者相对于重复者（教授较之与小学老师即高级技工之与普通工人的区别）。有多少这样"意识形态与文化领域的直接生产者"（米歇尔·洛伊[①]），在法国人口中又如何将其甄别出来？这两个统计学的问题可归咎为一：划分与计数互为职能。但在整个现代史中，得出数据首先依赖于对标签的选择。所以我们的工作应该从分类学着手。

[①] 米歇尔·洛伊（Michel Loewy, 1938—），原籍巴西的法国社会学家，马克思主义哲学家和生态社会主义学家。

C) 一个类别的历史

如果我们重新复核法国的人口统计表格，从旧制度时代使用的直接征税分配直到国家统计局现行的编码规则，会有什么发现呢？偷偷摸摸诞生又因肿塞而消失的一个叫作"知识分子"的行业团体①。

1695年的人头税法将王国子民分为二十二个等级，从"王储公主血统"（第一等级）到"士兵、小工和零工"（第二十二等级），"法学教授、高中及中学校长"排名第十六，与其并列的还有"辖区官员、地方代表、盐商、水利森林、王室总管、海军将领、商务法官、元老院律师、夏特勒法院的执达官、小麦葡萄酒及木材商人、饭店老板、部分农庄主及农夫"②。但是没有任何相关的人口统计。

随后，根据目前国家统计局的分类等级（从0-农业到9-其他），一位女历史学家以考据学为目的对十八世纪社会职业进行编码，仍未把刚出现雏形的知识分子单独列出分类——这也是符合逻辑的，他们本该属于介于王室服务（6）和教区神甫（7）之间的第七类——"与自由艺术相关的职业"（公证员、律师、执达员）。

十九世纪，等级未变，但位置被调换了，"领薪教授"位于"自由职业"之下，界于公务员（6）与其他（7）之间。事实上，1872年的第一次普查结果已阐述得相当清楚。在自由职业组下，将相当

---

① 下述指征摘录自阿兰·德罗谢尔（Alain Desrosières）的《社会职业命名史元素》(Eléments pour l'histoire des nomenclatures socioprofessionnelles)。必读。——作者注
② 马里昂（Marion），《旧体制下的直接税》(Les Impôts directs sous l'Ancien Régime)。——作者注

于或近乎知识分子的职业分成三种：职业编码 50/51 为"教授与教员"：男性 48362 人和女性 24491 人。编码 52 为"学者与文人"：男性 3676 人，女性 150 人。编码 53 为"艺术家"：男性 18277 人，女性 4338 人。1876 年和 1896 年的名称目录与数量都没有变化。

在 1911 年的统计中，公立及私立教员开始独立成类，区别于神职人员和自由职业。1946 年的名称目录中，"知识分子"一词首次出现在"行政人员及知识分子职业"组（89—96）。直到 1951 年，随着 CSP 代码①的首次出现，"知识分子职业"有了独立代码 30，与"自由职业和神职人员"组区别开来。在这个代码组下有两个分类：高级知识分子（约 10 万人）和初级知识分子（41 万人）。事实上，在"二战"结束不久，"高级知识分子"的人数已经相当于或超过了神职人员（8 万）以及工程师（8 万）。1954 年，或许是人数膨胀的后果，知识分子失去了他们的统计身份，被最终编码为 32-"文学与科学职业"，隶属"自由职业及高级管理"大类，成为今天国家统计局统计就业人员的九大类 CSP 代码中的第四类。至于"艺术家"，他们则从此与神职人员、军人警察共同组成了 CSP 中的最后一类，即第九类：一个粗糙中不失细腻的大杂烩。最后，社会学分类最近的也是意味深长的一次变化——第六规划②中的职业名称目录将"文学与信息类职业"合并，从此被列入"第三产业高层管理"（1976 年）。

---

① 法国国家统计局"个人职业身份代码"（Code du statut personnel）缩写。
② 1946 年战后起由法国计划委员会制定的五年规划。第六规划所涉时期为 1971—1975 年。

3. 统　计

A）知识分子：首次计量

这里我们选择 32、80 两类职业编码和最后四次普查统计结果。

32（"教授，文学和科学类职业"）包括的典型职业为："高等及中等教育教师、天文学家、作家，但也包括艺术评论、地理学、高中督察员、医院的领薪医生、药剂师、兽医、美术教师"。组合了公共服务领域的公务员以及个体职业者。

80（"艺术家"）主要组合了下列职业："画家、民歌歌手、音乐家、播音员、演员、杂耍歌舞场的女舞蹈演员、杂技团艺术家、魔术师、占星家、职业运动员、登山导游、剑术师、封面女郎和模特"①。

图一：

	1954	1962	1968	1975
32	80380	125126	213420	377215
80	45089	42184	50196	59075

---

① 应该注意的是，陶瓷技师在社会职业分类中属于"手工业者"（CSP 第 2 类），而声乐教师及小学教员属于"中层管理"（第 4 类）。艺术家继续在名单的尾部，与神甫和警察处于一组。作家（32）与自由职业（31），工程师（33）和高层行政管理（34）组成"自由职业及高级管理"（CSP 第 3 类）。——作者注

图二：

	男	女	总计
出版人 (及书店-出版社)	1100	500	1600
文人 (音乐产权监督员，文学、艺术、音乐评论者，电影对白编写者，作家，语文专家，艺术品专家，文人，人文学家，哲学家，诗人，小说家，剧本作者)	2760	800	3560
知识分子职业 (考古学，专业研究人员，经济学家，人种志学者，市场研究负责人，地理学，历史学，语言学，市场管理，古生物学，心理学)	7040	4840	11880
科学从业者	5320	1760	7080
广告专业 (媒体研究负责人，广告空间购买负责人，广播时段购买负责人，广告人，广告负责人……)	8160	4800	12960
记者，通讯员 (报刊公关，公关专员，特派记者，出版社编辑，编辑主任，通讯员，编辑部秘书……)	15820	6600	22420

"艺术家"人群具有稳定性（自1872年至今。当时法国人口为36102921人，直接或间接从事艺术职业的人数为47995人）。"文学和科学类职业"的疾速膨胀，源自教师职业令人眩晕的增长。其导致的结果是：文学类职业中教师的大量涌入。请勿忽视，中等公立教学部门的教师人数从1958年的66387人增至1974年的223792人。

B）知识分子：二次计量

始终根据国家统计局1975年的数据，但此番对人数的计算是依据职业编号以及所涉人员的认可，因为是他们自己选择职业名称并声明为其主要收入来源的。

这就是申报了的观念生产者——其中要扣除7080名从事科学类职业的男女，其工作性质无法被列入观念生产者范畴（虽然他们可以就其领域或各类主题从事观念生产者的工作）。教员、律师和医生未计算在内，因为他们的主要收入来自本职工作（学校、律师公会、医院，等等），这也不妨碍他们写作和出版书籍，发表文章、评论，在各类抗议书、示威书上签名，故而在高层知识界他们可出现于最前列且拥有全部权利。

我们在此列出以从事艺术类职业为其主要收入的人员，仅供参考。

	男	女	总计
艺术家-画家，雕塑家（＋卡通动画制作者，艺术品清洁师，艺术品修复师，玻璃艺术师）	9020	3180	12200
音乐艺术家，作曲家，歌剧演唱家	9260	2040	11300
表演类（戏剧，舞蹈，电影，广播，电视）（演员，电台电视台主持人，编舞，喜剧演员，解说员，舞蹈演员，群众演员，魔术师，芭蕾舞演员，游戏主持，主持人，播音员）	3840	4020	7860
马戏团、歌舞剧场等场所的演员	1400	800	2200
导演，制片人，制作人（电影、电视、广播）	3660	1240	4900
监制	760	100	860
剪辑师（电影、电视）	940	940	1880

C）知识分子与评估

国家统计局的每一个数据本身需要进行一次通常为下调性质的新解读。比如：统计出的 1500 个出版者包括了发行小册子和明信片的出版社和大量营业额微不足道的小出版社。1976 年，国家出版业工会（S.N.E.）公布的出版者数量（有些任意性）仅为 386 名。

相反，调查显示，有些数字却需要进行上调式解读，比如在几份引起反响的官方文件中，以笔为生的"专业作者"被评估在 4000～5000 人之间。1978 年底，作家社会保障管理协会统计有 4000 名专业作家——"作家"一词下包括了各类写手（侦探、色情、技术，等等）。这仅为现存法国的 40000～45000 名文字生产者的十分之一。如果我们加上其他职业分支，不论经常与否及收入数目大小，拥有版权的人就接近 80000 人。此类人物中的 90% 均拥有其他正式职业——通常是在公共职能领域（教授或教育界人士）。作家社会保障管理协会在普查和统计入会成员结束后随即预测，在往后的几年内，缴纳会费的成员人数将达到 7000～8000 名：这便是对以版权为主要收入来源者的界定。此外，在大约 40000 名艺术美术工作者中，"艺术家之家"（画家、雕塑家、雕刻师）整编了 4500 名会员。"演员、作曲及音乐出版协会"拥有 15000 名成员。拥有职业记者证（记者证委员会颁发）的记者有 15000 名。演员与喜剧演员的数量约为 8000～10000 名左右，其中大约有 5% 真正以此谋生。总而言之，如果我们只计算高等教育类人员（50000），再提取中等教育中的大佬（以其教学方法的独特性及资格要求，高中最后一个学年划入高等教育内），我们称之为"法国知识分子"的人数在

120000～140000 人之间（1978）。在 1975 年的普查中，法国就业人数为 21775000。单纯看数字的话，知识分子实在微不足道，知识界人士的无所谓态度完全有理由成立。

4. 响 铃

对社会主义体制和法国旧制度的比较，或许能将漠不关心的人引向理性道路。如果在空间与时间上传送的两次警告铃声仍无法唤醒教条主义者，那么他们真的已无可救药了。

A）真实的社会主义

众所周知，在一个社会结构中，位置与功能简单的一一对应并不存在。这个理论上的总体担忧令我们在观察资本主义体制（统治）时多了一个特殊警觉。因为资本主义体制的古怪之处在于，一个因素的官方存在指征与其真实功效之间的关系通常是被颠倒的。这种矛盾具体表现为：在社会主义的体制（统治）中，知识分子在职业目录中拥有自己的名称，并作为正式的社会职业被统计和编录，因此具备了政治代表的特性。但也正是在那里，历史行为主体的存在也最少。除了个人观点类的非正式联盟，知识分子并不像在资本主义体制中那样出现在社会舞台上。可是，社会舞台恰恰是知识分子扮演重要角色的场所。特征微弱，功能强大——反之亦成立。真实社会主义的社会学将知识分子归入其正式框架中以消除其政治力量；

真实资本主义的社会学则以忽视（或边缘化）来掩饰其活跃的力量，令知识分子不存在的假象永久延续。

每个社会主义国家中均设有一个作协和一个记协，各有其章程、管理机构、代表大会和宣传工具。然而，在统计和社会经济分析时，它们与艺术家、学者、达到某些条件的学生被统归在"知识分子"名下，纳入规模庞大的知识分子内部[1]。这种功能大杂烩源自社会主义国家缔造知识分子的两大特性：受过大学教育、能进入大众传播。比如在波兰，作家协会中超过半数的成员在报刊、广电、出版社或电影界工作。在苏联，"创造性"知识分子组成了一个个体化的社会阶层，在最高级别国家政治生活中有其合法代表，比例上大于其在党中央委员会中的数量。最后一个指征：除显著地与国家官方机制一体化外，在可施加政治压力的各种势力中，知识分子却处于附属地位。根据官方数据，1970年苏维埃共和国拥有正式登记注册的作家与记者10万名。在各个苏维埃加盟共和国中，政治代表的编制无疑超越了其数字上的重要性。但如果这种代表性为知识分子的声誉增添了价值，他们却没有享受到添加的"政治"价值。在社会主义国家中，不存在被正式认可的大众观点和官方言论（因为无法从体系上区别公民社会与国家）；报刊的功能又被减缩到简单的"传输纽带"角色，这样便从总体上排除了作家或记者以重要对话者的角色

---

[1] 《苏联报刊、知识分子及权力》(La press, les intellectuels et le pouvoir en URSS)，法国文献，1970年4月。苏联广义上的知识分子有别于"创造性知识分子"，即我们认为的"知识分子专业"。在《哲学辞典》（莫斯科）中这样定义："知识分子构成社会的一个中间阶层，由从事知识工作的人员组成。它包括工程师、技师、律师、艺术家、教师、科学工作者……"据评估，1926年其总数为2725000人，1956年苏联知识分子整合后人数为1546万名（据中央统计局），而1970年则超过了3000万。——作者注

出现在社会舞台的可能性，更不用提艺术家或学者了。缺乏自主的理性辩论和对政府的质询，一个无法产生对话者的地方是没有对话者的。除非以符合规定和预设好的形式，如"公开信"、行业代表大会、集体上访等进行公开干预，可是这类干预往往缺乏实效。因为关键报刊极少会对事件进行传播，而大众共识的结实性（在苏维埃社会内部本身）也缓冲瓦解了其影响力。那种认为"社会主义有利于知识分子如同资本主义有利于有产者"（雅克·朱利亚尔[①]，巴黎，1977）的观点是一种十九世纪的意识形态，一个已被二十世纪"真实社会主义"揭穿了的谎言。我们甚至可以这样说：在真实社会主义的体制内，沦落到功能逻辑的知识分子，即便他们具有坚实的组织机构，也是没有用处的。相反，作为一种体制，自由资本主义的产生却离不开知识分子：即便他们并不显眼，溶解于近乎胶质溶液般的社会活动中。如果他们围绕着某些传播中枢东一群西一簇地凝聚起来，广播、电视、大学、研究中心、报纸与期刊、出版社、戏院或文化之家等，这种分配是随意的，故而无关痛痒。

B）神职人员

并非总需要确定边界后才能标记一个领域（如果人们决定将中等教育人员包括在知识分子内，这里的领域在本质上并未被篡改）；同样地，并非总需要将器官隔离出来以确定某种功能。就此而言，社会学类的指征是宝贵的（也是昂贵的），但是对编制人员与职业轨迹的调查，与其领先于对其职能的鉴别，不如伴随着这一鉴别过程。

[①] 雅克·朱利亚尔（Jacques Julliard, 1933— ），法国记者，评论家。

欧内斯·特拉布鲁斯[1]指出社会等级调动的三个关键因素——财富、出身、职能。旧制度强调的是出身，十九世纪的资产阶级强调财富，二十世纪国家机器强调的是职能。人们不止一次证明了，在今天的社会中，职能本身印证了出身与财富——尤其是在教育与行政机器中；然而封建体制在它的机构分配中也没有排斥职能性特征。所以，资产阶级知识分子和旧制度神职人员之间的连续性并没有被中断。两者在人员编制上的相似性并非论据，而是一个迹象。作为被集体性地赋予支配权的群体——领导、干部、负责人——知识分子行使着同样的社会职能。作为统治者与被统治者之间的中介（go-between），知识分子拥有与神职人员类似的地位，既自主又暧昧。作为既横向隔离又纵向层叠的极度等级化行业，知识分子具有神职人员所有的级别复杂性。而旧制度社会等级中的最小群体——大革命前的13万名僧侣——也在三个优势和特权群体中居首位[2]。法国知识分子俨然没有旧秩序中的法定地位；在他们的圈子里，宽容、默契、特殊优惠取代了规则与章程。然而贯穿其中的是同样的划分方式[3]。一个与他的乡村信徒过着同样生活、处于最底层地位的本堂神甫与受高级僧侣和贵族巴结的宫廷主教间是什么关系？一个技工学校的老师与法兰西学院教授间是什么关系？机构的地位和处境创造了利害关联（曾经是等级性的），社会地位制造了对立冲突（以政治

---

[1] 欧内斯·特拉布鲁斯（Ernest Labrousse, 1895—1988），法国历史学家，经济和社会史学家，无政府主义和社会主义活动家。
[2] 在法国旧制度中，国王召集代表开会时，参加者共分成三级：第一级为神职人员，第二级为贵族，第三级则是除前两个级别以外的其他所有人，即平民。
[3] 宗教不再是政府，而是教育。当初的"第一等级"和"第二等级"的神职人员，如同现今的第一和第二等级的教员、助教或第一和第二级的行政长官。其内在，是从官阶到组织体制？从宗教品级到国家级别？——作者注

表达方式）。当三级会议在凡尔赛举行时，贵族们组成一个阵地，第三等级亦不例外——人人有自己的营地。唯独神职人员有内部分裂。知识界的秩序被多重等级所贯穿，或相互冲突或彼此强化。如今，最不起眼的划分线看起来却最具决定性——知识界内部用以区别知识分子高低的边界线在于进入大众传播手段的能力。这种能力不是个体的：它在社会关系层面已被限定。它也不是偶然的：它要求遵守严格的规定。它不是旁侧的或补充性的：它将知识活动本身押为赌注，一个概念能否被接受，相当于通过符号传播手段作用于人的人类行动，即制造影响力的计划。这就是为什么媒体的问题始终伴随着知识分子——贯穿其类别、学科、政治倾向的出处或从属，如同一条分水线，浑然不知抑或深思熟虑，无人能逃避被归划的命运，无论他是研究人员、画家、作家或教授；无论他是共产主义者、君主主义者、无政府主义者或什么都不是。

为了与普通的知识工作者相区别，我们将以"高层知识分子"命名所有具有社会知名度、发表对公共事务的个人观点时无须像普通人一样受制于正规公民程序的人。这些"言论制造者"一般隶属自由知识职业（必须经过高等教育），但高层知识分子并非他们的本职工作：一位学者或教授倘若只局限于其研究领域内部，就算不上其中成员；而一名律师或医生、演员、探险家，如因其职业行为而获得个人声誉和威望，则可以成为高层知识分子。无论内容如何，这些正当观点的个体创作者显然进入了支配阶层，而且靠的并不是他们的出身与职业。值得一提的是，旧制度时期的高层神职人员（修道院长、主教、大教堂司铎）总数不到4000人；在12.5万名神甫中，正规的修会神甫与各教区主教任命的教区神甫在数量上基本持平。基层知识分子的编制人数更多，但具有类似的数量级比例；而4000人的数量对于高层知识分子，将不是无法接受的极限。

相比对贵族及第三等级的研究，旧制度历史学家似乎相对忽视了神职人员这个等级。奇怪的平行性在于，当代法国社会学家似乎同样对当代知识分子兴趣不足。我们有针对大资本家和高级行政管理人员的论著。但对于大知识分子和现代高层知识分子该怎么办呢？阻止对高层支配人群进行具体研究的因素可能在于两个印象、一个低估，没准还有一个困难。

a）混杂不匀的印象：在诺贝尔物理学奖得主、作者、拍卖员、法兰西学院教授、受尊敬的神甫、医生、前极左派激进人物、自由主义经济派学者和导演之间有什么共同点呢？就社会职业角度而言，显然是没有的。

b）非器质性或无界限印象：现在的外交官、医生行业，以前的教育行业以及一目了然的国家重要机构，他们组成了政治机器或中央行政的高层人士。是否有知识分子行业，谁会是它的骨干力量？如要筛选，又以何种界限来界定？私域或公共领域的高层人士几乎统统被编入上流社会名录，他们在俱乐部或精确划定的圈子内相聚（赛马俱乐部、汽车俱乐部、扶轮社、圣克卢高尔夫俱乐部，等等）。国家知识与精神的高层精英在哪里聚集呢？我们尚缺乏知识分子的《名录》(*Who's who*)。

c）低估：在他著名的《论法国权力精英及法国统治阶级》中，

皮埃尔·伯恩鲍姆①将"大知识分子"抽象化，使他们既不属于统治阶级也不包括在国家机器内，也就是说，知识分子属于一等的边缘和伪二等。这种边缘化是一种假设，他未做明确阐明，但将其置于确实性的事物中，在书的开篇便被提及，差不多犯了逻辑上预期理由的错误②。他在绪论部分写道："如果我们认为组成统治阶级的社会职业类别可分配为领导环节（国家在民事及军事方面的官僚机构，工业，银行）和非领导环节（知名知识分子，自由职业），后者仅拥有象征性的权力；但就个体的社会化、形成文化共识以促进领导环节的合法合理而言，是非常重要的……"最大限度的让步阻止不了被忽略的命运。就政府而言，稳固、可测的才是重要事物：高级公共职能、高级银行、大企业，是值得研究调查的；而不稳定或旁侧性的象征权力，起到的只是副作用而已。这么说，在知识分子问题上，现代社会学跟着韦伯和帕森斯走过一段迂回之路后，又重新回到惯常的、马克思主义式的蔑视原则：不必搭理知识分子的喋喋不休。"资产阶级知识分子，是蛋糕上的奶油，让我们攻击面团吧。"但是在新派法国厨艺中，奶油不再是装饰物。人们是为了奶油而吃蛋糕。暂且把美食放在一边：如果象征不是避免机构摩擦的润滑油，而是"发达"国家政府动力的本质，那么被轻视的岂非实质？如此这般的象征性的权力难道不是已经成为政治了吗？权力社会学是否还能够接受政治领域所表现出的传统式划分：象征符号在一边，政治行政在另一边？

---

① 皮埃尔·伯恩鲍姆（Pierre Birnbaum, 1940— ），法国历史学家和社会学家。
② 预期理由又称"窃取论点"，以本身尚待证明的判断作为论据的一种逻辑错误。

每个人都会承认这一点①。就鉴别如此分散的个体性间有何种共同点,什么是保障其组织的基层结构上,经验社会学的装备肯定不如史学研究(在此加上:也不如媒介学方法)。这些个体至少有一个共同点——他们都是有"威望"的"知名人士",每周都集体性地制造示威、呼吁、抗议或是有"影响"的新闻发布会。"知名人士"揭示了社会历史,"影响"则是一种媒体技巧。而"威望"是一门有关支配之具体条件的科学。

剩下最后一个困难:如果在本研究中拥有物质和概念工具的人员本身也属于或向往成为高层知识分子,会出现怎样的局面?所有社会服务人员都将被传统晦暗的自私所攫取,再加上高层知识分子特有的对从属圈子的否定。这是一个不合情理的单纯假设。

就我们所知,欧洲社会学中心的研究工程,特别是皮埃尔·布尔迪厄的理论研究和他的导师,对鲜受关注的知识分子内部的淡漠态度做了唯一的也是出色的观察,很值得我们认真思考。是的,这类反思极不受同行的欢迎,当科克托观察到镜子应该在反射前多加小心时,仿佛已经总结了这种感受。但如果以反射他人为职业的社会科学研究人员自己从来不照镜子,如果以审视镜中自我为天职的人文学家不愿意接受集体 X 光造影,凭什么要责备那些试着代替他们这样做的人呢?

---

① 当然是从皮埃尔·伯恩鲍姆他自己开始。他比任何人都更配得上这个糟糕的指控。——作者注

第二章
三个周期

前言

1．大学周期（1880—1930）

2．出版周期（1920—1960）

3．媒体周期（1968—?）

前言

> 关于知识分子党面对世俗荣光之变故的局势。
> ——夏尔·佩吉

一个历史或一个社会，是一个连续体，却不由自主地被历史学家和社会学家强奸，被撕裂成"阶段"与"种类"。但如果没有这样的切割，这个连续体将难以被人理解。要了解法国当代知识分子，似乎必须将它的现代史区别成三个时期或三个周期。当然有主观武断之风险，因为这些周期之间"自然地"互相重叠和交叉，辨别就更不可或缺。主张知识分子天性的人，如我们之前所述，最终会把一个历史改造成一种天然的存在，将习俗惯例神秘化。那么，较之以重复千次的形式再造一个"教士"灵魂不动的神话学，更好的办法是创造一个知识分子行业略史。

这也是"始终拒绝"自我显示、对创造了他们的意外突变持不承认态度的知识分子所固有的使命。一个国家的知识分子行业或许可称为其文明的灵魂，但需有一个附加条件：即该灵魂与这个文明的物质器官同时成长、衰老和死亡。在法国，如同在意大利和英国，大学的出现早于书籍；书籍早于报纸；报纸早于多媒体视听。如此多的行业，如此多的灵魂。这些变迁持续了七个世纪，扩张到了整个西方。拾取其中的一个世纪和一个国家——这就是有关我们所有人的我们的历史：国家级人物，法国"知识分子党"的成员。表面上在均质继续着的历史，其实既不平滑也不美妙温柔。它逻辑严密地持续着一系列变故，也就是说，一连串的创新、革除及变形。

"关于知识分子党面对世俗荣光之变故的局势"与荣耀分配者的变动一样快。后者同样也负责权势的分发。夏尔·佩吉称他那个时代的大学为"巨大的识别机器"。这个令共和国既尊敬又畏惧的机器，恰恰是共和国本身使其变得令人尊敬与畏惧的："如果安德莱①和兰森②是坚定的共和党人，那将是政体之稳固的幸事。"大学这架筛选机被替换以后，新的分类机器再生产出来的仍是一样的效应。佩吉继续在1906年这样说："在法国，从出身法国的候选者中挑选授予大学文凭、大学教师资格证、高等师范录取、奖学金乃至旅游资格的人；那些获准攻读博士学位的人和高等师范学院的学生，在法国始终行使着没有极限的权力。还有许多依赖于他们的人。"③只有一个字是多余的："始终"。因为获准攻读博士学位的和高等师范学院的学生很快就会彻底失去他们的权势。知识分子党的权势仅仅是转移了而已。在佩吉去世后不久，有段时间权势曾属于那些获得许可的"作者"。现在，则属于获得许可的"记者"。而且每一次——奇迹般的和谐融洽？——"政体之稳固"唯有自我庆幸，知识分子党内领导人都是由最标准的漏斗筛选出来的。好像识别机器就是为政府而准备的，或者说政府是为这架机器而造的，或者两者

---

① 安德莱（Charles Andler, 1866—1933），法国著名日耳曼语言和起源专家，曾在法兰西学院和索邦大学任教授。
② 兰森（Gustave Lanson, 1857—1934），是法国文学史家和文学批评家，曾任巴黎高等师范学院负责人。
③ 佩吉，《作品全集》(Oeuvres complètes)。——作者注

都有。筛选的编年体进程——大学，出版，媒体——与最后三个共和国的络绎出现相当吻合，它们有各自偏好的资产阶级、产业革命、受重视的科学、行话和传输手段。对"那些需要有党徒""需要对其他人行使支配之荣光"的人（佩吉语），他们的聘用模式经历了许多变化——不变的是知识分子党，一只始终再循环的凤凰。穿过它的荣耀与灰烬，该党成了唯一需要解决的问题。

1. 大学周期（1880—1930）

反教权的神职人员。在俗的教士。政府的修道会。在知识分子行业中，大学谱系长期以来背负这样的绰号，因为这大体上就是法国大学的历史，它在整个十九世纪与政体缓慢地世俗化联姻。无法细节性地对其进行描述（假定的界标来自安东尼·普罗斯特①出色的概括），让我们回忆一下将造就成年身体的生命诞生特点吧②。从所谓的"身体"（corps③）开始，像 1806 年首次出现在帝国法律中政府的重要机构（grands corps）④。由第一帝国设立的、取代了原有"教学机构"但后被大革命所消灭的教学修道会，作为教会性质的组织，其精神内旨必然会与宗教类机构产生竞争，再次展现了被摧毁的都是可以取代的，而取代的先决条件是可仿制性。但是大学这个仿制品毕竟不是化装舞会。拿破仑在任命丰塔纳侯爵⑤为大学大长

---

① 安东尼·普罗斯特（Antoine Prost，1933— ），法国历史学家。
② 安东尼·普罗斯特《法国教育史 1800—1967》(*Histoire de l'enseignement en France*)。——作者注
③ Corps 一词在法语中原义为身体，引申义为行业或机构。
④ 1806 年 5 月 10 日的法律设立"在皇家大学的名下，一个专门负责在全帝国范围内教育与教学的机构"。——作者注
⑤ 丰塔纳侯爵（Louis Fontanes，1757—1821），法国作家、诗人和实干家，在 1808 年被任命为大学的大长官，其职位相当于今天的法国教育部部长。

官时抛出这样的话:"我任命您为指挥官,请选好您的人,这和您有关。"没有在僧兵的战袍下重生,相反地,大学人员从此被迫彻底效力于帝国("职责义务"),被迫独身和共同生活,屈从于大长官的长官,以此换取他们内部管理的自主权(大学顾问、学院负责人,等等)。波旁复辟时又回到教会监护(1824:设立"教会事务及公共教育部"),大学行会从此成功保住了学位颁发的垄断地位并在七月王朝时期第一次达到其顶峰(将其颁发学历的权力扩大到中等教育)。1848年以后,反对法国大革命的浪潮带来了"法卢法"(1850),重新恢复了(或者更准确地说,致力于发展)私立教学的自由。重新给予教堂对精神生活的指挥管理,第二帝国逻辑性地被引向削弱大学及限制其自主性。要评估一个反击时期政治权力对大学及所有教学行业的恶意程度,标准毫不模糊暧昧。一个世纪以来,标准之标准就是这个阶级以及哲学考试面临的局势。第二帝国之后,要等到维希政府和我们现有的政体来找回对大学哲学教师资格会考同样程度的敌意(因为若致力于栽培走高端市场的哲学家,不畅销的哲学教师将再次被消灭——后者也可以解释前者)。1828年,从文学中分出来后(文学会考本身于1808年重设,于1821年重组),设立了大学哲学教师资格会考;但在1853年,与大学历史教师资格会考一起被取消,整个过程没有哈贝改革那么微妙繁琐①;但十年之后,又被重新恢复(1863)——药物被证实比病症本身更危险,它将在精神

---

① 1975年,法国颁布了以当时教育部长哈贝(Haby)命名的法律。其中一个核心内容是通过各种措施降低录取标准,在国民中普及大学教育。

食粮上不知所措的一代青年交给了"唯物主义"①。探究这一不幸的遭遇可以给我们的部长们提供儆戒。

事实上，法国大学的真正诞生必须以波拿巴主义和教会的战败为前提。是在1871年到1885年间第三帝国（在该领域矛盾地与第一帝国的雅各宾重新结好）将基本的结构形式丢给了大学圈并确立了竞考。

自由帝国②无疑于1868年建立了高等研究应用学院。同样地，第二帝国时期的师范类学校（热月政变时创办的巴黎综合理工学院、国家技术工艺学院③）能在复杂的局势下维持原状，得益于它们在组织关系上独立于大学（直到1903年才被并入其中），隶属公共教育部直接管理。然而是在1880年间，高等教育具备了今日的面貌——在我们眼前模糊不清的面貌。这一时期使"从耶稣会中夺取法国年轻人的灵魂"的举动成为可能。1877年：建立学士奖学金；出现了"讲师"。1880年：解散耶稣会，重建政府在颁发学历上的垄断地位（至此自由大学成为受益者），建立大学教师资格竞考奖学金。1882年：在索邦大学建立"封闭教学"（以往被公开教学主宰），并藉此产生了文学专业"大学生"（以往只有法律和医学类学生可称为大学

---

① 维克多·迪吕伊："消极学说在部分青年人中滋长的真实原因在于我们中学哲学教育的衰弱……中学里的哲学学习是治疗唯物主义最好的药物。"被雅克·德里达引用于《哲学和它的阶级》，原载于《谁害怕哲学？》(*Qui a peur de la philosophie?*)。——作者注
② 指法国历史上拿破仑三世第二帝国的第二阶段（1860—1870）。
③ 高等研究应用学院（École pratique des hautes études）、巴黎综合理工学院（École polytechnique）、国家技术工艺学院（Conservatoire des Arts et Métiers）以培养工程技术人才为主，是法国历史上入学竞考难度最大的精英学校。现在的国家技术工艺学院以继续教育为主。

生①）。1885年：最终确立大学文学教师的身份。1886年：建立高等教育文凭。1889年，巴黎索邦大学筑建竣工。简单地说，行会的组织结构（确定学位、文凭、程式规矩，等等）在意识形式上并不中立。有什么样的国家政府，就有什么样的公务员。是政府对知识分子的兼并吗？的确。知识分子所面对的问题因此不是自由或强迫——而是国家政府或教会，公共职能或修道会。扼要地说来就是：布尔乔亚或贵族——共和国或君主制——实证主义或唯灵论——利特雷②或奥莱-拉普律纳③。随着时间的推移，大学圈子做出了它的选择，或许其存在就依赖于选择。

一个受限的圈子，隐居甚至自闭的圈子。1890年，在6500名法官边上，650名大学教授有什么分量？1887年，在3.1万名官员和8万名财政公务员边上，在计的9751名公共中等教育人员呢？其分量远超过数量。绝大多数的官员与法官，与教士一样，如果没有密谋策反的话，起码对共和体制是不满意的。教授他们，则既是共和国的将军也是其主教，而小学教师则是其轻骑兵和乡村神甫。知识的传播与谈论国事政治的十字军于是合为一体。我们既是学者又是斗士，两者互为原因。在法国，知识分子诞生之时是"进步主义的"，因为大学是国家政府与启蒙时代合法婚姻的果实——更确切地说，资产阶级共和国与自由的理性主义联姻的产物。"布尔乔亚"的婚礼，对那个时代却是诱人犯罪的坏榜样。起码它要求国家在这个天主教的民族内部着手办理与法国教会、罗马和官方蒙昧主义的正式离婚

---

① 要记住大学最初仅指任三个学院——医学、法律和神学的集会或行会。——作者注
② 利特雷（Émile Littré, 1801—1881），法国哲学家政治家，编纂了《利特雷词典》。
③ 奥莱-拉普律纳（Léon Ollé-Laprune, 1839—1898），法国天主教哲学家。

手续。一个正规的家庭过时了，可那些从未接受这桩婚事的却丝毫没有丢失他们的青春活力。

一百年后，共和国赢了吗？的确。因为另一种二难推理在此期间出现了：国家还是市场？公共职能还是私人职能？业务能力还是知名度？这三个未预见项给了行动者以背后一击。在历史上，取胜的总是我们没有料到的。赢得比赛的不是国家，资本主义以让国家服从于它的经济逻辑从而战胜了国家；产业化的高等教育无法逃避地屈从于产量与效益标准，如同一个在直接受控于私有资本前、以私有资本的程序和标准运作的国有企业。文凭市场向就业市场看齐。虽然一个历史周期从整体上看已接近尾声，我们将不在这里描绘法国大学之没落，慎言在此可遮掩我们的水平不足。比这种衰落本身更令我们感兴趣的，是它在知识分子内部诱发的势力再分配，以及总体上，法国支配权力基础的修改。

这种衰落俨然不是始于 1930 年。这个时期只是暂停，并非结束。最多算是君主制绵长海滩的第一个转弯点及某些幸运的平潮。在 1880 年和 1930 年之间，大学的规模和中等教育的规模一样保持稳定。大学教授数量翻倍花了半个世纪，1880 年有 503 名（包括讲师在内）；1890 年 650 名；1909 年 1048 名，1930 年达到 1145 名。再过半个世纪以后，他们将达到——包括助教在内——接近 4.3 万名！在 1930 年前，大学生人数也未有显著的跃进。原因在于，与大学教授同样，公立中等教育的学生人数在半个世纪内增加了一倍（1881 年 7.3 万人，1930 年达 11 万）。人口萧条，社会阶层分离，对

"享受奖学金者"的筛选以及"继承者"们的马尔萨斯①主义:确切地说,有限的大学聘用数量在知识分子内部形成了高级挑选中心,保证了俱乐部的支配权力既在公共生活和知识分子自身行业之外,同时又在它们之上。大学在它的规模突然膨胀时失去了霸权支配势力。精英的权力与人数成反比。无论对上层(教员岗位极大增加)还是对下面(大学生人数呈箭头状上升),大学不再是一个有挑选特权的场所,虽然继续在整体上为社会内部再生产着阶级不平等,却无法保障在统治阶层内部继续同样的有效性。尤其是在这个阶层的贵族知识分子内部。自1880年以来,法国人口仅增长了四分之一,但文学专业的大学生人数从1882年的1000人增加到了1914年的7000人……而1976年这个数字则到达了19.1万人。因充裕而贬值。受此影响,法兰西学院内亦发生同样的爆炸,不得已地令自己随之而"无产阶级化"②。在作业线上加入助教,这些高等教学中的技术工人;不久后,则是定岗计件付薪。科研被放弃了。瞧,教育精英渐渐成了白领,沉溺于重复劳作深处的噪音中(实践工作),默默无名地忙碌于"服务"。我们等待着文学、法律和人文科学类国家文凭彻头彻尾失效的到来:这个领域的就业市场被堵塞了。同样,大学尚未被摘掉的最后一个属性——建立在学位颁发基础上的对再生产的行业垄断——却加速了大学的衰落。

如同所有受到剥夺威胁的社会阶层,科学及文学知识分子在自

---

① 马尔萨斯(Thomas Robert Malthus, 1766—1834),英国人口学家和政治经济学家。他认为人口增长超越食物供应,会导致人均占有食物的减少。
② 请参阅本章结尾附件中的人员表格。——作者注

身的产业化中找到了招架之术。普通民众阶层进入高等教育的机会越多（1946年创建 ENSI，1966年的 IUT，等等①），精英的出口也就越多。他们溜向国家科学研究中心（CNRS）、法兰西学院、应用学院或是私人基金会（就是说去美国）。马尔萨斯阴魂不散：原则上应受谴责的，在实践中却相当有效。大学结构组织的分蜂使从名字（索邦）到数字（巴黎一大）的象征性责任遭到贬损，并试图将头衔和地位大众化——这一切在大学优秀人员的挑选中得到了补偿。在这些罕见之地，精英之精英通过漫长的试用考察期合作进行着自我再生产。这种在最大基数候选者中进行的最少量的筛选，从高处重新制造差别中的不对称，显示了各种支配关系中内在的不协调。这是机构经济的（国家级或国际级）总体法则，彼此间关系已不相等的下层自动挪动，使得相互关系均等的上级平台向更高处前移，从而形成作为新决定场所的更高平台。失衡再造新平衡，新平衡一经形成即成为"前失衡"。这是人之不相等产生的流体静力学：十九世纪，在它的主宰下确立了西方政治生活中的普选制，且今天仍在国际公共事务中——比如在联合国——运行着②。当然，因为上层平台

---

① ENSI（les écoles nationales supérieures d'ingénieurs）：高等国家工程师学校，现已改为私立或并入理工学院。IUT（Institut universitaire de technologie）：技术学校。级别相当于国内的大专文凭。
② 在那里，重要的（可执行的）决定不再通过联合国大会——自从主权国家地位均等之后，去殖民化使西方成为少数派，而是通过一些实行所谓"加权"投票，即"纳税选举制"的专业性机构（国际货币基金组织、联合国粮食及农业组织、世界银行，等等）。而且富裕国家及其新闻通讯社以鄙视的口吻谈论着联合国的"自动多数化"（那里的第三世界以及社会主义国家占大多数。1950年的大多数同样是"自动"的，但对西方有利。它于是叫作"自由国家社群的共识"。"自动作用"只是为穷国准备的——没有灵魂的"蛮族们"隶属的机制。——作者注

已经调整（考虑周到），下层的平民百姓才可以打开大门。法国的知识界作为一个等级体系没有逃脱这条法则。

大学机体的分化俨然反映了法国社会的器质性腐烂：既是症状又是因素，是原因也是效应。目前，它等同于一种权力激情。意识形态之领域具有磁场性质：当一种吸引力下降，另一种则上升——但是那些金属屑不会停留在无精打采的状态。既然"知识分子"必须要参加些什么东西，他们会奔向组织能力与晋升机会更高的地方：最"有雄心"的奔向媒体和私资机构；最"审慎的"选择国家行政机关。大学的去组织化即文人的历史去组织化——也就是说在霸权的、对抗的利益支持下进行的再组织。公开传闻和私下窃语在大学圈子自身内部意味着，在赋予试验室或学院的信用度，或是研究中心、高等教学机构的岗位与头衔中，出现了"异常的"标准：研究人员的社会知名度的大小 媒体露脸频率，研究方向在"公共观点"中的反响与影响力大小，大众传播机构中入会者的个人立场姿态。较之简单的机构等级挪动（大学：助教、正助教、讲师、正式教授），我们所经历的更为严峻的来自外界体系（媒体：自由撰稿人、专栏作家、署名专栏、编辑、评论员、编辑主任）。我们看到大学行业，或者笼统些说，知识分子行业，放弃了自己在组织、筛选和再生产方面的逻辑，从而与媒体动作的内在市场逻辑相结合（这在旧的出版市场已经出现，但尚未及临界值）。我们可以证明这种逻辑严格的不兼容性，更精确地说，一种**悖论**。摆出和蔼端庄的姿态，寻求与公民社会，换言之，与市场法则（供需关系）的和解，其结局是广告的标准化，这已被运用在信息载体以及大众信息（报刊、电台、电视）的内容，明天也可以运用在知识分子的机构载体上（只要他们自认与前者不同）。对于文人而言，依赖国家政府从来就不是完美状态，但依赖观点意见市场，即令道德与知识的有效性来自商业化的全民表决，将可能成为一场噩梦。就成本-收益而言，考虑到其历史特征以及一个世纪以来小资产阶级和工人阶级对此进行的尽其所能的抗争，较之通过因为普通所以并不苛求细枝末节的势力所进行的驯化，通过资本进行驯化可能更具约束性和侮辱感。我们不清楚公务员的身份是否从未阻止阿尔都塞向师范学院的公务员-实习生传授斯宾诺莎、马基雅维利和马克思，或是阻止德里达传授马勒伯朗士①或尼采，但在法国这样的公民社会（世界上欠民主的社会之一），谁知道他们明天会不会出于任何一个转弯抹角的借口而听顺于布鲁斯坦-布兰切特②、杰奎琳·博德里耶③或标致汽车基金会？谁知道他们会不会竭力建议改变话题乃至不久后改变职业？由于在本质上不讨人喜欢，哲学（特别是唯物主义论）不仅降低了收听率、印刷量和广告商的预算，更激发了绝大多数听众/读者/客户自发性的抗议，因为人尽皆知，哲学会把小灾变成大祸。(这是真的，因为人们"到处"在说，在电台、报纸以及城里的晚餐餐桌上)——"亲爱的朋友，您总不会愿意看到我们的读者不再续订，我们的听众转钮换台，我们的广告商中止他们的合同吧？如果没有银行账户——我们的思想自由基金会会成为什么样子呢？"

---

① 马勒伯朗士（Nicolas Malebranche，1638—1715），法国哲学家、神学家，被认为是笛卡尔主义者。
② 布鲁斯坦-布兰切特（Bleustein-Blanchet，1906—1996），著名广告人，今排名世界第三的法国广告集团"阳狮"（Publicis）创始人。
③ 杰奎琳·博德里耶（Jacqueline Baudrier，1922—2009），法国著名记者，电台主持人和媒体高管。

新的观念生产力量诞生于下游，却矛盾地凌驾于旧生产力量之上。法国的大资产阶级因而可以摆脱这种围绕"文学"研究（包含社会学、哲学、历史在内）逐年形成的令人恼火的算计，这传统文人的硬核。第二帝国选择以直接手术介入的方式进行粗暴的驱逐。自1968年以降，第五共和国借助学科的重组与"人文科学"无法回避的衰落，更倾向于让体内的异物随着时日逐渐溶解，最后从尿液中排出，流向其他可预见、无风险的领域。伴随着均质化与溶解的过程，同样消失的还有居于最高结构核心位置的思想之独立的最后一个策源地。因为思想独立的机体与管理之凝聚力在很大程度上依赖于它精神与知识上不可否认的抵抗（或反攻击）能力。相比较而言，无论何种改革与现代化，军队、知识分子和政府高层官僚都显示出了他们在抵抗与生存方面的奇特能力以及对其组织封闭性与自主性的防御保护。一种有利于统治阶层的平衡抵消力量。统治阶层欣慰地看到这股有些过时的抵消力量从地平线的底部升起，出乎意料地被加固。如果，假如说大学之死是一场谋杀，人们极少看到更热情的受害者，这种谋杀已经近乎享受。如同希腊悲剧中的英雄，这是社会行动者与要他们命的杀手合作导致的一出堕落悲剧。但在法国案件中，恐怕人们得在邪恶的传统循环里加上一个小毛病——为了显得与众不同。

事实上，中坚学院派令伦理，这个为**所有**道德之基础的**一种**道德，面临化为尘埃的风险。正统式的教学方法，当它让使用者全面运用一种话语，却不接纳任何新成员时，便预先设定了导师与学生形式上的平等；谴责这种形式主义中存在的故弄玄虚是一回事，讥笑那些对世袭一窍不通的教授们的唯理主义是另一回事。讥讽公立中学的教师和私立中学的学监——这些文人出没的共同场所——是故意将批评话语的**规则**与理性的**教条**混为一谈；以避开学监们迂腐平庸的偏见为借口，学院派的教学方法避开了真理最根本的义务。"荣誉归于大学的老教授；他们曾如此体面、正直；他们曾如此真诚、廉洁……"①青年佩吉的赞词仍在我们的耳朵边回响着。在重返圣女贞德、田地与灵魂之前，佩吉曾善于讴歌他的青春。"从他们一切的楷模、所有的灵魂与内心中，升发出的是对这种美德永恒的制造。我相信美德文化（credo colendam esse virtutem），它独自构成了共和党人的力量。"这番"幼稚的蠢话"也以同样的理由构成了社会党人的力量，并且，如果老教授们自1904年起已改名换姓，教育与奉献的同义词在昨天之前仍未有实质上的改变。正直，晦涩，无私：这些词逗我们发笑，但这些词汇的废弃反射了教学实务的社会地位被贬黜，而非相反。那些有幸在五十年代坐在哲学教室的长凳上听课的人或许还见过这些最后的苏格拉底。最起码他们还可以为孙辈上演《幽灵奏鸣曲》②，告诉孩子们曾经的知识分子品德，那个时候的哲学家还多少知道点哲学，还不会为《巴黎竞赛画报》③写稿。是他们开始嗫嚅的时候了："荣耀归于

---

① 引自佩吉写于1904年的短文《荣誉归于大学的老教授》（*Honneur aux vieux maîtres de l'Université*）。
② 《幽灵奏鸣曲》（*La Sonate des Spectres*）是瑞典剧作家奥古斯特·斯特林堡（August Strindberg，1849—1912）的作品，问世于1907年，稍晚于佩吉的短文。
③ 法国通俗期刊。

巴什拉、康吉翰姆①或依波利特②！荣耀归于让·瓦尔③、梅洛—庞蒂和阿尔都塞！"而他们自己将会喜欢上这种将时间熵缩减并爬上高坡的无意识的世袭接力。没有比无法忘记更容易被忘记的，而"不死的本原"死得最早。凭借机构的稳定性，教育将自己例外于通用规则，通过保留至少一本袖珍书以作记忆，印第安保留地便成了真相伦理。土著人繁衍得相当不错，衰老速度慢于移殖民。导师借其弟子、弟子靠其导师焕然一新。课堂、文科预备班和大学生宿舍的繁殖，令一个六十年代的蹩脚作家，凭借路易大帝中学的一个教师（莫里斯·萨万），也是亨利四世中学一名教师（埃米尔·沙尔捷，人称"阿朗"）的弟子，而这位教师本人又是米谢勒中学（儒勒·拉尼奥）教师的弟子，看到了诞生于1848年次日的一个世俗圣人的影子——"可以活在他的教导中直到死去。"几乎可以打赌说，对于今天参加总会考的优胜者，人们不再向他们颁发"道德行动联盟的创始者"的《重点课程与片段》④，其宪章（《蓝色杂志》，1892）规定："我们严禁自己一切沽名钓誉的做法，一切自以为是的野心。"还有："严守原则是新组织的价值所在；我们将实现高度一致；我们将坚守原则。但这并不妨碍我们对以纯粹精神行事的一切党派、教会抱有强烈的好感，不担心竞争。由我们或是他人来实现最佳并不重要：值得存在的将必然存在。"道德行动自称"个体及社会义务的世俗斗士"。面对这些教授向"所有愿将个人的即时利益服从于他们眼中正义、高尚和真正的利益的人

---

① 乔治·康吉翰姆（Georges Canguilhem，1904—1995），法国哲学家，医生，巴什拉的学生。
② 依波利特（Jean Hyppolite，1907—1968），法国哲学家。
③ 让·瓦尔（Jean André Wahl，1888—1974），法国哲学家。
④ 此处引用了儒勒·拉尼奥著名作品的书名。

们"发出的呼吁，我们不要微笑得太早。因为，五年前，德雷福斯派的宪章就已经是这个样子了。这种完美主义是宗教式的，所以才会产生斗士。极其少数且极其根深蒂固，他们将在后来的几年内成为唯一奋起攻击被蒂博代① 在1927年的《教授们的共和国》中指出的没完没了的三部曲："利益，报刊，巴黎"。得和神甫有几分类似，就是说得像个小兵卒，才能拒绝服从自德雷福斯事件后始终相互结盟、如今处于巅峰的三股势力。神甫，或更准确地说，牧师。因为，再次引用蒂博代的说法，大学教士，即哲学教授，曾经是精英，较之罗马教廷，他们更像是改良后的教会②。在第三共和时代，主掌教学秩序组织的是新教徒（布易生、拉比耶、施泰格、佩科）；是新教徒最先发起的修正主义行动（修雷尔-凯斯纳、普雷桑塞、加布列尔·摩诺）。

在教员们中间如同在城邦之内，教授消长之时，作者便重新上升。隐秘价值的古老天秤：教授们低调下沉，放置发表作品的天秤托盘便被抬高。大学的衰落伴随着最高科学研究院的卷土重来。也就是德雷福斯事件的相反面。今天的德雷福斯们——将不是个别，而是集体地留在魔鬼岛③。这并非预言，而是事实。请看解释。

索邦大学与孔蒂河畔④ 的竞争突出了一条百年分界线。人们还

---

① 蒂博代（Albert Thibaudet，1874—1936），法国文学评论家。
② "哲学使命与神圣天职有原则上的类似。任何一个准备大学哲学教师资格会考的人，即使他成为狡猾的议员或是可疑银行的行政职员，曾在某一时刻，如同神学院学生般被这样一种想法所感动：人生的最高境界是将一生奉献给为一种精神服务，而大学则通过会考录取使这种服务成为可能。"（阿尔贝·蒂博代）——作者注
③ 曾经关押德雷福斯的监狱。
④ 此处原为由教会创办的四国中学，现为法兰西学会。

记得法国的知识分子以大学为基石、以行会实体的形式起而攻击科学院。这其中有两种物质基础，两类精神体系家族，两个政治营地。不少人乐于重申德雷福斯事件标志着"知识分子"的凯旋，却忽略了凯旋的条件导致了"作家们"的溃败。人权阵线对抗法国爱国阵线①，就是外省对抗巴黎，中学对抗沙龙，拿奖学金的学者反抗世袭继承人（根据蒂博代的术语）。就是"德国式"大学对抗"法国式"文学。就是"乌尔姆街对抗圣纪尧姆街②，《历史期刊》对抗《两个世界期刊》（勒内·雷蒙）。左岸对抗右岸（指其沙龙）。是大学派以其学术期刊、课程，还有《曙光报》③——大报（逻辑性地代表"观点"，即反德雷福斯派）的害群之马对抗科学院（几乎全体院士）。而后者则由近乎全部的巴黎报纸和所有文学沙龙（都德所称的"院士制造者"）保驾。这便是一出悲剧的深层逻辑，其中的演员们叫作巴雷斯、布尔歇、勒梅特、戈贝或是臭诺、杜林、安德勒、佩吉。除了在德雷福斯案件中的出色表现，左拉身后的逸闻令这条分界线在后人眼中变得模糊不清（但其虚线仍横亘于我们中间且在每次民族危机之时成为实线）。在1898年，左拉曾遭受到的法兰西学院式的羞辱不下十次。在巴雷斯眼中，这位大众小说家的"多产令人疲于关注，而其肤浅的思想也使人不感兴趣"。巴雷斯称这位青春王子④认得他，只是因为他属于"巴黎书店最强的商业势力之

---

① 人权阵线（Ligue des droits de l'homme）是一个支持德雷福斯的协会；与其观点相对立的法国爱国阵线（Ligue de la patrie française）是一个政治组织，其成员中有许多名知名院士。
② 法国高等师范学院在乌尔姆街上，而培养国家精英的法国高等政治科学院在圣纪尧姆街上。
③ 《曙光报》（L'Aurore）以刊登左拉的《我控诉》知名。
④ 青春王子是巴雷斯对左拉的蔑称。

一"。左拉对他而言代表的只不过是印刷量和在海外的名声。但是在法国，在文学圈所有"有分量的人"眼里，他就是个"偏远外省的郝麦"①，过时而庸俗。我们称："迂腐"——一个词的两层含义。"过时的"自然主义派领袖，被心理小说销售的上升势头所超越（洛蒂，布吕内蒂埃，布尔歇），所有沙龙的大门都对他紧闭。"肥猪"不是我们这个社会接纳的人（见本章尾注1）。

　　作为知识分子战役，德雷福斯事件代表着低层知识分子对高层的胜利。或者是"小"知识分子对"大"知识分子的胜利。一个圣西蒙派门徒会说：能力主义者对精神贵族的胜利。普鲁斯特派会毫不含糊地精确指出：是维尔迪兰阵营对盖尔芒特家族的胜利，"女主人"仍要花时间来做出决定。社会学家马塞尔·普鲁斯特可以为他的拖延找到理由："世上大多数人是如此反修正主义，乃至一个德雷福斯派沙龙与另一个时代中的巴黎公社沙龙差不多，同样成为不可能的事物。"②那时的作家们曾反对公社——除了瓦列③与罗什福尔④。如果这些作家的话可以拍板定案——他们会怎么说！——被第一帝国消减到最低限度的大学教士，到了1871年差不多消失殆尽——抑或仍有幸存⑤。作家们曾经是反德雷福斯的，没有了大学，

---

① 指福楼拜《包法利夫人》中的药剂师郝麦（Homais）。
② 《索多姆和戈摩尔》，七星丛书，第二卷，p.744。请参考本章尾注2。——作者注
③ 瓦列（Jules Vallès，1832—1885），法国极左派作家记者，巴黎公社成员。
④ 罗什福尔（Henri Rochefort，1831—1913），法国左派记者，政论家。
⑤ 作者们的片言只语。福楼拜致乔治·桑："我支持把全体巴黎公社成员发派去做苦役，强迫这些残忍的傻瓜去清扫巴黎的废墟，像流放犯那样脖子上戴着锁链。"（1871年11月）泰奥菲尔·戈蒂耶："我为巴黎公社发狂。"诺昂的好女人（指乔治·桑）："呕吐发作。"就此主题请参阅保尔·李得斯基的《作家与公社》，细微之处参阅弗朗辛·马雷的《乔治·桑》。——作者注

这些人的话将再次可以拍板定案。但是这些作者-世袭继承人发现他们面对的是教授-获奖学金者，这些令人鄙视又一丝不苟的发迹者。世袭继承者从他们的摇篮中寻找到高品位，但获奖学金者通过竞争得到他们的奖学金：准确地说，助学金、竞考与考试，是在1871年到1898年之间制定下来的。巴雷斯在他的小说《背井离乡者》中预嗅到危险，他在书中借外表不起眼的布泰勒先生，讽刺了自己的哲学教师，来自梅兹、祖上是农民的卑微奖学金获得者儒勒·拉尼奥（阿兰，他的学生，同样是奖学金获得者）。正是这些外省中学或专科学校的布泰勒先生们，通过与修正主义观念的脱离，将在巴黎知名报刊上占据优势。《教授们的共和》作者写道："在巴黎，知识分子的主要行会是科学院、研究所、文学、新闻界、律师公会，大学紧随其后且属次要；小学教员当然不计在内。在外省，教授地位最高，而在城镇，除了神甫，就只有小学教员了。"

大众阵营却罕见"大众化"——在最初阶段。大学讲道台上的民主式救世主降临说并非一种选票主义。实在是太幸运了，不然的话，教授们将绝不会成为德雷福斯派。正如一位社会党人士所言："德雷福斯主义在法国从未大众化。"而直到雷恩法院审判结束，"街道"一直是民粹主义的示威战场。被拉尼奥写入宪章的大学奥义引入了一种不得人心的奥义，一切如同苏格拉底死前的那场"民主"投票：真理与正义并不是最重要的价值。被儒勒·勒梅特和巴雷斯搬上舞台的"法国常理"观念则是一种公开的全民表决，因为这种观念建立在"法国自己人"一致同意的基础上。持选票主义的知识分子总是处于高层地位。就此而言，德雷福斯事件先兆式的现代性——名义上的内战——并非从祖传联姻中寻找笔杆子、军刀以及圣水刷。七月王朝作为第一个"教授们的君主国"(基佐，维尔曼，卡森)已经与这个神圣—联姻互相冲突：奥尔良派反抗正统派。以笔杆子为生在本性上属于沙龙人物，今天和昨天没有区别，叫作一个"男人们聚集在来自奥赛河畔与孔蒂河畔世界①的女人们周围的"世界。德雷福斯事件的现代性显然在于它的社交场宣传和大众宣传间的联姻；精英沙龙与大报刊的联姻——一场极晚到达又局部松结的联姻。用时髦的话说：高知（HI）与大众传媒的联姻。

我们没有足够强调的一点是，倘若事件是一场报纸战役，德雷福斯派接受的是以一敌百的战争，因为这是真理与观点的较量。碰巧那个时代还没有民意调查，但日报的发行量还是存在的。一方面，《小报》（150万份），《自由言论》（50万位读者），《强硬派》，《高卢人》，《小巴黎人》，《巴黎回音报》，还有自始至终加入其中的圣母升天派②和天主教报纸（每年发行总量为1.3亿张）；另一方面，《曙光报》（发行量10万，为《我控诉》增发至20万份），以谨慎步伐加入其中的二三流报刊（《世纪报》，《极端报》，以及饶勒斯的《小共和报》之流）。高层知识分子（"巴黎"）与"报刊"联盟，也就是与"利益"联盟——因为，在观点市场里，市场就是法律，而这条法律管理着观点的负责人。同理，大知识分子与大报和谐齐鸣。1897年，

---

① 奥赛河畔是法国的外交部所在地，孔蒂河畔参见第63页注④。
② Assomption，在法国成立于1845年的天主教教会。在法国政治生活中具有重要地位。创办有十字报和朝圣周刊及出版社等。

发表了艾什泰哈齐①信件的《费加罗报》无法抵抗退订风潮，遂选择屈顺于国家理由，因为"观点没有站在它这边"（左拉从此离开并加入克列孟梭的《曙光报》）。一个大学教授没有客户需要伺候，于是他可以允许自己有良知。这就是为什么在风暴中大部分教授能站稳脚跟而作者们却随风而动。前者趋向一致性，后者——除去个别例外——不得不放弃原则。发生的一切都像是高层知识分子早已确定了他的位置和他的先进功能：拿一派报纸攻击另一派报纸。低层的知识分子还没有找到集体性的机构做依靠来顶撞"观点"，专科学校和高中从此开始向政党与工会靠拢②。

强调"法国行动"③是他那个时代"文人们的聚集区"，蒂博代在左翼联盟④成立三年之后发展了这样一个看法："作家这个职业必定令从事者靠右行驶"，完全像经济学家或金融家。金钱之墙始终坚挺；文学之墙亦如此。而左派则规律性地在与两者抗衡中被粉碎。在法国，交易市场的晴雨表与作者行情晴雨表酷似——后者在现实中就是政治的晴雨表，所给出的信息要比前者多得多。如果说左派政党在 1978 年议会大选中失利，那是因为他们自 1976 年起在知识分子战役中已经败北（甚至不需要开战，一个历史上司空见惯

---

① 艾什泰哈齐（Esterhazy, 1847—1923），法国军官，作为真正的叛徒，他的无罪释放成为德雷福斯事件的导火索，左拉为此写下发表在《费加罗报》上的《我控诉》之第一篇。
② 另一个权力关系的指标。人权阵线（始创于1898）成员最多时为8000名。法国爱国阵线（始创于同年12月）立即吸引了10万名成员。——作者注
③ 《法国行动》(L'Action française)，1908 年创办于巴黎，法国保皇党派的报纸，主张彻底的民族主义。
④ 左翼联盟（Le Cartel des gauches）是一个为 1924 年法国议会选举建立的选举联盟，其成员主要为极端、独立、左派政党。

的矛盾）。法兰西土地上政党们难以描述的无能，无法掩盖令左派失利的深层理由。其中之一便是对教授暗地里的消灭。"68 运动"十年之后，左派政治发现自己被钳制于院士与媒体之间——传统的顶峰阶层联姻——作为其庇护堡垒的大学却没有被巩固，因为旧的大本营已被夷为平地，坑洼里满是高处落下的重炮弹。这媒介学中的奠边府战役①，没有任何最后时刻打开的救命降落伞。我们的意思并非在此起草文人的政治史，只是其中的媒介学规律引起了我们的关注。习惯上，尤其是自德雷福斯事件之后，人们把科学院归于"大体上属于右派"而大学则"大体上属于左派"②。不论其表象如何，人民阵线的前奏曲证明了这一规则。1934 年，"反法西斯知识分子警觉委员会"的发起与组织工作落到了三位大学界人物——阿朗，朗之万和雷维的头上③。其作者如下：巴比塞、纪德、罗曼·罗兰及其余数百高水准的人物。但是 1935 年，法国的知识分子爆发就意大利与埃塞俄比亚战争的争执，令科学院之花与大学的名流人物针锋相对。

---

① 奠边府战役（Bataille de Diên Biên Phu）：1954 年法越战争最后一场战役。越南以数倍兵力对法军占领的战略重地奠边府进攻，法军则不断向奠边府战场空投伞兵，以补充战场上损失。越军以中国援助的大量高射机枪和高射炮构成空中防御网，造成法军空投部队损失惨重。此役越军大胜，从此结束法国对越南的殖民统治。
② 勒内·雷蒙，"知识分子与政治"，发表于 1959 年 12 月的《政治科学法兰西期刊》。因惑的反德雷福斯派保尔·瓦雷里，花小钱订亨利杂志（"3 个法郎，也得想想"），将收到国家授予他的两角帽。纪德和普鲁斯特，多少有些退却的德雷福斯派，20 年后，在他们大名鼎鼎之时，最终获取资格进入科学院。——作者注
③ 阿朗（Alain）指埃米尔·沙尔捷，极左派；朗之万指保尔·朗之万（Paul Langevin, 1872—1946），法国重要的物理学家，与居里夫人有绯闻，近共产党派；雷维指保尔·雷维（Paul Rivet, 1876—1958），医生，生态学家，社会党派。

当我们讲述法国后德雷福斯知识分子的宣言历史；当我们回顾那彼此交合、无意中制造出相互呼应效果、有时甚至一字不差的三个宣言："知识分子党派宣言"（《费加罗报》，1919年1月）；"捍卫西方及欧洲和平宣言"（《时代》，1935年10月）和"欧洲自由知识分子委员会宣言"（《世界报》，1978年1月)，我们会察觉，在这些饶舌而执拗的精神对抗物质、西方对抗野蛮、欧洲对抗第三世界的辩论中，签名、出击、"作者们"的术语，已经游移和贬低了"教授"所该具有的水准。但分界线依然可见，尤其是在德军占领期间面对合作：面对屈而不折的"尊敬的导师"，大学界的人物总体上挺直了腰杆，甚至比这更加出色。殉道者出自大学界并非偶然（哈布瓦赫，卡瓦耶斯，波利策）①。印度支那、阿尔及利亚，反殖民主义的根据地还是基于那些尊敬的教授；科学院则始终沉浸在其不变的辞典中。为了概括这种微妙的区别（并多少激发和强化良好的精神风貌），在战后相当长的一段时间内，一个左派知识分子指的是写书的教授，一个右派知识分子指的是当教授的作家。将普遍性个体化，有制造陈词滥调之嫌……故此我们要加上：在六十年代末，左右派地图多少有些混淆，这种情况始于知识界名流，随即扩散到作家。一方面，坐在大学交椅上的教授们以大学行会式的思考来反击大学行业的贬值，这是一种自发的寡头加反抗式的思考；另一方面，这个时候不少作家走上街头并开始结成联盟。但是，玛莎公馆②绝对不可

---

① 哈布瓦赫（Halbwachs, 1877—1945, 法国社会学家）、卡瓦耶斯（Cavaillès, 1903—1944, 法国哲学家、数学家）、波利策（Politzer, 1903—1942, 法国哲学家, 马克思主义理论家）均被纳粹杀害。
② 法国文人协会（Société des gens de lettres）会址，位于巴黎索邦大学附近。

能是冬宫，不过 1968 年疯狂的南特大学或许是 1898 年的索邦。而法兰西学院则再次走向香榭丽舍大道。总之，游戏仍在继续。对比法隐藏在知识分子肌体内部历史性的无意识中——这就是贬低化的修辞过程，并意味着不同作者之间的距离。在今天的"引号"节目（1978 年 12 月）——我们这个时代最后的（亦是历史上最大的）文学沙龙中，当《法国晚报》记者、新入选"不朽者"[①]行列的让·杜图尔[②]试图在最后一刻痛击罗伯-格里耶[③]时，他的讥笑中挟带着三个世纪的蔑视："教授们站在您这边，您有索邦支持您！"这类思考有着漫长的记忆参考。1658 年，在菲勒蒂埃[④]的"雄辩王国"中，"修辞公主"已发起针对"伽利玛蒂雅思上尉"的有力反击："无名鼠辈出身卑贱"。在文人这个平台上有两种武器交锋。伽利玛蒂雅思指挥着一个语言杂糅、煽动叛乱的索邦大学，其中混杂着文艺复兴的人文主义和亚里士多德式的教学方式。修辞公主，在"将她的四十多名贵族聚集到科学院"之后，成功将对手击溃[⑤]。在这之前一个世纪，拉伯雷与彼时的"权力"化身索邦派进行了激烈的争论。绝对主义与黎塞留推翻了其阵线。而作为最新消息，修辞公主现状甚佳。

[①] "不朽者（Immortel）"这一称呼始于法国红衣主教黎塞留，是对法兰西学院院士的别称。
[②] 让·杜图尔（Jean Dutourd，1920—2011），法国小说家，评论家，法兰西学院院士。
[③] 罗伯-格里耶（Alain Robbe-Grillet，1922—2008），法国作家，电影制片人，"新小说"代表人物。
[④] 菲勒蒂埃（Antoine Furetière，1619—1688），法国诗人小说家，词典学家，法兰西学院院士。
[⑤] 《新寓言或雄辩王国最后的动荡史》（菲勒蒂埃，1658）。参见《菲勒蒂埃，传统文化形象的雕刻家》。——作者注

通常，右派们不问政治——法兰西学院也不；左派也不总是乐意搞政治的。政治于是落到了索邦头上，并自以为代表了国家。《教授们的共和国》已经是五十多年前的事：书出版于1927年，说的事情发生在1924年。如同甘必大、瓦尔德克-卢梭、普恩加莱创造了律师共和国的形象，赫里欧-班勒卫-布鲁姆①三联政象征了大学权力的顶峰。在事件和灾难的半途上，教授中的贵族与政治人物中的贵族彼此叠合。国家行政学院（ENA）与高等师范学院（ENS）不分你我，力量加倍，这其中更并入了政府的国家权力。乌尔姆街主宰着思想，指挥着肌体。"如丹尼尔·林登贝格②所写，当时发生的一切就像是，在机构的功能（培养日后将成为教学与研究人员精英的大学教师）中，加入了另一个长期的功能（培养政治舞台的领袖）。"③不把矛头指向高等师范，便绝无可能攻击到政府的根基。资产阶级共和国有两张面孔——可以让人从两边掴耳光。马努拉派的布尔甘掴共和国的耳光：在《师范学院与政治》中，他揭发革命派教授、道德败坏的大学校长、无政府主义哲学家和受约束的社会学家。而共产主义者尼赞的耳光则掴向其资产阶级一面：在他的《阿拉伯的亚丁》，尤其是《看家狗》中，"这些平庸的神甫"背叛了无产阶级，于人类的痛苦面前退却。作为永远的中间派，高师

---

① 赫里欧、班勒卫、布鲁姆（Herriot, Paul Painlevé, Léon Blum）是法国第三共和国时期著名的三位左派政治人物。
② 丹尼尔·林登贝格（Daniel Lindenberg, 1940—2018），法国思想史学家，记者。
③ 《从饶勒斯到莱昂·布鲁姆（师范学院与政治）》的前言，作者于贝尔·布尔甘（Hubert Bourgin）。——作者注

的主子们对此习以为常：一直以来他将左脸凑向瓦列，右脸留给巴雷斯……

貌似雄辩滔滔的小册子——《看家狗》堪称我们这个时代最漂亮的媒介学蠢话之一。完完全全对历史的误解。这不是尼赞的错，这是那个时代的错，知识分子的创作必须紧跟他无法预测的时代。误解本身也是一种历史。作为革命者，尼赞等待着革命，为革命的到来而工作直到献身。但是革命的位置却被电视占领了——所有的相关物于是被粗暴地挪动到了右边——电视之右派便成了我们的左派。如果尼赞回到我们中间，赌他为看家狗辩护的话，胜算率极大。通过布伦士维格、布特鲁或是泽维尔·莱昂，尼赞以列宁的名义声讨康德，且毫不犹豫地在《形而上学和道德期刊》[①]上采用《人道报》的观点。可是就《花花公子》的观点而言，广告与电视，康德与列宁，打的是同一场战争。泽维尔·莱昂与保尔·尼赞，打的也是同一场战争。如同西哥特人攻陷古罗马，集会场的辩论在于科学院的保持者与大学弟子之间。旁观者看来，两次哲学争论更多代表的是一种身份认同而非文化对立。因为，无论我们是否能从康德到达马克思，可以肯定的是，如果康德失踪了，我们永远找不到马克思。打倒资产阶级哲学，便是堵掉了通向可能超越它的唯一路径。好比柏拉图手稿被火焚掉无意中使人们发现了亚里士多德的文本。当纳粹已在边境线上，一个共产党游击队员却将法国秘密共济会视为其主要敌人，此举见证的不是一种特殊

[①] 《形而上学和道德期刊》是创建于1893年的哲学学术刊物。前述中的布伦士维格（Léon Brunschvicg）、布特鲁（Boutroux）、泽维尔·莱昂（Xavier Léon）均为杂志的创始人。

的政治洞察力,它首先展示了"第三国际"共产主义人士自杀式的宗派主义。1932年,在拉缪①那些当权弟子的鼻尖前,尼赞显然是在白费力气地颠倒这位大师的精神:没错,理性的统治即资产阶级完美化的统治,而人权田园诗式的哲学始终遮掩了那些没有特权成为欧洲白人的无权利者的呐喊。但除此之外,教学特性本身,由于它无法像费迪南·比松的"教学联盟"或弗朗西思·德·佩尚塞及维克多·巴希的"人权联盟"带有更多的无产阶级性质,缺乏社会、人口统计学、组织结构等各方面的新鲜空气,自然就开始感觉不好。而要对抗这些患贫血症的老小姐的刺绣花边,尼赞只有一个计划:让东风吹进索邦大学,他以为(安德烈·纪德亦在此列)这样可以战胜西风并带来清新与健康。究其本质,他重拾了热爱土地者远古以来的话语,来对抗对模糊谬论情有独钟的人们,以具体经历对抗不吻合马克思主义意愿的抽象化概念。然而,教学计划与朦胧的理论并不重要。重要的是资产阶级知识名流并没有把位置让给无产阶级大学者,而是给"舞台上"的滑稽演员——这便赋予以往胆小怕事的知识名流一个完全不同的历史性的位置。尼赞以将要到来的苏维埃共和国的名义来批判教授们的共和国:但此共和国与他所想象的并不相同,而人民委员会亦陷入困境。总而言之,资产阶级大学拯救了德雷福斯事件之下法国知识分子的名誉。此情此景在德军占领期间、反殖民地战争时又再次上演。如果只剩下彼此局部相联的法兰西学院和卫星电视,除了耻辱之外,还能有

---

① 拉缪(Jules Lagneau, 1851—1894),法国哲学家,精神运动联盟创始人。

什么呢？①

　　缺少历史性的支撑点，大学极端社会主义式的左派批判开始向右运行，发自内心的呐喊无意中却更加破坏了社会主义的生态环境，与教学方式的束缚和按其自身档案存在的社会同时发生的是社会主义观点的日渐衰弱。资产阶级大学与工人自主权在法国社会深处相伴相随的衰退，如不值得表露，起码他们也没打算放弃。在随后的时间里，这种悲喜剧最终在唯物主义者尼赞身上玩了一出鬼把戏。他抱怨马克思主义者被关在大学校门之外。最终，他砸开了门，但不幸的是，将他卡在令他难以维系的理论主义者和形式主义学者的窄缝中，大学之门对他又重新关闭。于是，绝对没有操作可能的马克思主义理论行为被凝结于大学极端，任由工人运动在校门之外进行绝对是非马克思主义的实践。狡猾的古老圈子，每条弧线都再生产着另一条。但在其终点有一个帕尔特人的箭头：正是教员们社会势力的削弱令马克思主义意识形态的社会势力衰退。尼赞所希望并称之为"学术权威的形而上学之衰落"（同时也是波利策希望的）如他所愿地发生了，但辩证唯物主义没有得到重视。相反地：文人的各种载体之间媒介优势地位的颠倒承受了意识形态支配地位的颠覆，尼赞被置于他曾抨击过的布伦士维格同样的地位：最底层。这段历史与不朽毫不相干。法国的马克思主义如今在它曾被布道的地方遭遇惩罚：大学讲坛。

---

① 人们通常认为在知名院士与知名电视人物间存在着完全的一致性。事实上，他们相互重叠相互补充，原因在于：如果电视是一种意识形态的话，科学院是同一种意识形态。看一下法兰西学院奖的评论类得主名单，我们将在其中看到电视屏幕上最"摩登"、最不"古板"的明星们。科学院机构根本不担心多媒体机构，其光环因此得到增强：国家广播电台／法兰西学会，打的是同一场战争。——作者注

2. 出版周期（1920—1960）

　　文化靠再创造生存，而所有允许传承的事物都可能导致创造的停止。开门见山地说：在第一和第二周期之间没有任何传承的办法。这个我们称之为出版的周期，是大学派统治的分支，如果说它将动摇自己的监护者，那正是因为从一开始它就附着其上。可两者分裂的原因是什么呢？因为在世纪之初，出现了一个自主的"文学圈"，独立于传统的学院派圈子，同时彻底处于大学派的边缘，既没有后者所受的约束，也摆脱了前者所持的偏见。这个微观社会的历史——让我们暂且称之为《新法兰西杂志》(NRF) 圈——玛丽亚·凡·里斯尔伯格新书《小妇人笔记》为我们恢复了当年的时祷书[1]，而安德烈·马尔罗在"文学圈子已经消失的社会"(马尔罗，1974) 的背景下为这四卷书所作的序，则令《新法兰西杂志》成为

---

[1] 玛丽亚·凡·里斯尔伯格（Maria van Rysselberghe, 1866—1959），是比利时印象派画家西奥·凡·里斯伯格的妻子。她是安德烈·纪德的密友。这套书全名为《小妇人笔记：安德烈·纪德正传注释》，在纪德去世后，作为《纪德笔记》的第 4—7 卷于 1973 年出版。时祷书（Livre d'heures），神职人员使用的时祷书。内有一天的祷告时间，全年礼仪日历和诗篇、福音等。它是中世纪最常见的出版物，因此成为中世纪后期生活的重要资料，是中世纪基督教的意象之源。

了精神遗产。从这套断断续续了三十年（1918—1948）的"安德烈·纪德正传注释"中，我们看到的是对被称为"作者"的实地调查。这其中，"瓦努街"的纪德派，作为调查的中心和主体，可作为对联盟或旁系部落的人种学研究见证。将我们与这个世界所分开的，当初恰恰缔造了这个世界。它的存在令我们每一个人不得不接受它的消失。是否所有的存在都会灭亡，法国的文人世界并没有明确界定。

索邦大学从什么时候开始丧失其威信而令《新法兰西杂志》从中获益的呢？1920年？1930年？值得探疑的不是下滑这个事实，而是日期和所涉及的权威领域。对思想的治理不存在立法机构，也没有官方的领土界限。知识与道德的执法范围比政治更宽泛也更不可捉摸。当生存大师的光晕，法国思想大师的顶峰从勒南变成了纪德，并且给巴雷斯加上光环，对柏格森一掠而过之后，改变的并非只是风格、时代、语言表达方式，而是一种生产象征符号的体制移走了其他体制。而这种体制的重心便是出版人。

与众不同的人类思想，只能在适宜的地方喘息。风力大，它会被吹散，封闭则令其虚弱。总之，它需要通风但是讨厌穿堂风。开与关之间的尺度非常难以把握，每个知识劳动者必须为自己找到一个可更迭的尺度。关上门进行生产，微微开启用以接收和表达。沉思需要隐修：精神的仆人们天性需彼此生活在一起——以圈子的方式；但知识分子的功能需要向外界敞开：倘若圈子与外界隔绝，知识分子就不能实现其传播的社会功能，学术权威则重新成为僧侣。无论在何种政治和社会体制中，用来解决这个难题的都只是不牢靠的瘸腿办法。然而，法国文人却于半途之中（以资本主义的发展为中心线），通过出版社将他们委身于最不坏的有可能继续自我封闭的指征：出版社给予了一个思想家族以屋顶、墙壁，尤其是窗户。出版企业作为单纯的商业机构早已存在，且在其出现之初并不缺少名人乃至战斗力——例如共和党人士赫策尔出版了儒勒·凡尔纳（1838 年）的作品。1826 年成立了阿歇特出版社（Hachette）（左拉曾是其雇员和广告负责人），普隆出版社（Plon）成立于 1854 年，勒梅尔凭借出版高蹈派诗歌而成名（且致富）。但是，具有导师标签、"组织人"和合法性根源这些特征的出版社，出现于第一次世界大战打响之前。伯尔纳·格拉塞（Bernard Grasset）的出版社成立于 1907 年，而《新法兰西杂志》的作家们在 1910 年成立了伽利玛出版社（Gallimard）[1]。在最后一个例子中，是期刊创造了出版人，而非相反。当纪德、施伦贝格尔、德鲁安、柯波和里维耶尔靠自己的财力出版了三十期左右的期刊（首期出版于 1908 年 11 月 15 日）后，他们开始只满足于物色一位多少能出些资助的主管，结果遇到了加斯东·伽利玛，综艺剧院老板的儿子。这段企业加聘的故事足以说明，在那个时代的大出版社里，经济不是主宰，而是从属。以伽利玛为象征的出版霸权一直持续到六十年代，从此以后，"出版世界"将失去其在经济和知识分子方面的主动权。中止了对文学知识分子磁场的极化，出版将被另一个重力系统所极化。

发表（publier，源自拉丁语 publicare simulacrum，意为"在广场

---

[1] 参阅加布里埃尔·波亚的《格拉塞书店与法国文学，出版之路（1907—1914）》（1974 年 Honoré Champion 出版）——引人入迷的描述及轶事。当然，还有奥古斯特·盎格勒出色的论文："安德烈·纪德与 NRF 的第一批团队（1890—1910）"（1978 年伽利玛出版）。——作者注

上竖起一尊雕像"），即拍卖。出版（éditer，源自拉丁语 edere，意为"分娩"），即出世。我们发表的是书而出版的是作者。两者之间并非没有区别，但可以忽略不计：不存在没有发表的出版，也不存在发表而不卖淫（publicare corpus，出卖身体）。虽则如此，在作为"公众人物"（l'homme public）的作者看来，却足以向出版人保证利益的双重性：出版人既是作者的皮条客，又是他心中的情人。作为前者，为受保护者找到客源，并对付其邻人和竞争者，从中提取一份可观的好处。作为后者，接受他的隐情，倾吐他的抱怨和希望。作者以一纸合同租给出版社，出租的不是身体而是思想，出版社付钱给印刷商，从而给予该思想的生产以印制而成的肌体，而书店负责销售产品。就历史而言，出版人在这个四重奏里是最晚出现的，而作者仅稍早一步而已。

如今的封面并行排列着三个指征：书名，作者姓名，出版社名称。除第一个必不可缺外，其余两项都可略去。从十六到十九世纪，书籍的制作并没有"出版社"。同期，没有作者的书也被大量印刷，如历书、弥撒经本、韵文寓言、圣人和英雄生平，等等。就"职能-作者"在过去西方话语体系中的出现与消失，以及由此归纳出的与年代及陈述者社会阶层相符的真理种类和流传类别，米歇尔·福柯曾做过令人兴奋的提议[1]。在现代话语的两个极端——高端的科学话语和基层的大众语言，作者的姓名仍被略去。就好像存放高密度的智慧要求隐姓埋名的体面：奇闻轶事与涂鸦标语，它们和谚语、传

---

[1]《法国哲学界简报》，1969年2月22日的一期：《何谓作者》。——作者注

说、古老的叙事诗一样没有作者。对于劳动者而言,"墙壁有话要说"就等于是说:它们有伪假的权利和疏忽作者姓名指征的义务。"授权"在此处是为了祛魅,在彼处意味着约束。科学真理如同明日之诗:谁都可以创造,谁也没有创造。目前,如果著作权的缺失使得奇闻轶事和布尔巴基①的出版商从中获益,个人署名作品则仍然最有利可图。就文学而言,除非是故意制造谜团以提高销量,否则的话,出版不署名的作品已是不合逻辑的破费。所以,作者虽在文本威信的两个极端消失了,但在中间地带铺展的无边无垠的"中庸"作品,它们需要一个作者,等待一个出版商。

在古腾堡之前②,这类作品仅需抄写员。之后,印刷商直接将其转化为产品流入市场或配发给书店。书店式印刷坊,印刷坊式书店,书店商人,统统集中在圣雅克街,形成了唯一且同一的行会,起先由教会,后来由国家实施严格的管理。印刷册数被最大限度地提高,印刷技术的进步扩大了公众群体,在提高赢利能力的同时,工作程序也日趋复杂:于是需要一个协调中心来联结技术与市场。作为印刷坊(技术)和书店(市场)的中介,类似产业公司的出版社出现于十八世纪中期。资产阶级革命在给予出版自主权的同时,取消了书店行会,通过1793年立法正式认可作者这一职业,这一法律在今后的两个世纪将支配和解决作者与出版社之间的作品产权问题。作为法人机构的出版社,《拿破仑法典》正式规定一切出版必须通过"负责的出版社"进行。就在今天,如作品被起诉涉嫌诽谤或被公

---

① 布尔巴基(Bourbaki),虚构的人物,是始于20世纪30年代一群法国数学家的笔名。
② 古腾堡(Johannes Gutenberg,1398—1468),现代印刷术的发明者。

共权力禁止发行，不是作者，而是出版社作为主要被告，面临罚款和判刑的可能。渐渐地，出版社获得了自理权，将印刷厂和书店抛到了边缘。1892年，书店社团被分解成一个书店工会和一个出版社全国总工会①。出版社由驿站跃为文学生产过程的中枢。出版业的基础，如"文化魅力之家"，同样在世纪之末被抛弃。

1880年，出版业经历了爆炸式繁荣，主要标志为大量发行左拉、莫泊桑和勒南的作品（其中勒南的《耶稣的一生》在六个月内发行了6万册）。这之后又重归懈息。1890年的市场退潮一直持续到1910年前后：2000册对一本小说已算是大印刷量（等同于1820—1835年）。莫泊桑抱怨作品滞销②；佩吉挣扎于《半月笔记》的债务中③；克洛岱尔向纪德诉苦，或许是因为中国的缘故④："书市在我看来处于野蛮和无机的状态。"作者无法担保成功，就不可能找到不掏腰包的营地。由作者买单的出版已难以避免：这便是在出版《背德者》之前的纪德、终其一生的谢阁兰和一战前的普鲁斯特的遭遇。

伯尔纳·格拉塞在"前卫"圈内将进行一次小革命，提议由他来支付邮寄和服务费用（如同最初为普鲁斯特所做）。魏尔伦在1890

---

① 参阅出版社全国总工会的《为何要出版人？》（书店社团，1977）。——作者注
② "书店处于全面危机。人们不再买书。我认为，小说被次等廉价的重印和充斥市面数不胜数的4角钱丛书扼杀了。"（《致母亲的信》，1890）——作者注
③ "在巴黎，没有一家出版社决定推出一名年轻、不知名、不出名的作者。启用无名之辈，这曾是米歇尔·莱维为年轻的欧内斯特·勒南所作的：发掘推出一名新人，创新一家公司，更新合同，推出一位完全不为人知的作者，为他下赌注冒风险，毫无担保：今天没有一个人会这样做了。"——作者注
④ 此处指的是保尔·克洛岱尔（Paul Claudel, 1868—1955），法国诗人、剧作家、散文家、外交官，1895—1909年曾到中国担任领事。

年卖出了350册诗作，1891年有325人买了马拉美的《片段》。纪德未及500册，战前《在斯万家那边》三版共计卖掉2200册：对这半调子成功，普鲁斯特相当满意。

这种《新法兰西杂志》起初强烈需要的文学小众，随后发生了爆炸式扩大。因为，比照之下，大报刊处境极其兴旺（1890年巴黎有2000份期刊），而且将领域扩张到了纯文学，通过将学术作品标准化和大众化，发表了邓南遮、艾德蒙德·罗斯坦德、奥克塔夫·米尔博等人的作品。纪德及同僚们拒绝"新闻体裁向我国注入的大量令人窒息的卑劣下流"。《新法兰西杂志》第二期发表"反新闻体裁、崇美主义、重商主义及自我奉承风气之声明"——一个将无法维持到1979年的计划。"1909年的法国文学：学院派，巴黎派，机会主义派……"，圣-琼·佩斯在纪德去世后向其行为致敬："贪污犯般被告发的作假者，被揭去面具的浮夸者，混乱的空想家，无处投身的寄生虫，令人泄气的贫乏"——指出了这个被莫里亚克称为"二十世纪文学之风中玫瑰"的小团体本该实施的真正的分离手术。文学虔诚之初，倘若没有一点教会式的欲望，是无法前行的。这一点也是加斯东·伽利玛的实力所在；伯尔纳·格拉塞的实力相对而言更个人主义些，该企业始终保留着1900年"小母牛咖啡馆（Le café Vachette）"①的福音书，崇拜才能。格拉塞，即沙龙式咖啡馆；伽利玛，小教堂式咖啡馆。前者愿以广告扩大的公众群体，是后者以其审慎节制风格试图撇去的浮渣。格拉塞成立之初引人注目之处是它在文学市场发明的促销体系：上流社会社交界的口头传播，报

---

① 位于巴黎左岸著名的文学咖啡馆，1880年起，成为巴黎诗人、作家和大学生聚集的场所。

刊上的付费广告，上门兜售和海报宣传。迄今为止，作者的成功取决于其作品，法兰西信使出版社（Mercure de France）的创办人阿尔弗雷德·瓦莱特将这种普遍观点归结为安心的二难推论："我从不为自己出版的书做广告。要么这些书很糟糕，那就没必要设法拯救。要么这些书是优秀的，它们自然会拥有读者。"凭着对艺术的热爱，格拉塞首次采取虚张声势（"广告，是大胆声称可以满足人们所期待的"）、狂轰猛炸、支付酬金、打折、礼品书、销路调查等手段。与此同时，它觅掘并留住了季洛杜、莫里亚克、拉迪格、莫朗、科克托、季奥诺、桑德拉、里尔克、拉缪兹等人。第一次世界大战期间，丹尼尔·哈勒维（Daniel Halévy）的"绿色手册"曾长期抗衡《新法兰西杂志》的"白色封面"。如果说后者最终占了上风，是因为它通过代表由策谋者组成的团体，从而成为了一种出版流派。NRF 神圣的出版许可，即被一个家庭领养，或者是被编入队列。正是在这里，普鲁斯特（虽然起初遭遇粗暴拒绝）与马丁·杜加尔在极端情况下被归整到一起。后者在他的《让·巴罗斯》被格拉塞退稿后，寻向纪德："NRF 阵营为我乍然呈现出迥异的事物：一个理想和追求与我相似的、舒适周到的精神之家，在那里，我可以拥有一席之地却不丧失我思想的独立。"[①] 获得公众认可的愿望促使格拉塞拒退的，是 NRF 亲热称为"争论性及前卫类"的作品。似乎 NRF 更重视思想与形式的将来而非其现状。

出版权威取代并无断裂地延伸了大学权威，其极点表现为法

[①] 引用于加布里埃尔·布亚（Gabriel Boillet）的《格拉塞的两大失误》，p.123。——作者注

国思想黄金时代的到来。一种宁静夏日之和谐：绽放，平衡，成熟。黄金时代——"黄金尚未主宰的时代"——为有银子的人优先敞开。因为想靠出版发大财比今天还更难些，拥有财产的话比较容易进入"圈子"：如纪德、克洛岱尔、莫里亚克般的地主；施伦贝格尔（Schlumberger）、里维耶尔（Jacques Rivière）、拉尔博（Valery Larbaud）这样的大资产阶级；马丁·杜加尔及剩下的人则是富家子弟。中庸即资产阶级的快乐——介于僧侣苦行和商品推广、累年埋首博学的枯燥与事实上不结籽实的贫瘠痉挛之间。一个传统规范（就品质与受众而言）、有品位的微妙的时代。"毋庸置疑，这一切即精致品位。"纪德弥留之手在《但愿如此》①原稿上划出这最后的文字，正好可以作为他追溯人生的座右铭。这是个泰然的、近乎骄傲的资产阶级世界，然而既守旧又自由化的"文人共和国"对左派式的鲁莽放肆并不厌恶，也知道在危机时刻无声而冷静地承担起它的公民责任（纪德与苏联）。这种重实践甚于理论的人道主义是一种体面：它同时表现在举止与思想中，这种已被电视、媒体（指大众媒体，后期产品）、不求礼数且糟蹋语言的学校所肃清的体面，可以说与那个"正道"占上风的时代相互匹配。可以说它还与一个群体（如 NRF）相互匹配，其统一性不在于意识形态而是"调子"（显然这种调子回应的是一种对人与社会的观点）。家族圈更倾向于阵营而非小帮派，如果非要有所区分的话，那么应该按照传统正典将其称为"贵族知识分子"（"为全体利益而行使其权力"），与之对立的今日高层知识分子，行使权力是为了自身利益，更适宜被称为"寡头"。

---

① 全名为《但愿如此或游戏结束》（*Ainsi soit-il, ou, Les jeux sont faits*），纪德最后的作品，去世后由伽利玛出版社于1952年出版。

最后一点，对新人与探索者殷勤款待的纪德式贵族，并没有滥用自己几乎处于垄断地位的优势。当然，这个圈子精于为自己预设围墙，其中部分带有规范指导性（通过一份为文学与文化只留少许地盘的信息类大刊，却激发了大量领会其理念的专业性期刊的出现）；部分带有请愿呼吁性（比如时代道德伦理的退步、美学工作的条件）。

与其讲述或描绘——换言之再拷贝（这个世界把时间花在讲述与描绘上，不过没有鼓和喇叭，也没有隐喻或换喻），让我们试着摆脱它的基底。文人们的大世界——以文学为宗教信仰的世界——不可能会太大：因为宗教意味着家庭、簇集、协约，即界限。界限没有转成隔离，是因为有大型文学周刊（《新文学》）搭建的天桥，周刊于 1922 年由拉鲁斯创办，总编为马丁·杜加尔的堂弟；因为有形形色色的角度立场和脾气性情；因为不断受到大事件的虽经筛滤但从未被忽视的激励（如 1935 年的作家代表大会之类）。但更深入地看，这个被纪德在四分之一多世纪里赋予寓意的、多元而密集的世界，其凝聚力或许来自总体上属于对立敌意的三个分支或三种职能的某种融合，某种脆弱、即时忭、多产的联盟；即评论、作者、出版社。如果一个世界的成形是个奇迹，即一种偶然——一系列必然因果的偶遇，那么这个世界的和谐应该是叠合的产物。生产者（作家）、筛选人（报纸期刊的文学评论员）、承包商（出版社）之间的距离被前所未有地缩减。用现在时兴的说法，就是文学手工业者事先确认了一条产业经济法则，据该法则，一个分支的生产效率逐步提高的条件是决策、执行以及人员配备和实际工作三个水准间的相互靠近。NRF 代表了生产、传播、为产品祝圣这三个机构的融合——今天已被溶解，或者说这种融合趋向于梯级化；而 NRF 所代表的以生产者标准进行的融合如今则趋向于等级化，并以传播者标准为马首。最有效果的预出版如今发表在周刊上，那时候则发表在期刊上——1930年的NRF扮演着1970年《新观察周刊》的角色。《追忆似水年华》和《人的境遇》在编辑成书面向公众发行之前，首先是送到NRF发表。伽利玛出版社——以历史之眼来看该是它的功劳——令"一种精神"以自由决定的方式拥有了产业的、印刷的肌体。从二十年代开端到六十年代初期，从安德烈·纪德到雷蒙·格诺和马塞尔·阿尔朗，还包括马尔罗（该社员工）、德里厄①（卒于使命）和萨特（该社雇员），一种文化的组织人与倡导者同时出现在相同的办公室与相同的页面中。专家们亲自推广自己；法国文化人有了生产自己的媒体和选择载体的权利。现如今，决策者与被决策者的角色已经分离，有决定权的集中传播与有许可权的分散生产已分道扬镳。回首这段往事，令人无法不唏嘘怀旧，乃至要忘掉了其中的金钱与捷径，而对才华的赞赏缓和了对特权阶层的反感。当生产圈最终类似于家族圈，某些不良事物无疑便开始污浊空气，或许就该砸碎这些方块了。而且从以往的景象中我们可以找到更多没有悬念的喜剧——优雅的轻喜剧每年推出一个伽利玛评委会，向由伽利玛期刊事先指定的伽利玛的作者颁发龚古尔文学奖。"舞台与城市一样"，一个行业的人只与自己人打交道。这些"彼此欣赏的团体"开始向信息庞大的全国范围扩张。

评论有其倾听者；作者有其作品；出版人有——什么？作者

---

① 德里厄（Pierre Drieu La Rochelle, 1893—1945），法国作家、记者、画家。倾向纳粹，战后拒绝流亡，自杀身亡。

们。出版人是他的作者们的作者，出版社即他的作品。证据：通常出版人会以自己的姓氏命名出版社。"在保护他的作者们的同时，"如同罗贝尔·拉丰（Robert Laffont）所说，"出版人维护的是他的姓氏。"① 出版人的姓名间接扮演了作者姓名的角色——作者的平方。但是出版人还需要，在他的四周及伸突部位，有些立方体作者，如同文本里的苏格拉底，比起显耀自身，更倾向于缔造一代新名人，他们当初为一个出版企业所做的，相当于今天报纸的社论评论员。在出版不等同于印刷，而是印刷一个自己坚持的方向的时代——这些在暗处的法官对文人具有生杀大权，这有点像吕西安·赫尔（Lucien Herr）与法国社会主义领袖人物之间的关系，那个时候的社会主义尚未成为一种选择，而只是一种理念。一些人为了成功地创作出所谓的"作品"，得和持认真监护态度的领袖们保持近距离。其他没有作品的人，他们或者自己选择了放弃，或者是没有表现出来。这些良师并非简单的文学评论家，因为对于作者，他们不存宿怨，且在判断力之外还有天赋的激情。德贾斯丁②、里维耶尔、格勒图森③，这些神秘人物具有使者的灵魂，准备将自己献身使命，这种怪癖令他们终其一生离不开门徒。借助朋友之手，他们抓破了身处的时代却从未露出过自己的爪子。一个叫让·波朗的④，显然属于这个

---

① 请参阅罗贝尔·拉丰编写的《出版人》，"人与职业"丛书，拉丰出版社，1974年。——作者注
② 德贾斯丁（Paul Desjardins, 1859—1940），法国教授、记者。主持主张观点自由的知识分子年会达三十年之久。
③ 格勒图森（Bernard Groethuysen, 1880—1946），法国作家、哲学家。向法国引入德国哲学、荷尔德林及卡夫卡的作品。
④ 让·波朗（Jean Paulhan, 1884—1968），法国作家，评论家，出版商。NRF的主持人。

奇怪的家族（贝尔①和格诺或许与他称兄道弟），值得有想法的历史学家日后研究——这些贤达人士的英雄主义，斯多葛主义式的宽宏大量。不管怎样，要使这个时代思潮的地下红衣主教会议可以支配和创造，它就必须有影响力，不屈从于追求赢利的工业法则。如果当时这些时代思想的评论员（以他们的缔造者而非自己的姓氏签名）无力在原则上和事实上反驳传播标准，换言之，一夜成名的法则，那么，知识、审美与伦理的研究逻辑也将同时被"寻找最大受众面"的大众媒体逻辑所排挤出局，而对未来分子的发明创造也相应地将位置让给了当时的最小公约数。领导者们曾经被领导，他们没有赋予时代以形式，而是和他们今天的大多数同行一样，被他们的时代所赋予了形式。总之，他们一辈子都在往前推那个横亘在他们前头、贴着"前卫"招牌的最后一节火车车厢。

1945年，大学人士强势回归文学知识分子界，萨特家族似乎突然从纪德家族及其分支联盟中迁移出来。但是两个家族，即使他们的腔调彻头彻尾地大相径庭，所拥有的却是同一副躯干，根植于同一源头：蓬蒂尼修道院（Pontigny）。这个高档的中间地带，邻接各年龄层次、阵营与人物，可作为整个时代的徽章，弧形拱门同时展臂拥抱儒勒·拉尼奥和让-保尔·萨特，一个被尼赞嘲讽为唯灵论，另一个则是尼赞的存在主义伙伴。拱门的离合器和神秘钥匙：保尔·德贾斯丁②。这个大学教授，他的灵魂信主，又因使命感而成为

---

① 贝尔（Emmanuel Berl, 1892—1976），法国记者，历史学家和评论家。
② 请参阅《保尔·德贾斯丁及蓬蒂尼的十日谈》（*Paul Desjardins et Les Décades de Pontigny*），PUF，1964。——作者注

德雷福斯派，令人反感，却又被责任义务所牵引（认识他的人如是说），他在乌尔姆街和柏格森、饶勒斯成为朋友（在出名的 1878 年哲学毕业会考时），于 1940 年去世。他与拉尼奥共同创立了"道德行动联盟"，并于 1905 年将它更名为"真理联盟"。随后不久，他买入这个交给俗教徒管理的西多会修道院①，自己做起教堂大执事。每年夏天，在绿荫下，这里就为所有对欧洲知识分子有兴趣的人士提供了彼此交往的环岛。德贾斯丁以私人名义将大学派和文人联聚在一起，自 1910 年举办第一期十日谈直到解散，NRF 的高层首脑便规律地出席。在美好的夏季，有谁没有去过那里，谈谈自己的想法，听听别人的见解呢？影集里该有的头像一个不缺：马丁·杜加尔，纪德，施伦贝格尔，莫洛亚，里维耶尔，夏尔·杜·博斯（Charles Du Bos），莫里亚克，学生时代的萨特，爱德蒙·雅卢（Edmond Jaloux），福西永（Focillon），巴什拉，扬科列维奇，法布尔-卢斯（Fabre-Luce），马丁-肖菲耶（Martin-Chauffier），等等。这个社会是白种的、欧洲的、男人的（纪德向德贾斯丁建议的正式规定："我们接受家庭，即妻子陪伴其丈夫。但我们不单独邀请女人。"）、成年人的、布尔乔亚的、悠闲的、"正常人"的（或让跑题的人缄口）。曾于 1928 年在此相当费劲地"陪伴其丈夫"的克拉拉·马尔罗，出色地描述了其中的约束与限制：

> 照安德烈的看法，这块精神呼吸之地该是预留给男性的阿索斯圣山（Mount Athos）……可是这个地方还通着火车。
>
> 火车站和举行精神盛宴的修道院间隔数公里。德贾斯丁先

---

① 法国于 1905 年通过了《政教分离法》。德贾斯丁遂于 1906 年买下位于勃艮第北部的建于 12 世纪的蓬蒂尼修道院。

生步行而来迎接他的客人们……略显恶魔附身的圣像般的面孔，被有些过时的留在下巴上的小胡子拉长了……离我们较远的地方走着一群法国知识分子，衣领挺括，打领带，着短靴……

她补充道：

……这些人中没有一个曾有过任何不法的举止。他们整个人生对前辈们传授的规则毫无怨言。比起我们，他们的辩论态度恳切极了。因为蓬蒂尼的前身是真理联盟，而真理联盟的诞生是因为德雷福斯事件。从此，在维斯康蒂街①或修道院聚集的这些人探究的便是伦理道德问题，以一种沾染了些许盖德派社会主义②色彩又闪烁着人道主义的基督教立场。战争、俄国革命、殖民主义并不引起他们的惊慌：对于他们中的大多数，缔结盟国的动机如处女般纯洁，共产主义是野蛮人擅入一个有序的世界，白种人在非洲和亚洲的存在是文明化的必要。人们几时会意识到屋子面临倒塌？毕竟裂痕尚不易被察觉。法国这些有思想的男人知道文明必然会殆尽，然而看到这一事实的那个瓦雷里却赞同向富尔米的罢工者开枪③。

她继续说：

1928年与我们同在修道院的人中，极少有越过欧洲界线的——难道他们不是同类？所有产自亚洲的，只有神秘主义令他们感兴趣。无论他们是否意识到，他们真正的辩论都与唯灵

---

① 法国学术权威机构法兰西学会（Institut de France）所在地。
② 指茹尔·盖得（Jules Guesde，1845—1922），法国社会主义派政治人物，赞成无产阶级专政观点，"一战"后成为民族主义者。
③ 指1891年法国警察在富尔米（Fourmies）朝要求8小时工作制的罢工者开枪这件事。

论形影不离。德贾斯丁憧憬"醉倒在圣桌之下",二次世界大战如火如荼期间他醉倒了。他期望体现的典范完全是修道院式的。没准由修道院的残骸所接通的主教教堂,令这种典范更加明确具体,并横亘于住所、罗马风格的大客厅、我们就餐的修道院食堂、楼上那间在书中冥想的图书馆之上……①

从1880年的高等师范隐修院到1970年的流行演播室,在这条引导资产阶级知识分子祭司走向畅销排行榜的路上,1928年蓬蒂尼这个歇脚地难道就没有在记忆中留下几个埃皮纳勒②版画般珍贵的编号——假如说时至今日仍在争论它过去的几个碎屑片段?在此期间,这类人仍在隐修院内无病呻吟。最令人震惊的是,介于之前福音书式的庄严和之后广告式的刺耳,他们的高调居然能够是随和的。仿佛这些高层知识分子对他自己和他人所具有的略显荒唐的资产阶级责任有尊重的义务。甚于沙龙,次于座谈会,勃艮第的"沙龙-座谈会"似乎为彬彬有礼、表达细腻的交流找到了听觉的鸦片。没有人在这里做生意,除了寻找内在与自我,让自己通过他人的思想变得更加敏锐,他们不寻求任何利益。好胜的竞争心留在内部就够了,根本不担心说出的话是否会在围墙之外引起回响。这是十九世纪的音调(圈内还保留了彼此互阅手稿的习惯)——交谈尚未被叫作"研讨会"或"专家讨论会"。内部的价值标价并不是观点市场的指标。唯独尊贵人士才可进入这个包厢,诱引他们的只有一少部分是社会资本(出身、名气或关系),更多的则是文化资本(当然源自前者但不等同前者)。

---

① 摘自《夏季来临》(*Voici que vient l'été*),格拉塞出版社。——作者注
② 埃皮纳勒(Épinal),法国知名的版画生产地。

蓬蒂尼无疑没有与时代脱节——或者没有完全脱节。德贾斯丁的女儿，安娜·厄尔贡·德贾斯丁（已逝），于战后在瑟里西拉萨尔重新发起夏日会谈。气氛更自由，更少引导，没有召集，无需付费，却是另一种话语制度："介入"式的，需准备草稿，需录音以便听写——其值得称赞的目的在于毫无遗漏，出色的发言将因制成简装书而得以永存。本质上，过去的导师是玩票主义的：免费，愉快，漫不经心。真正的传播专业人士是后来出现的——带着他们的录音机和人文科学。

既然正经的灵修没有不援助现世的，传统时代的社论便自发地流入期刊，成为小教堂、主教教堂和党派共同的奠基石，一系列虔诚的起止点。事物本身到了"文学"时期，强调的是从罗曼蒂克主义复兴向深度的象征主义、从《法国诗歌》向《白色杂志》的转折①。但是，是在十九世纪末之后，形式-期刊才成为知识分子军团保卫领土的关键形式，承载了他们受洗成为"流派"的战略。没有政党就没有报纸，但是没有报纸也不会有革命运动。同理，一个政党始于报纸，一个流派起于期刊。"主义"最盛行的年代便是周期类出版物的时代。在图尔"工人国际法国支部"年会将共产主义灌输给工人运动的前一年（1919年），《光明》杂志令创办人巴比塞（Barbusse）和他的"国际指导委员"已将共产主义根植给了法国知

---

① 《法国诗歌》(*La Muse française*)，创刊于1823年的文学杂志，集中了当时最有名的文人，思想倾向天主教、保皇、民族主义。《白色杂志》(*La Revue blanche*)，创刊于1889年的文学艺术杂志，思想倾向无政府主义，与当时最著名的作家和艺术家合作。

识分子（也转弯抹角地传给了意大利同僚）。超现实主义在同一年与《文学》(1919—1923) 结晶，后由《超现实革命》(1924—1929) 接替，后转为《为革命服务的超现实主义》(1930—1933)，直到最后，因为没有核心期刊，该流派遂碎为细屑，传播方式飘摇不定。别忘记还有《比弗》及大量的地下期刊。没有《精神》(1932) 就没有人格主义，没有《现代》(1945) 就没有存在主义。没有《年鉴》就没有法国新史学派（1929，创始人吕西安·费夫尔和马克·布洛克），没有《评论》就没有新评论（1946，创始人巴塔耶），没有《电影手册》就没有法国电影新浪潮（1951，创始人安德烈·巴赞）。没有《南方手册》，就没有谢阁兰的死而复生和加缪的突破口，可惜，这份杂志与他的创办人在 1966 年消失了（让·巴拉德，马赛）。

我们看到了：期刊，在前卫美学、学术研究和政治行动不同的领域中具有同样的形态，并将这些领域焊接在一起。期刊同时具体化又抽象化了（或者类似的功效，起码具备这种可能）一种"翻译"(traduction)，即不同领域、圈子之间的交流。《欧洲》《新批评》和《思想》在"二战"之后，在"知识和科学界"支撑着马列主义——如同五十年代的《社会主义与未开化的野蛮》和随后 1956 年的《论据》支持批判的马克思主义，如同六十年代的《拥护者》支持第三世界和反对帝国主义。就文学范畴而言，由 NRF 于 1909 年开创的时代是否在六十年末随着《原样》(*Tel Quel*) ① 走到了终点——已到边缘，但属现代媒介学中的"裂层"范围？

---

① 1960 年创立于巴黎的文学杂志，但突出反映当代思想运动。

一份期刊的生命，即一代人形成必需的周期：在二十到二十五年左右。随后则或徒具形骸地存在着，或变形化身。意识形态和美学的更新换代是否仍可以指望期刊形式？像《交换》(Change)这样的期刊是令人欣赏的，其严密与公正堪称创作楷模。可是，同样以期刊为工具，让-皮埃尔·法耶①和他的朋友们是否还能创作出之前那种高水平的产品？文学期刊今后还会成百上千地涌现，但是在知识分子公共权威的现代的突变里，就行为动机而言，期刊似乎成了舞台上装饰性的附件，对剧情的进展起不到影响作用。当然，在科学围墙内，它仍不可或缺——如同研究与制造的场所，这种情况下，期刊的奥秘在于它的功能性而非征服他人。在世俗世界里，新闻周刊重新取代了月刊的光荣角色，把正典模式丢给大人物去装潢门面，通过提供打发时间的中学生水平的消遣②。至于曾有过一套理论的政党类理论期刊，困难已不再是秘密，其退化更是众人皆知。

裂缝的出现是符合逻辑的。期刊形式的特性不属于大众媒体：虽然进入了市场，却不是商品。除非出现奇迹，它才会有赢利（亏损是期刊的本质，但不排除意外）；没有人会在期刊上投放优惠券、小礼物和四色套印，这是它与杂志的根本对立之处（《阅读》《文学杂志》或《费加罗杂志》）。期刊寻找的是影响力而非受众，是一致性而非折衷主义，是真理（它认为的真理）而非适意。它在质量而

---

① 让-皮埃尔·法耶（Jean-Pierre Faye, 1925— ），法国作家、诗人、哲学家。1968年《交换》杂志创刊人之一。
② 有一个例外：《社会科学研究之行为》（布尔迪厄主编），独特之处在于在当今的世俗域场运用正典的科学调查方式。这样一种相互渗透总是富有启发性，有时甚至饶有趣味。——作者注

非数量中运转，受命于自己选定的价值观而非围困它的现象。期刊与杂志的对立因此不在于周期而是"元素"①。期刊勘探，杂志开采。这意味着经济问题极可能在前者之后，但必然在后者之前。期刊是一个人或一个群体的事务，杂志是非常短促的事务。期刊的传教使命必须有坚强的志愿军，承办杂志、成套的卡片和客户调查邮件则完全是另一码事。期刊推迟开盘——朝向前方；杂志直播操作——朝后。说前者是持久事务而后者是即时反应，就是指前者视"可靠"为自己的义务（经得起检查和时间的考验），后者遵行的是意识形态（幻象的存在取决于存在的幻象）。兼并了文化生活的新闻工厂月月制造新的新闻：但从流水线上出来的产品却是旧货。一诞生就过时。一份好的期刊起码超前时代二十年，一份好的杂志不会有一星期的延后。因此杂志以彩色大车运输死亡，期刊以黑白发明生命：最"超前"的时常掩盖了最深的"复古"。导致从今以后，文化期刊职责在客观上不得不表态清算文化广告。文化活在矛盾中，即辩论与笔战。严肃的思想辩论不可能打在五张双倍行间距的纸上——杂志"纸"的最大字量。三十年代和五十年代的大对抗（比如萨特和加缪关于《反抗者》的对抗）今天已在物质上失去可能性，首先因为"版面不足"。

期刊形式的萎缩与杂志形式的繁荣不仅意味着编写的纸页被广

---

① 《新文学》(编辑主任让-玛丽·波尔赞)和《半月谈》(莫里斯·纳多)，一个是周刊，一个是半月刊，更倾向于期刊而不是杂志元素。这是它们的荣耀与痛苦。两者值得我们更多的敬意：全力支持。——作者注

告纸压得无法喘息①，它还宣告了知识安逸和社会惰性辉煌的恢复。这个领域所有的觉醒均源于一种意愿而非经济逻辑，源于一个计划而非一种机制；换言之，源于出版或政党。就传统意义而言是属于知识分子社会的出版，就器官意义而言是属于短暂社会的政党：一个将事件转为意识，意识转型为举动的机器；在事物过程中，让愿望与思想对流的不是对立而是叠加。相反，当事物的力量强压给人的意愿时，出版人在印刷品市场面临的，是政党在事件市场所面临的风险：成为在激流中的浮子，太满足于漂摇。不再是演员而成了经纪人；不再是一股主动的力量而成为一种运作形式。这不是——或不只是——意志薄弱，对于出版人，是因为该领域经济约束的加重；而政党则被"去政治"的所谓信息媒体所围困。伴随出现的衰落，最终趋向期刊形式和观点（或争论）式报纸的同时消失。

出版权威体现了文学在象征领域机构层面的至高优势：就此而言，它具有划时代意义。但该文学主权绝没有像自给自足的贵族文人那样与城邦中的其他人士不相往来。事实上，传统"文化"与"优美"文字同时霸权了政治领域，为其输送了士兵（议会及党徒的领导人物）、徽章（神话与修辞）和武器（报纸和周刊）。期刊并不只是出版商的接待室，评论发动机的试验台和培养青年才俊的养

---

① 最新举例：据世界报的正式计数（1978年12月17日威松-蓬特的记录），《法国时代》(n° 1252, 12月9—15日)，共284页，其中185页为付费广告；作为比较，《快报》(n° 1431, 12月9—15日)，244页，包括94页正文和150页广告。《新观察家》(n° 735, 12月11—17日，132页), 54页正文和78页广告；《圆点》(Le Point, n° 325, 12月11—17日, 192页), 65页正文和127页广告；最后，《巴黎队报》(n° 1542, 12月15日, 188页), 92页正文和96页广告。——作者注

鱼塘。它为粗朴的历史指出清晰的路径——在1929年经济危机和法西斯主义崛起之后，这一切在朝廷与花园、街头行动和编辑部之间运作得相当不错。伊曼纽尔·贝尔，来自NRF，1932年负责主编《玛丽安娜》。1935年，纪德令自己成了由尚松（Chamson）、盖埃诺（Guéhenno）和安德里·维奥丽（Andrée Viollis）创办的、人民阵线党的机关刊物《星期五》的定期撰稿人。1937年，阿拉贡离开了与维扬-库蒂里耶（Vaillant-Couturier）创办的《公社》期刊，独自与来自《欧洲》期刊的让-理查德·布洛赫（Jean-Richard Bloch）管理着日报《今晚》（1939年发行量达30万份）。路易·吉尤（Louis Guilloux）则同时与三者合作。从上百人中撷取的这些个人路线，见证了关键而足以被遗忘的一个奇论：在前卫主义落幕与工会政党活动分子开幕之间没有矛盾（但有掩体）——在前卫的政治和文化之间也没有。宏大的主题——唯恐老生常谈（等待着生产它自己的陈词滥调）的媒介学遂满足于辨别信息性质的痕迹与行程。大量发现：在欧洲革命（打问号的革命）过去了的时代，社会话语具备在两种意义中运行的物质（经济和技术）可能性（知识分子话语在劳动者话语中运行，反之亦然）——没有（过多的）中间机构，也不需要（过多地）屈从于竞争的沉重。正如安德烈·尚松发表在《星期五》创刊号（1935年11月）上的社论所宣告的："我们将自己的行动建立在这两个赌注之上：在法国有一群自由的作家和一大批只要求彼此能直接沟通的自由人组成的公众……"在动荡中，也部分归功于动荡，赌打赢了。这个时期实际上产生了同时属于作家和大批公众的喉舌，以及"大众知识分子"报刊：标志了通俗而不蛊惑人心的传播和既开放又复杂的信息并不总是、也不被要求是独家的；标志了出版/发行的起航并不排斥内容对形式具有一定程度上的特权①，只要这种优势不是无意识地以接收来计算其信息，以接收的数量来计算信息的价值。简而言之，文化指挥市场（同时融入其中）。这就是为什么在过去（两个在此有区别的时期），"文化人"可以进入媒体，而今天只能听从媒体。钻入煤堆而不"脏"了自己——这种奇迹独属于那个最苛求的知识分子劳动者能够以个人或团体的形式指挥发行机器的时代。最好的证据便是他们中的许多人可以有往返程。除了那些不求回头路的，比如布拉西拉什②和德里厄，他们的"可耻"也成为印刷品决斗场的见证，他们在那里杀人、在那里尊严地倒下，不弄虚作假。

因为在这混合了巴洛克政治与古典媒体的半个世纪（1918—1968），无论是从左边还是右边，总之人们是纷纷拾级而下。传播来自正反两方面，从上而下。偏嗜古风的历史学家，如班维尔（Bainville）和加克索特（Gaxotte）不费力气地便从国家图书馆转向关注时事的大型周刊[《憨第德》(Candide)]。安德烈·贝莱索尔（André Bellessort）、安德烈·卢梭、乔治·苏亚雷斯（Georges Suarez）——这些不可触犯的大举人图腾——在《格兰瓜尔》(Gringoire)会师都德和贝罗（Béraud），还加入了"法兰西行动"

---

① 只是从美编角度而言：文章的篇幅，文字优于图片，版式简洁，字体朴素，等等。——作者注
② 布拉西拉什（Brasillach, 1909—1945），法国作家，记者，著名影评家。倾向纳粹，战后被判处死刑。

(L'Action française)①。这些在"二战"前建立又打乱知识分子观点的大论战周刊最让人瞠目结舌之处,在于巧言令色的暴力或者说学术风度下的辱骂,授予不诚实的党派观点以某种贞洁感。这种由被推向极端的文雅与残忍铸就的合金,卸掉了当代客观性的惯例,其贡献不止于出产了古老抨击体文章作者,只要我们没忘记都德和贝罗之流成为整整一代媒体官僚的教父——这些昨天还活跃于媒体的人物中,不少就是在这种极右报刊中成长起来的②。"巴黎腔"文学罕有像三十年代这样同国内、国际阶级斗争直接铰合在一起的。尽管人民阵线在与阶级、阵线和政党对峙之前、之后及过程中均排出了强大的知识分子阵容,但始终没超越德雷福斯战役。报纸战显然比街头战更有分量,而"文化"周刊便是前锋。这的确是一场不公平的战役——就如1936年11月份的发行量对比:《甘果瓦》64万份,《憨第德》34万份,《玛丽安娜》12万份,《星期五》10万份。但它却是物质意义上可能存在的战役,彼此的员工编制都采取了同样的数量级。观点与意识、作家与政论家并未从舞台上消失,挑战与目标也没有。趋向消失的是武器与后勤。战役毙命于阵地的缺失。四十年前出版社与独立作家群体可以自己创办一份大型"观点"周刊,但今天有能力这样做的只有像"发展"(L'Expansion)或"阿歇特"(Hachette)这样的集团,或者是

---

① 要记住它的前身是创办于1899年的同名杂志。马努拉(Maurras)要对抗赫尔的《巴黎期刊》——1889年,在进步、无神论、共和派的布尔乔亚支持下,由卡尔门列维出版社创办的一台旨在结盟文学和大学界高层的战斗机器。——作者注
② 最著名的诸如:《费加罗报》的蒂埃里·穆尔尼、皮埃尔·加克索特;《昨日》的克莱贝尔·海顿、巴贾维尔,米歇尔·德翁;从《星期天报》到《巴黎晚报》,皮埃尔·拉扎尔夫之间还待过《甘果瓦》和《憨第德》,如此云云。——作者注

大型的资本合并①。然而，出版或独立作家群体想说的，恰恰是富翁群体既不愿意听也不会任其为之的。这便是旋转的赌盘。言之有物的没有了载体便是空话；空洞之言因掌控着一个载体便丰满起来。十年以来，被塞住嘴巴的知识分子与喋喋不休的出资人之间令人失望的谈判，控制了发行网络的一小部分份额，起码这个网络的促销-管理体制尚未达到令知识分子屈膝的程度。那么就让我们记住之前那个时代最"介入"时事的媒体的出版家谱吧。《憨第德》，"法国第一政治/文学周刊"，由法亚尔（Fayard）创办于 1924 年。不久，其地位被卡尔布恰（Carbuccia）创办的《甘果瓦》取代，并于 1930 年被《我无处不在》补充完整（皮埃尔·加克索特为总编，布拉西拉什为其文学专栏作家）。在另一边，是伽利玛出版社（加斯东个人）于 1932 年创办《玛丽安娜》，而《星期五》的诞生是靠了一小撮左派知识分子的无私，他们小量的积蓄、遗产及捐赠。固定支出和生产费用（无论是印数还是页码）难以承受的增长令这种手工业式的生产方式难以为继。没错，可是，这也因为在摩登的信息城邦，文学、知识分子以及社论诉求三者在"思想关系网"中的位置（各自地）发生了变化。今天城里哪家出版社会愿意创办一份"政治/文学"周刊？这种冒险最多只需抵押资本，而完全不抵押它的专业"信用度"，而这是至关重要的。出版/发行的新的社会处境排斥极端，追求折衷（极端的增长重新创造了中间地带）；除非遵守所有去政治的形式，否则不允许任何政治介入。

---

① 老实说，抵抗运动之后差距被迫缩短。证据如被成功投资的《战斗报》（*Combat*，加缪、皮亚、波尔德）及《法国观察家》（克劳德·波尔德 1950 年斥资五百万旧法郎创办）。——作者注

3. 媒体周期（1968—？）

知识分子的微观气候无法回避国家与社会的宏观转变。与所有其他机构、职能或社会类别相同，任何描述今日法国文人的表格、草图或是漫画如不重新放回下面的框架便毫无意义。

在所有的"国家意识形态机器"中，"教学机器"曾被第三共和国放在统治地位——取代教堂。结果，教学机器通过将大学世俗的"高层神职人员"打造成知识分子领导层而统治了文人。如果说出版权威曾可以将权力的重心移动到文学知识分子内部，其基础正是与已建立的平衡达成默契。然而，我们所处的时代则是"信息机器"进入了曾属于教堂的统治领域及位置。我们将探讨缘由与效应——但不是坚持沉默的事物本身。无论是谁，如果不认可意识形态机器的新法令，便成了一个舒适却危险的老古董。信息机器从此凌驾一切，在它的法律之下，打乱并重组了政治、工会、宗教和教学等一切国家机器，更不必说文化了。

信息机器不久前尚处于附属或边缘地位，它的骤然崛起间接引爆了"知识分子领域"的坐标，即"一个社会网络系统，在这个网络中创作以传播行动来完成"（皮埃尔·布尔迪厄）①。这些坐标改变了重心，以相反的方向。空间的坐标被扩大，时间的坐标被缩小。增加潜在的公众，缩小创作的密度。人道主义，作为前辈逻辑中的概念，是否为了获取外延而失去内涵？或相反？要看它选择的是坐标上的 X 还是 Y。皮埃尔会说"法国知识分子的生活"丰富了，保尔会说它越来越贫乏了。皮埃尔和保尔两人说的可能都没错，因为他们说的不是一回事。皮埃尔说："电视化的《伪君子》一个晚上的观看人数比三个世纪里去剧院看演出的人数多出十倍。"保尔会说三百万观众看的不是莫里哀的话剧而是电视，它也可以安排播出鲁森②的作品。皮埃尔说："1934 年，获龚古尔奖的《人的境遇》，艰难地达到了 3 万册发行量，四十年后的龚古尔奖，能轻松卖掉 30 万册。"保尔又会强调我们买的不是某位作者的某本小说，龚古尔的标签可以包裹随便什么书。切入点有误的陈旧辩论。我们需要从另一端重新切入。

现代知识分子领域的内部重组首先反射了领域自身在与其他领域关系中的新处境。如果说它的自主权从未是绝对的，那么它那相对的自主权也被减缩了。它不再是，也无法把自己打造成神圣的权威机构。虚拟公众是作家的名誉评审团。而知识分子也是普通人，我们已经说过了，他们的一生也要被审判，每个词、每篇文章、每

---

① 参阅布尔迪厄的《知识分子领域与创造方案》，刊于《现代》，1966 年 11 月。对该文章迟到的发现引导我们继续并精确了相当一部分的表达。他提出的问题与我们的如此相符，但远远走在我们之前。——作者注
② 鲁森（André Roussin, 1911—1987），法国剧作家、导演，对"二战"后法国戏剧的风格影响重大。

本书都取决于读者的判决，介乎生与死、圣殿与地牢之间。那么，"在他人的观点中寻找自我快乐"（卢梭《论科学与艺术》）这种独立的特性，其重心并不在于自身，其存在就本质而言须依赖于他人。"他人"的数量将确定"我"的价值。因为这个原因，公共信息对知识分子创作的"统治"更甚于其他生产种类。我们知道，能够同时统治所有阶级和社会类别的意识形态机器是不存在的。对一个工人来说，工厂的生产机器及规章制度、工具的组织、内部等级，显然体现了优于一切的强大意识形态；对他而言，报纸与电视不能代表全部。从电视上听到和报纸上读到的，会被他在社会关系中获得的日常经验所筛滤；假如在日常经验中，找不到一个核心现实在反抗已累积一个多世纪、被一堆图片及社会观念所操持的巨大压力，而这些社会观念本身又以为"剥削"一词不过只是乖戾的空想家的一项发明而已，知识分子又怎么解释某些类似工人运动的事物的存在呢？可是，一个知识生产者要背靠怎样的客观现实，才能够无动于衷地接受公众对他产品的尖刻批评，或者眼睁睁地看着自己在评论的一片沉寂中干脆被化为乌有？他与一个无法逗笑观众的喜剧演员处于相同的境况。喜剧演员说观众没有幽默感是没有用的，最终不是演员来决定观众的价值，而是相反。观众的判决是不能上诉的。因为演员的定局不是由他自己的看法来确定，而是通过那些看他"做"的人来确定他就是自己"以为是"的那个人。所以说，崇拜机构的改变不可能不甚至在方案之初就影响到这些以获取崇拜为天职的人：艺术家，知识分子，戏剧界。通过扩大倾听面，大众媒体增强了知识分子正当性的来源，将狭小的专业知识分子层——正当性的传统来源——并入到更大、更宽松也更容易成功的同心圆之中。这样，以大环套小环、以公开对秘传、三脚猫反专家的游戏便有了可能。也就是说，打个比方，周刊对抗专业期刊，同样，大报对抗文化周刊，最终，电视对抗周刊。市场规则，顾名思义，倾向于最大圈子，至于最小的，如果自己的市场被充公，只能向大圈看齐。大众媒体炸掉了传统知识分子的围墙，摧毁了它的衡量标准和价值等级表。这样一种大众化就自然伴随着知识分子的原子化。分解、弥散、蜕变，这个圈子，无论是地理学或社会学上的集中程度，均失去了它的社会密度，比如成员之间以从前那种相互关联和内部关系的密度。群体解除，家族散居，社群仪式（信函往来、朗读、社团、期刊，等等）。废除这种约束的解除具有两面性：产品变得枯燥，但作者得到自由。对于专业人士来说，征服业余人士始终没有征服同事艰难。彼此之间隔离，增加了专业人士不计后果与代价地向外圈突破的机会。从这个角度而言，被开除和持异议即成就之极点。通告与社群之所以仍被允许存在，是因为它们成了个性顽强、已与通告无关的人飞黄腾达的跳板。大众媒体的运作遵行的是个人知名度而非集体，是轰动而非搞懂，是奇特而非普遍。这三个核心一致的新载体固有的特性从此将界定统治话语的本质及其承载者须具备的条件。它们强制推行了个体战略和集体的去组织化。不再需要流派，即不需要提出问题也不需要概念图。米克·贾格尔仅凭一人便延续了滚石乐队的生命，披头士乐队却以他们的"要么我们四个要么一个没有"堵死了自己的出路。一个共和国总统可以没有党派，只需一个有总统面相的人就能让一个政党变得可信：无所谓该党是否有计划，世界观和社会观点在竞选辩论中无足轻重；这些多余的东西反而可能碍手碍脚。"充满能动性，缺少方向性"，一位资深的圣座观察员亦如此定义首位"媒体教宗"(英语为pop-pope)让-保罗二世的风格。为满足一条周刊"快讯",他将梵蒂冈的徽章置放于我们漫长的世纪末之上。徽章上的铭文概括了时代,恢复了圣界与俗世的交往。如果他是一个对知识分子和政治人物同样有效的楷模,我们就姑且承认尊敬的教宗大人身上体现了两种功能的融合。

我们不否认文学和哲学流派内微不足道的不幸,他们的小教宗、被革出教门者、他们的禁书:什么都不如这些炫耀卖弄的先锋衰老得更快,他们忙于为徽章镀金甚过研讨。流派更多振兴的不是学问(或创造)领域,而是权力之不断重复的快感——好像权力就寄生于快感中。尽管如此,有"学派"存在的地方,就会对整体围绕一个统一观点、以客观形式组织起来的领域进行客观上的切割。一个思想流派可以诱发一种时髦现象,但时髦的是一种思想,不是一个人或由思潮支撑的几个特殊个体,他们会被思潮的总体所超越并包含。但是当代的知识分子"时尚群体"必须省掉定义、逻辑关联等所有的定点,因为陈述的真理价值在陈述主体的表演价值之后;论文内容在面孔之后;观点在它的"轰动性"之后。打个比方,假如那些自称的"新哲学家"(或新的随便什么)要组建流派并配备一份期刊以便出名,那么他们就应该先发明一种哲学。这样必然会使他们在媒介上缺少竞争力。正当性的门槛一再降低,导致了违抗审查的态势,无法不让人想起公元四世纪由古希腊诡辩派导致的哲学家的泛滥。能言善辩作为权力技术取代了需日积月累获得的学识,但这并不是诡辩主义的全部。后者将真理交给嗓子,广场被选作法官。它最主要的攻击对象是最好的哲学家，忽略同类，以人数猛攻行家。通过稀释从前知识分子集体中的自我，媒体粉碎了这些成员从前业务上的超我。在1950年，没有一个哲学家——怕做荒唐事——敢于发表最近杂志上刊载的那种作品，因为大学氛围仍保留着足够的紧密度来进行自我审查，尚未在既为它提供捷径又为它立界的出版权威周期中被分解。加缪本人，虽诚信正直，但不属于大学行会，无法让他的《反抗者》作为一种哲学反思被接受——在文人眼里，萨特与让松门徒的众口齐射就足以令人气馁（将这种防卫简化为宗派主义也是宗派主义的）。1951年，报业将最终向教授们的观点靠拢，四分之一个世纪后是教授们向报业的观点靠拢。这涉及的不是观点对错，而是领域的定位倒置。眼下，将哲学概念外包给文学概论重新成为有利可图的选择，因为意识形态的新闻界的内部法庭已炸掉了过去哲学社群的封锁线。既然市场是王法，而大学又失去了对知识分子正当性的垄断，挟一百万杂志读者和一千万电视观众来公开忽略二千名教授的意见，就完全不是失去理智的做法。负责审判的评审团及其评审能力的增长改变了参照系的元素，从而对生产的机能和质量产生了效应。这不是说我们从"不严肃的不说"进入到"严肃的不能说"：每个媒介学阶段会以一致同意的方式确定什么该保持"严肃"，同样，通过修改人们一致同意保持的"真实"，每个意识形态时期制造着自己的现实。五十年代，一位大学教师把文章交给《法国晚报》发表，或一位作家去参与电视上的大众节目，会"显得挺奇怪"。八十年代，不这样做的人无疑显得有些不可捉摸。

在知识分子的世界里，每个人都有自己的空间-时间。"少数派"和"后裔"是一对孪生价值，因为后者使前者变得可以忍受。一个艺术家可能会接受被当下评论归为少数派，只要这样能够令他刚诞生的作品存活下去。司汤达在将自己奉献给"幸福的少数"（happy few）中得到了幸福，因为他可以把《帕尔马修道院》委托给 1935 年的读者①。哪位在 1980 年被同时代人忽略或轻视的小说家，敢说他是为 2080 年而写又不至于逗人发笑？在我们的精神空间里，"不多的"与"不幸"合韵，如同"happy"韵合"many"——因为在我们生活的时间里，过去的星期是不可改变的。即使作者对此不以为是，对他作品的第一个判决就是最后的审判——那里是他的恐悚、摇摆、请求。1979 年，一位法国小说家的"永恒之父"叫作波洛-德尔佩奇；政论作者的叫安德烈·方丹；传记或回忆录的叫马克斯·加洛②。我们还可以例举其他圣人以及他们的天使、他们的说情者。剩下的凡夫俗子就只能抓紧时间。我们大家都是昙花一现且会犯错的？毫无疑问。但是，1）一些人审判而另一些人被审判；2）没有法典，没有石板③和写出来的规则可供参照；3）新闻去得快，一本书赶走另一本。

在缔造者眼中，上诉权力的消失和缓刑期的缩短圆满建立了这个略显匆促、轻信失准天平的"司法机构"的正当性。纪德："瓦雷里、普鲁斯特、苏亚雷斯④和我自己，彼此是那么不同。如果我探究什么原因居然会让世人以为我们是同龄人，我的意思是一个团队的人，我相信那该是我们对现实的轻蔑。这是或多或少受马拉美的

---

① 在 1839 年出版的《帕尔马修道院》末尾，司汤达写下"To the happy few"。
② 这里的三位法国作家，当时为法国《世界报》或《快报》的社论员。
③ 指《圣经》中刻有十诫的两块石板。
④ 苏亚雷斯（Suarès, 1868—1948），法国作家、诗人。

秘密影响而打在我们身上的印记……这是我们与新时代意见领袖分歧的地方，他们以迅速有效评价一个作品，他们追求一夜间功成名就；而在我们看来，四十五岁之前处于无人知晓、被人忽略、受人轻视的状态是完全正常的。我们把赌押在时间上，唯一挂虑的是构造一部经得起时间考验的作品。"① 纪德的担忧定下了一个约会——一个提前了二十年的约会。《词语》和《堕落》② 将足以说明"现实性"并非1948年那些"意见领袖"的终极地平线。时间的代沟隔开了他们俩与NRF的领袖，但纠结于同样的烦扰——清教徒式的吗？以漂流瓶赎罪或是如昙花一现的原罪——两者你中有我，以结果为证。裂口在于属于他们的时间和属于我们的日报——一颗行星虚拟的远程呈现被简化为亮晶晶的闪烁，令它堕入童年。家中的世界全景图迫使优先预留给无赖、孩子和诗人的永恒瞬间变得无所事事。我们中间诗人寥寥，但我们却长大了……结果，加缪的预言在我们眼皮底下实现了："没有持久，就没有合理。"如果没有什么可以被证明合理，那就没有什么不可以做的。

棋盘上"记者"与"作者"的大易位，即"事件"吃掉了"作品"。被一种语言表达理念主导，作家的君主体制曾经可以耐抗世纪灾难与重大事件。根据这个理念，比偶然性事件更重要的，是被遮蔽的以及伴随事件进展的意义。多斯·帕索斯、海明威、马尔罗、瓦扬、桑德拉：在前半个世纪所有作家中最投身奇遇冒险的（考虑

---

① 纪德的《日记》（1948年1月19日），七星丛书。——作者注
② 萨特的《词语》(Les mots, 1964) 和加缪的《堕落》(La chute, 1956)。

到重要的十五年差距，六十年代也被计入），他们不计代价地追踪事变风云与异国情调，只是为了对其做精确客观的 X 光透视，或逆光或跟踪式地侦测不为人知的病害。他们在激烈的冲突中围捕超越表面价值与传说的东西。《希望》是个玄学类的报告文学，因为在1936年，每个作为人存在的人都不知不觉地成了西班牙内战的斗士。"全面报道"不是为了发现自我，而是为了发现将我与其他人联系起来的踪迹：在这些灾难事件的剽窃者身上，有一种自恋情结——但属于道德伦理的。伪新闻，真文学。但是新闻之所以为新闻，唯一的前提是它本质的永恒性。当观察过于强调精准与谦卑，则又变回为诗篇。证人将自己从证词背后抹掉的同时，也抹掉了证词的偶然性：善于引人注目的谦逊者用似是而非博取奖赏。

　　二十年。在局促窘迫中，历史的结晶被粉碎成"新闻"；从破碎的理念中释放出事件性的灰尘以及所谓的"轰动性"。而轰动性的价值已不再取决于揭露事件的能力，取而代之的是对事件的导演和触发。欧洲共产主义神话般的溃败——由某篇"给赫鲁晓夫的报告"触发——撕裂了原本一体的东西：知识分子与政党、形式与权力、发表的文字与发生的事实。它重新洗牌了时间：现在，一切都是现在。永别了记忆——它将理念根植于持续性之中。永别了后世——如果现时可以放弃记忆，未来又何必被过去困扰？历史涌向瞬间，日复一日如流沙般不留痕迹。当意义被捏碎成屑，剩下的就只有"消息"。而消息，是报纸的行当。信息成了它自己的地平线。没有了编码，也没有了译电员：录音，录像，记下重点，便到达了终点。为理念不辞劳苦精雕细琢的作家，专攻数据与密码的雇员将位置让给了拼版工；负责资料保管的则让位于惊奇事件的制造者。如果事件本身被简化成电传机，哪里还有破译癖好者、将事件转化成艺术作品的译者们的用武之地？报纸，我们在地面不怀好意闲逛的兄弟，我们日用的饮食，今日赐给我们，愿你的指令行在地上如同行在天上：令我们的每一日被无意义所主宰。

　　让我们在此解除一个误会。被媒体打开的圈子宣告的不是新闻界的光彩与荣耀，而恰恰是他们的堕落。媒体官僚与专业记者的领域并不相混淆；只要大众传媒的逻辑不符合探索即时真相的程序，媒体官僚便意味着且首先意味着对专业记者的挤压。新闻职业代表了知识分子功能的巅峰，人类精神借此进入了黑格尔所谓的"真正有效的尊严"，提高从抽象到具体、从不确定到独特（即从空洞到充实）的水准。成为记者并不意味着知识分子的变节——他履行着知识分子的本质，并凭借相当水准的智慧令自己不满足于泛泛而谈的巧辩或实用的先验原则。那些创下当代革命运动基础的"大知识分子"——从马克思、恩格斯，经由列宁、罗莎·卢森堡，直至托洛茨基和葛兰西——并非大学教授，而恰恰是记者。这个现象不是偶然的。他们中最出色的几位直接从事件中提炼出了理论。对概念和实践进行分析与"大众媒体"这个字眼是相符的，起码，我们可以期待这种分析提炼出宇宙中最根本的异质性。艾伯特·隆德雷斯[①]、弗里德里希·恩格斯、凯塞尔[②]和葛兰西在我们看来属于同一脉文明。他们均以一种共同的假设来支配自己的存在：新的理想主

[①] 艾伯特·隆德雷斯（Albert Londres，1884—1932），法国记者和作家。
[②] 凯塞尔（Joseph Kessel，1898—1979），法国记者和小说家。

义工艺正在转变；需要明白的是，真相的存在独立于我之所言、我之所知或我之所信，独立于我所呈现的图像、我所起的标题、我所做的评论。"真相"的范畴只能是在这种原则之内——但该原则本身足以建立起新闻界的威望，因为它所导致的必然结果便是亲临现场、眼见为实。这个"现场"可以是一个遥远的国度，一个科学领域，一个就在附近的工厂，一种政治体制，一个车祸地点，一间牢房，一个家电展，一份文件，一个统计，一间门房，越南的一个小镇，巴黎的一栋部级办公楼，一本外文书，等等；总之，与各种主题相关的任一客体、"值得一说"的事物本身。然而，当我们回身转向知识分子领域的等级时，将会察觉到，那些为"真相"而忙碌的很少能够赢得器重与尊敬，特别是媒体中的调查和报道记者。新闻的基础成了媒体的渣滓。在法国，"事物本身"不值一谈，其荣耀的唯一来源是"被妙谈"。法国可耻地美国化了，与北美不同之处在于，高高在上的法国并不是记者的天堂，而是他们的炼狱。通过卫星传遍其城市的是最不值一提的，最精彩的则被置于不顾。全国的新闻（news）都已采用了管理模式，统一格式，简洁，使用光面纸，却忘记了带回实质：精确，对细节的注重，对事实的尊重与对立场的藐视、鲁莽大胆与执拗顽固——这些恰恰是为性急的美国新闻带来荣耀的基底。七扭八歪地行走于美国与十九世纪之间，卡在了惯性与野心之间，一心两用地追赶着两头交错奔跑的野兔，法国高层新闻界在十字路口栽了跟斗：生动出色的想法与事件的物质性；评论与纪要；对动机的评判与对事件的陈述。马克思将十九世纪的法国称为"思想的国度"——大西洋世界生活于"独家轰动新闻"时期。大西洋化的法国制造"意识形态式的独家轰动新闻"。它没有给关注新闻的人们带来信息,更别提给有思想的人带来思考。但是它满足了某些"在全国享有知名度的知识分子"(我们已解释了他们是沿袭十七世纪的教育体制及名校文凭至上价值观的受益者)。堂而皇之地就人们几乎一无所知的主题进行长篇大论突现了一种无所不晓的脑力体操(属经院繁琐哲学谱系),在《忧郁的热带》开篇,列维-施特劳斯已辛辣地报道了这些令人发笑的噱头[1]。时至今日,法国特色依然倾向于评判而非观察;更注重道德式的评价而非具体的分析(自各种意识形态被正式宣布结束之后,我们却前所未有地看到、读到或听到如此多的"主义"凯歌)。正因此,在新闻界的最高级别,在十九世纪"政论作者"的位置上,自然而然地坐下了"社论员",新闻事件的道德家。这些人无一例外地认为,他们的职能不是为读者阐明一种形势的来龙去脉,而是就某种对我们而言永远稀里糊涂的事件来阐述他们所选择的个人姿态。以为自己知道的人,不需要知道更多,甚至根本不需要知道,因为对事实朦胧的叙述烘托出他思想和写作风格的光彩。拔高思想之地位的做法与这个国度里资源的平庸相适应,成为新入行者效仿的模式,更何况一个好的"社论员"也是报刊企业节约开支的最佳手段。田野调查、进驻现场、整合信息与寻找文件的成本——时间和金钱——越来越高,而其获益——公众光环或同行的尊重——则越来越低。报道记者于是待在办公室里进行电话调查,打发资料员去翻阅通讯社的资料;我们发现他们很少有心情好的时候。讲述、描述、退回、核实,对应着缺

---

[1] 参阅布尔迪厄的《教育体系与思维体系》,载于《社会科学国际杂志》,1967,XIX,3;以及列维-施特劳斯的《忧郁的热带》。——作者注

人、缺利，尤其缺少"时间"。在此基础上进行笔录、谴责、祝贺、结尾，这些仅预留给报社的高层。结果：最不了解事件的是最后做文章的；略有所知者只能闭上嘴巴。印在纸上"相当高尚"，沉默被一笔勾销。我们应该更仔细地反省强迫记者本人日益趋向于一种反常而苛刻逻辑的所谓客观法则。但我们其实已经明白了这里的"新闻界"代表的不是一个职业的扭曲现状，而是一种身份的客观畸变。

对"事件"进行加冕（通过为事件制造者加冕），显然无法构成真正的新闻事件。过早下结论，过于简单的倾向遮盖了事件本身真正立体鲜明的一面。新闻的好日子其实并未到来，所有的年代测定均歪曲了它的特征。媒体突变似乎是在1968年时才达到了关键阈值。历史成为真空之时，事件登上了主宰者的位置。在现代法国全盛时期追溯其统治是否有些荒谬？1968年5月，媒体首次直接"制造"历史，国家的命运在电波中决定，在电视中成形；已在颁发荣誉的记者们，摘掉、推荐、再授冠冕：谁让你做的国王——谁让你做的王子？为什么不呢？物质财富的生产者在罢工，政治机器出了故障：总该有个人来接管地盘吧。煽风点火的需求令那些"造风"装备最精良的站到了最前列。电波主宰者与标题制作党取代了语言专家和教书匠。权力神殿的隔壁是刑场。萨特在索邦大学受到喝彩唯一的原因就在于萨特与索邦都将被贬黜：1968年这场戏是倒过来演的，从此知识分子起义的行动者（当然不是全部）亦倒退着进入他们的职业生涯。他们以被压迫者的名义与"腐化媒体"抗争，随后参与媒体对抗争进行的腐化；他们以知识的名义与独裁主义抗争，又强调一切知识都具有独裁性；他们以真理的名义与审查和抄袭抗争，但比谁都更熟稔于抡操剪刀和压制思想；无论何处，人们听到和看到的就只剩下了他们。总之，他们局部获胜，除了他们中从未有人能够坦坦荡荡地主宰真正的媒体官僚。时事的新领主们谈论的不再是政治而是道德；媒体作为保障他们领主权的方式，难道不是将所有知识分子道德踩到了脚下吗？——好埋怨者如是问。最有胆量的将会告诉他们，传统伦理已经衰退，新的"社会新闻版"正在形成。1968年的5月，无论如何，是那些用双筒望远镜追溯过往的观察家可以大声喊叫的时刻：知识分子社会中的一切都与以往彻底不同了！如果1936年纪德在街上和马修·皮埃尔①交谈，新闻应该是纪德。1968年，阿拉贡与科恩·本迪特②的交谈，新闻则是后者。重音位置对调：新闻属于新人，如同名誉属于名人，金钱属于富人；在将资历驱逐出局的同时，新闻创造了权威。新闻难以回避地成为论资排辈时唯一有效的观点。高等学府大爆炸——快乐而有益的爆炸，然而设想中的受益者将成为第一批受害者，竞相奔向媒体——年轻知识生产者心目中意识形态与心理满足的重心之重，他们将惊诧于自己为此所获得的社会身份。1968年之后，高等学府及类似部门将觉察到一种之前仅存在于文学圈内的社会类型在其内部逐渐清晰起来："理论捉刀人"。较之文学捉刀人，它更受人折磨，被人讥笑，待遇也更低。这些人的工作是生产出观点（类似集体劳动但无工会权）并交给他们的上司——学术界的大名人，由他们旋即推向大众传媒网络，从而扩大他们的名气、信用度以及权威，从而拥有更多的未来捉刀人、研讨会、讨论课、讲学、论文、研究、评委、

---

① 马修·皮埃尔（Marceau Pivert, 1895—1958），法国早期激进社会主义领袖。
② 科恩·本迪特（Daniel Cohn-Bendit, 1945— ），法国1968年学生运动领袖。

旅行、考察、翻译，等等，等等：每个月，这些渠道将数量庞大的原材料倾倒给那些能够在短期内将其变成最终产品（论文、书、访谈，等等）的人，因为这些人可立即接近媒体，而媒体的栈桥以及决策中心始终令底层知识分子难以捉摸、无法渗透。

至于出版社，则不惜代价地追赶报刊：他们发明了快速分钟读物、海报书、传单书；简而言之，事件性读物。出版社希望与时事接轨，以夸张的形式进行笨拙的模仿，最终在追赶事件的同时令事件逃之夭夭。谁负责捕捉潮流？所有的出版社中，都光荣地出现了一个庞大的媒体公关部，它成为企业的轴心，作者们的战略性过滤筛[1]。如果说在书的世界中首次出现媒体专员始于六十年代初，1971年则诞生了严格依法构建的出版机构媒体专员协会（其身份经由1964年国家信息部颁发的一条法令明确定义为"公共关系与媒体联络的专业顾问"）。就此，1968年底国家统计局完善了其职业分类，在其新的《职业编码》中："广告专业人士"（91-07）编入"知识分子职业"（第91组）中。1975年，他们仍在该组中，且没有被筛除的风险。经纪人成了与信息机器逻辑性焊接在一起的一个社会阶层——该阶层自1968年后进入前所未有的增长期：这其中包括辅导性中介（13万名培训辅导员，1975年起的新编条目），媒体类（编辑，记者），公共关系（媒体专员），装饰类（画家／绘图员，广告员，橱窗设计，时装设计，装潢设计师，布景员）以及广告类（广

---

[1] 请参阅《无名之名人》(10—18)，作者让-玛丽·耿（Jean-Marie Geng）。——作者注

告构思编辑，市场调研负责人）。所有这些职业均以极快的速度发展着，媒体经纪与公共关系也不例外，从业人员数量在 1975 年由 17000 增长到 23000。但经历了飞跃性增长的却是广告类专业人士：1968 年的数量为 5000，1975 年达到了 12000。在国家统计局新编码出现之时，这些种类各异的知识分子专业尚不具备代表性，他们与小学教员的类似性尚未明显体现出后果。如今情况相反，将他们再次融入诸如采购员之类的相似行业、与教学类职业分开后，我们可以清楚地看到战后婴儿潮阶段之后，前类职业呈现出不景气，后者则通过商业及广告性服务的扩张而迅速增长。（劳伦·泰弗诺《1975 年的社会阶层：工薪阶层之扩散》，摘自《经济与统计》，1977 年 7—8 月号）。

经历了 1954 年的分离，"记者"在 1975 年同样被并入"文人"类。要解释清楚国家统计局导致的术语目录改变俨然不容易，但这种改变从来不是随随便便的：看着似乎没什么，其实不无狡黠地体现了时尚风气。它以自己的方式注释了下棋般的等级位置变化：当一枚棋子占据了棋盘中的一个格子，所有其他棋子在棋盘中的位置必然相应地被调整。知识分子社会中不同元素间的调换从来就不是机械性的（你走，把位置腾给我）而是有机的（所有位置一起变化）。这种移动的共时倾向会让在行进中的每一枚棋子以为一切都未移动，所谓的移动不过是一种视觉误会。

总之，在由"68 风暴"开启的这段时期，有两种现象以爆炸告终，且一方的爆燃成为另一方的引爆剂。

1）思想的传播者与生产者之分离；

2）传播者不仅决定了生产的数量，同时决定着生产的性质。将生产者与媒介进行最大程度的分离，再加上前者对后者最大程度的服从。这就产生了一个辩证法难以回答的问题：既然传播者是作者思想的主子，他们为何不传播他们自己的"思想"呢？两个实体最终合二为一，却是出于经济需求，为了两者中商业化程度最高者的利益。那些为我们呈现世界的，从此只打算给我们看他们眼中的世界，而这也将是这个世界最后的真相。吉凯尔和兹彤纳——法国出镜及收听率最高的两个人——能将无疑属于他们的个人观点作为法国人的普遍理论灌输给我们。等待之时，那些最后到来的（罗曼蒂克式的）"新人"宣告了未来的游戏。各流派的领袖们根据其作为媒体官僚之合理性需求来为自己作出选择：这个做一档收听率极高的电台节目，那个上电视新闻，某某人就去每周一期的娱乐节目。文化生产不断重复地扩大着它的传播体系。

背着我们悄然塌陷的，或许是一种媒体源自信息、而非信息源自媒体的思想体制；一种生产需求仍可凭借某些制度优势作用于传播的强制需求的文化技巧。立场、敏感点和形象的千变万化——这些令从前时代弥足珍贵的特质——如今它们能指望何种媒介，又能在何种领地里落脚？过去大量丰富的信息，又如何能抵御依照一个独一无二的市场需求来调整思想内容的、清一色化的传媒载体？这种转变或许是所有工业发达国家经济重组的必然结果。在这些国家中，流通领域因物质生产的卫星化而日益沉重。然而，这类风险的本质却在此加了一个滑稽的注释："思想创造"的个性化原则与工业生产的赢利原则之间是如此地自相矛盾。同样的自相矛盾还存在于信息的差别性原则和"信息市场"的一致性原则。知识分子行业内部的权力换位因此不仅只是翻转了期刊与杂志、书籍与报刊、"作家"与"记者"(这两个词被吉尔·德勒兹在一张非卖品的打字纸上津津有味地咀嚼了一番①)之间的权力关系。传播者对生产者的新社会霸权优势即以文化节目体现的知识分子的内在约束,这种约束波及所有知识分子,在某一具体的时刻或地点,渠道的均一性最终会消除其可集中力量的多元性。人们总是往极端考虑事物。唉!就本质而言,其实平庸是向心性的,因为在中心才有利益的最大化。法国不满足于被"被不偏不倚地治理",还要求被不偏不倚地思考,也就是说要求摘除大脑——按照它最小的共同目标,即允许传播者令所有的潜在受众买单,并且将所有的特许权、财务预算和顾客占为己有。一个媒体官僚会因能够在左右两派之间保持中立而狂喜:这是它的质量保证单,不仅证明它处于真正的理性和人性的轴心上,也保证它的工业鸦片特性②。媒体化的高层知识分子视作脸面的所谓"人权"是一出哲学与政治喜剧——谁不是"人"呢?它不过是最高收听率和名气竞争舞台的幕布而已。

真理是唯一的,谬误是多重的——或许该把那句有关传统理性的谚语颠倒过来。西蒙娜·德·波伏瓦说:"右派主张多元性并不令人惊奇。"真理一元论或许是唯心主义的终极真理;这恰好鲜明突出

---

① 参见本章尾注3。——作者注
② 1978年《观点》杂志的简介,四个部分。第一部分:"如果我们通过左派寻找信息……(省略)"。第二部分:"如果我们通过右派寻找信息……(省略)"。第三部分:"如果我们寻找信息本身"(充满页面的图画:五个《观点》杂志的封面)。第四页:"《观点》,无须向任何人汇报的周刊。"缺失的第五页该是:"既然对任何人都无话可说,就可以将此说给所有人。"别处也采用同样的修辞法。——作者注

了它的谬误。难道理论中不存在多元性吗？这或许是当意识形态成为具有唯一性主宰地位时的本质。相反地，被主宰的意识形态表现出的却是分散、折射和增殖性的特征；这其中原因很多，而最具意味或者说最具时代特征的原因，毫无疑问在于支撑与传输这些意识形态的载体与工具的散落；一切处于非常态，奇货可居，自然就没有了标准和规矩。与它运载异质的使命相符合，媒体在追求其受众呈现箭头状上升时必然会技术地受到异质性的冲击。唯有箭头指向下降的，才会抱团成束（而且显然是无可奈何之举）；大杂烩是它们的未来，无定形是它们的命运。真理错综复杂，谬误却简单易懂。大众媒体是一架在淘汰复杂的同时产出简单的机器。在我们这个社会中，是右派在操作着均一性的同时却鼓吹异质；如果多元性是他们的信仰，媒体便是他们的实践。右派所处的社会地位最终将左右其政治实践。如今，就媒介学角度，无论是理论还是实践，多元主义均已将象征符号改头换面成了左派。

"没准大众以为报纸有很多种，但其实归根结底只有一张报纸。"——1840年的巴尔扎克走出由哈瓦斯先生——一个"所有报纸从中汲取源泉"的前银行家的小办公室时，如是察觉。不曾料想的是，这个玩笑竟言中了今日的公域及私域状态，成为无论是我国还是全球发达国家的一个不争的事实——但这不能简单归咎于彼此相互拷贝的四大通讯社（合众社、美联社、路透社和法新社）共享对全球信息的垄断，或是法新社（前身为哈瓦斯通讯社）在法国的独家经营，其发布的信息占据了全国75%的新闻版面。巴尔扎克没有预见到的是他这个公理在一百五十年后对知识分子所产生的影响。没准大众以为知识分子有很多种，但其实归根结底只有一种知识分子。媒体系统的模子需要复制多少就复制多少，只有模子是原创的。《快报》《观点》和《新观察家》之间（或国外的《新闻周刊》与《时代》）的疆域与关卡消失了，三大电视台，又或者法国信息、欧洲一台和卢森堡这三大广播电台也没有了界限——这样就使得知识分子可以在各媒体间自由串行，既不需要护照也不需要政治、美学、道德的身份标签；同样，从一处经过渡再跳到另一处（俱乐部总量有限），政治主张从一个极端到另一个极端，他们也丝毫没有迷茫感：同样的快速执行，差不多的语义运用，相同的字行间距，同样的"创新"与"智囊会议"。同样的圆桌会议，同样长短的发言，同样的发言稿。同样的载体，同样的表现手法，同样的人物。唯一的报纸，唯一的方言，唯一的"雅克老师"。然而，是以多种面具存在的"大众之声"制造了一个具有多种声音的集体的导师。

补充注解

注1：阅读查理就《作家们与德雷福斯事件》所做的一个非常生动的研究报告（Annales，1977年3—4月号），使我可以不就该文进行细节展开的同时完善我在本书中的观点。查理在文中展现了作家圈是如何被分裂成德雷福斯派与反德雷福斯派，分界线的弱势极端为象征主义和自然主义派，强势极端的是法兰西学院派、高蹈派（Parnasse）和心理学家。暧昧来自中间区域（阿纳托尔·法朗士①，赫维尤②，萨尔杜③）的一分为二。扮演统治角色的加入统治阶层，在美学层面处于被主宰地位的前卫派站到了在政治层面受统治的位置上。左拉，一个作品拥有大众市场、意识形态有悖主流社会的作者，起初非常恪守两个阵营的泾渭。但真正的惊讶却来自阿纳托尔·法朗士，作为法兰西学院的院士（自1896年起），心理派小说家，《时代》文学专栏作家：这位重磅级别的学术权威竟然步左拉后尘选择了弱者阵营，比如在左拉的荣誉军团勋章被撤销后，他

---

① 阿纳托尔·法朗士（Anatole France，1844—1924），法国小说家，1921年诺贝尔文学奖获得者。
② 赫维尤（Paul Hervieu，1857—1915），法国小说家，剧作家，法兰西学院院士。
③ 萨尔杜（Victorien Sardou，1831—1908），法国剧作家，法兰西学院院士。

竟向颁发机构退还了自己的勋章。在左拉的《我控诉》之后，则是忠诚于前卫派的《白色杂志》的青年作者们（马塞尔·普鲁斯特，E. 哈勒维①，F. 格雷格②）开始投身于这些前辈并发动请愿。就此主题，可参考 S. 威尔逊《亨利的遗物》（或法国反犹组织 1898—1899）。

注 2：面对"大作家"时大学名人被支配的社会地位体现在绰号"优等生"的索邦大学教授布里肖身上。作为维尔迪兰夫人沙龙的常客，他在那里渲染着"上流社会在德雷福斯事件上极度迟钝的蠢举"，与此同时，那些慕女主人之名而来的二流作家"根本不把他当成上流人物对待，因为他们本身就是德雷福斯派"（《女囚》，七星丛书，卷三，p.236）。但是，贝尔戈特（Bergotte），作家，斯旺太太家的常客，未来的托尔谢维尔太太，倾向于民粹和反犹主义，却对丈夫不合常理的德雷福斯倾向非常不满。

注 3："……与广播和电视联姻的报纸，越来越强烈地意识到它制造事件的可能性（被操控的走漏消息，水门事件，民意调查?）。同样，它减少了对事件反响的关注度，因为相当大的一部分是它制造的，它对外界提供给报纸的分析，或是对'知识分子''作家'之类人物的依赖就减少了：报纸自身就能发掘出充足、主动的思想。这就是为什么最终一本书的价值抵不上发在报纸上的一篇文章或是一篇对作家本人的采访。知识分子，作家，乃至艺术家，只要他们

---

① E. 哈勒维（Élie Halévy，1870—1937），法国哲学家和自由历史学家。
② F. 格雷格（Fernand Gregh，1873—1960），法国诗人，评论家，法兰西学院院士。

想遵行常规标准，必然被引诱成为记者。这是一种新型的思维，采访式思维，访谈式思维，分钟式思维。就某篇报纸文章可以写一本书，反过来却绝对无法想象。记者与知识分子之间的权力关系已彻底被颠倒。这一切始于电视以及对接受采访的知识分子所做的标签式介绍。报纸不再需要书了。我不是说知识分子的这种骤变、这种驯服、这种记者化，是一个灾难。事实就是这样：当写作与思想试图放弃作者的职能，当创作不再经由作者的职能产生的时候，这种作者的职能便被广播、电视和报纸拿走了。记者成了新的作者，而依然想当作者的作家们则必须通过记者这一关，或者成为他们自己的记者。通过场所与客体的改变，一种被贬值的职能重新找到了现代性和新的遵循惯例。正是这一点给了知识分子市场的运作提供了可能性。"（吉尔·德勒兹《论"新哲学"及一个更为普遍的问题》）

1976—1977年度大学在编人数

职称	文学及人文科学	法学及经济学	科学	医学	牙科学	药剂学	总计
教授	554	538	767	806	—	163	2828
讲师	1618	831[a]	2445	2220	—	322	7436
助教	3395	1078	6709	—	—	577	11759
教务主任	—	—	—	1138	—	—	1138
助理	2642	1845	4794	4826	448	594	15131
副教授	—	—	—	—	22	—	22
一级	—	—	—	134	—	—	134
二级	—	—	—	231	—	—	231
校对	853	—	—	—	—	—	853
总计	9044	4292	14715	8990	853	1656	39532
其他教授							2372
总计							41905

注:本表包括法属安的列斯群岛-圭亚那(77)和留尼汪(62)。
(a):823具法学职衔。

第三章
权力之逻辑

1. 地貌学：鸟瞰图
2. 解剖学：切面图
3. 经济：基础设施
4. 新俏品，新权力

1. 地貌学：鸟瞰图

从飞机上俯视，今天的知识分子在法国全景中呈现出令人一目了然的三角地带：大学——出版——媒体，"知识分子圈"同时指定了其区域与外接[1]。逻辑区域定义了一个具体的阶层，或者说具备某一游戏必需属性的个体的集合；亦可释为作为知识分子圈成员的个体起码在这三个行为区域之一谋取生计（不同属性的累加可衡量一个阶层固有的等级水准）。社会区域——就外表而言，表现为一个以利益、习性及方言为特征的社群。领土区域，则确定包围首都中心区（第五、六、七区）的城市界限。该界限内定居着最密集的知识分子。如诸君所知，这种历史性及物质性的集中来自巴黎式的知识超级配备，它集中了最卓越的大学、顶级图书馆、艺术画廊、高等私立学府以及研究中心（国家科研中心、人文科学之家、法国高等研究院、国家政治科学基金会，等等）；最主要的出版社及其相应附属（期刊及文学杂志）：400家法国出版社中，300家的总部在巴黎；而所有的重要传媒均在该界限内及附近：周刊、大型日报、广

---

[1] 参阅《知识分子》，作者克劳德·萨尔（Claude Sales），原载1977年2月《教育世界》。——作者注

播（法国文化电台）、电视，等等。就理念或理念制造而言：巴黎之外，永无出头之日。

知识分子圈，生活圈。取乌也斯尔库 ① 和动物生态学的术语用意。这个特殊的周围世界（Umwelt）给人的第一印象是恍若密林乃至丛林。未待观察者耐心远眺，那令人狼狈而不知所措的晦暗便快速发送出等级法则及职业、饮食、性生活、地盘争斗等的行为标准。它的昼间及季节性活动节奏，它的路线，它的汲水点。打个比方，作为阅兵式的举止，我们注意到占主流地位的大学派分枝更倾向于巴尔扎克酒馆，记者们去丽普酒馆（Lipp），出版界去丁香苑（La Closerie des Lilas），身份暧昧混杂的则全在圆顶饭店（La Coupole）。至于争斗、捕食或彼此利用之类的行为，酒水零售点或所谓公共聚合场所则位于各家族邸宅附近：伽利玛出版社分枝控制着皇家桥酒吧（Pont-Royal），格拉塞出版社的酒吧是特威克纳姆（Twickenham），门槛出版社（Le Seuil）的教士牧场（Le Pré aux Clercs），以此类推。阅兵及捕食的顶峰时间是午餐，在此刻切磋合同，在此刻准备节目、采访或文章，在此刻重量级人物讨论章节切分、标题及版面：不可或缺的仪式自有其投票场所，其法则，其倦怠，其闪光（这一切均严格地以精确计时进行着）。如果说这一美食地图给予特殊物种一个极其微妙但明确的秩序结构，清楚地集中了运动行为，那么，时间节奏则控制了神经内分泌系统。夏季和冬季相当于正常紧张度，秋季（9 至 10 月）及春季（3 至 4 月）进入应

---

① 乌也斯尔库（Jacob von Uexküll，1864—1944），德国生物学家及哲学家。

激状态：向大众"投放"产品的月份。就周刊而言，对高强度刺激产生周期性应激反应出现在星期四——周刊的截稿日及《书世界》的出版日——星期六上午——三大政治文学周刊，特别是《新观察家》进入零售。星期五晚 9 时 30 分，肾上腺素疾速减退，该物种中最强大的，或坐在亮闪闪的小屏幕之前，或坐在这小屏幕里面。就其白昼活动节奏，集体心动过速于每日之 14 时至 14 时 30 分间出现——周日例外。计算机技术的使用使我们能够发现，在观察区域内，心电图上呈现的异常痕迹与《世界报》进入售报亭之间强烈的关联。我们很愿意原谅动物生理学研究过于粗略的特点，究其原因主要在于缺少经费和试验室设备陈旧，研究人员首当其冲成了替罪羊。以更少的经费，媒介学却将令我们的调查引入更远。

2. 解剖学：切面图

　　媒介学的深度切面可以驱散三角概念平庸的幻觉，取而代之以更恰当的彼此间层次隶属的金字塔。当代知识分子圈呈叠瓦状排列着三个各具生产／传播模式的沉积地层，三个具有合法性的机构，三个递进的历史阶段。这些不同的组织平面的排列受辖于后来者的摩登优势，最后到来者具备的功能性最高，从实用的角度而言，为前两位提供了"场所"或"环境"。媒体组织阶层越来越多地支持、构建并促销着从原主宰地位转化为隶属或受控位置的陈旧阶层。二十世纪末的知识分子圈是一个微型社会，但和十九世纪末的大型历史社会同样，在最强势力的主宰下，并存着不同的生产模式、不同阶段以及不平等关系。同样，意识形态机构在赋予其生命的历史环境中生存着（冒更变理念之险）。同样，在意识形态层内部，每个机构层都能调整自身以适应其依赖的上级阶层的要求，从而在职能降级后仍得以幸存。总而言之，天主教神职人员曾相当不错地生存于地主贵族之下，而西方共产党的存在受惠于给予其机遇的无产阶级工业革命。只要做出必要的改变（Mutatis mutandis），大学和出版社今天甚至为我们证明了这类协商式的生存，由晋升为主宰阶层的原附属阶层进行有条件的收购。这种机构间纯粹的剩磁效应，无论哪个机构，使今日法国的知识分子肌体同时具备统一性和混杂性，既保守又现代，一切运作都原位不动却均不同于从前。

有什么样的肌体，就有什么样的细胞。同理，每个知识分子阶段，其肌体内部包括了其他两个阶段，但等级秩序不同；而处于一个具体时代的知识分子则将这一切内化至个人肌体中。就此意而言，当代样本就成了一个切实的结构解剖图，展出了肉眼可见的积累了一个世纪的所有具权威影响力的器官，以及相同数量的按出现时间排列的沉积层：大学，出版社，媒体。散在性的游走式金字塔，今日的大人物表现得像是普通的文字生产者，脑力劳动是他唯一的武器，一年一度，和别人一样，准时向市场交付稿件。让我们撕去这种表象吧。我们的头面人物首先具有大学职称，"讲师"或某教学或研究中心的课题负责人；然后他是出版社顾问，某一套或数套丛书的主编以及一家大型出版社审读委员会的成员；最后他还是某一日报或大众周刊的记者、专栏作家或评论员。新型新人，这被所有权力围困的桀骜不驯者，在这传统大人物的传统菜单又精心地加入一道新菜肴——规律性地出现在蓬皮杜艺术中心；法雅客全国连锁书店（FNAC）的一场活动，制作一到两个电视节目，二到三档电台节目。日子不好过，我们需要更多的迫害。无论大小，这些基奥普斯①无一例外地遵行着同一构建结构：基底，合理性（知识）；顶端，有效性（名声）。重要的不是文凭或职称——而是令文凭与职称运作的可能性。大学的晋升体系赋予话语权，但这只是荣誉和抽象

---

① 基奥普斯（Cheops），埃及法老，修建了古代世界七大奇迹之一的吉萨大金字塔。

式的权力，除非在其中替自己添加被人倾听的可能性：借助报刊，如能通过视听媒体则效果更佳。媒体的地位逻辑性地圆满了知识分子的职业生涯。今天的媒体主持封爵、制定王法。

老爷们曾经拥有他们的家宅作坊，母公司从今往后拥有的是分公司。陈旧的世袭领地变身企业，知识工业化拯救了知识分子垄断势力的特权。每一个精神王子均成为自己的康采恩（Konzern）——纵轴式地贯穿了所有生产过程：制造、出版、发行和促销。就其具有真正意义上的企业整合而言，它胜过卡特尔式的企业联盟；但不及托拉斯式的垄断企业，因为知识有机体时常难以对自己具有互补关系的活动强制执行真正统一的方向（内部分裂司空见惯）。这么说吧：以一名执行总裁为特征的多公司组成的集团，或者说，士兵-司令官。

三个办公室，三个秘书，三个电话——根据一天中的不同时刻或一周的不同日期。三个收入来源（待遇、版税、薪水）。三个中心相同的社会身份圈的融合制造了个人的、物质的威望，用至少值得尊重的说法，就是思想的、道德的威望。教授控制着论文评委，颁发证书，发放信誉；适当的时候，在求职申请中筛选那些依赖于他的候选人，同意或否认某位同事的提议：第一圈。丛书总编接受或拒绝手稿，发出订单或改变某些计划，确定（或提议）预支费用、面市时间、印刷量、宣传密度、广告预算、铺货的数量及场地：第二圈。记者接受或拒绝给他朋友们的论文或书做梗概介绍（或向编辑请他人代做），决定文章发表的位置——大块文章，豆腐干读书笔记，或只在一周书荐中提及，按他自己的方式斟酌文字的热情、尊重及礼貌程度：第三圈，它包围着前两圈——既凭借它能够在圈外获得的受众量，又凭借它在三圈内为获益者在出版和学术两个平台所制造的反响链。职能的累加，便是客户的累加。这人在这儿有他的门生——他的学校或试验室。那儿，有他的作家们——他的出版社或小团体。总言之，便是他的公众——读者，会员，受恩者。三职一体：他赞助，他扶持，他"添香"（时代风格）。如果说是秩序关系（传递性、不等称、非互易）决定了权力关系，这人将三者以最强势方操纵的方式进行了集中——这个最强势方即媒体，媒体中传播者与接受对象之间的不对等和非互易性关系是最强大的。五十个门生可以给教授制造麻烦；五百名作者，或真或假，可以信件或发声的形式进行非难；百万读者或五百万电视观众只能接收：大众传媒是一条单行线。

同样，四十来个显赫人物所积累的社会资本保障了他们的煽动能力，强炽似火、行动如光，他们是同盟或对手绝对不敢小瞧的"政治及军事势力"。这是一种看不见的重兵器：因为制造它的是纯粹的非物质关系。文化权力的平台建立于机构、产业及商业的桩基之上，但这些桩基敏感的物质性常常被其所承载的对象所遗忘。任何人企望进入霸权式练兵场如今必须具有装备，才有资格参与大致平等的武器战争。这个被超额投资的地盘上，据点异常密集，唯有全副铠装者方可为自己开凿一席之地；或者从他的邻居或对手那里得到最起码的重视与尊敬，或者友情——为什么不呢？如果你想要和平，必须备战（si vis pacem, para bellum）。没有一个国家出于娱乐进行军备，而是为了防御他人的武装。知识分子之间的关系如同国际关系，实用至上。最后一个手段，最昂贵的军事装备方案随时可以让自己进行简单的保护反射。今日重量级人物之间媒体武器大挑战必然始于民兵式的自我防御（专业期刊的编辑顾问、出版社的审读、外省报纸的特约记者，等等）。然而，这块阵地的招标行情会自动攀升。如果我不去占据那些对手可能摧毁并安置小分队的高地，中弹的就将是我的军队。我因此必须发动袭击，即使仅仅为了保全我的人马和限制损失：将数份期刊联盟成一个；加盟某杂志以攻击另一份杂志；在某大报显著位置来个突破；通过挖出一条持久完整的社论战壕来加固某特约记者的薄弱地位。既然权力较量战场从来就不是荒野，况且它的天性就是时刻被占据，那么一切政治或知识的霸权主义者可以将自己表现成既存霸权主义的抵抗者。帝国主义者只有表现为反帝国主义才能自我证明。这条普遍原则的执行永远伴随着荒唐的诙谐，正如目前我们在法国意识形态舞台上所看到的，控制着最根本传播渠道及其中心开关的高级司令官们，却真诚地表现为一小撮赤手空拳的独立战士射出他们仅存的最后几颗子弹；"背靠着墙脑袋空白"地抵抗教条主义-集权主义式马克思主义的重装大部队，即使这支大部队中目前几乎无一幸存者仍有行动能力或威胁到被反权力使者们牢固封锁的文化权力阵地。战术不是秘密：一场挑战的凯旋，必须以反挑战的姿态为开端，并以防御为绝对目的。今天，军官等于游击队员，屈服才是颠覆。

  政治伦理是存在的，但我们从未将其列入民事立法的核心。马基雅维利与康德的立场并不对立，他只是用了另一种语言阐述。如果要将两者彼此翻译，首先需了解，然后要避免混淆。知识分子社会相比其他社会更政治化些，而社会道德主义是其中的一头政治动物。世上的知识分子政治活动有好有坏，但不存在政治活动的善与恶。世上的知识分子价值有大小，但没有一个有价值的大知识分子在表达其见解或与同行相处时会忽略某些具体的战术规定。所有这些战术可用作道德审判，而非受其支配。道德标准同时审判着法官与被告，但这个社会空间的行为突出的不是"良心法则"，更非民法法则，而是与具体活动场地相关的客观强制性法则。

同样，高层知识分子圈并非道德或不道德的代表，他们在分析社会战略时，其成员个体的廉洁并不构成相关标准。正直的知识分子是有的，我们也遇到过①。这些人，即使是在高层知识分子核心圈内，仍以一种平衡、端庄乃至无私的方式运用着他们的武器。但这对我们非标准性而是叙述性的主题并不重要。在这里我们关注的是霸权的组织手段，而非它的政治或策略用途。传送与供给的问题对所有符号、图像及声音的斗士们同样沉重，无论他们是左派、右派或非左非右派。物流服务已在文化产业中担任着它在其他产业竞争中扮演的角色：至关重要。现代，经济问题不可能再从属于政治问题，它必须位于冲突部队之前。不论是质或量，理念已不如媒介更有价值。从马基雅维利到托洛茨基，西方的预言家以两种形式存在着：武装的或缴械的；幸运的与倒霉的。今天的焦点首先是武器装备，之后才是预言的产生或度身定做。没有先搞到枪就躲在自己的角落里精心准备思想射弹的，无论是谁，他在战争打响之前便已经死了。这人不是疯子就是白痴。一个没有媒体的知识分子已不再是没有军队的将军，而是一个给人取乐的将军。

这种局势下显得最不可思议的是，占霸主地位的知识界权威对政治界人物决不通融的严苛。知识分子对政治家所提出的道德要

---

① 将职务与个人分开是所有政治与知识分子道德的首要标准，否则就是地狱之险。——作者注

求，他们中又有几个人能够身体力行？法国高层知识分子圈似乎对全世界的政治技术无所不知，——自相矛盾的证据：这些聪明人善于将经手的一切政治化用来教训他人（从性生活到艺术评论），却拒绝直接经手政治，其中尤其令他们嘲讽的是：职务累积（市级、省级、地区、国家、欧洲）。可人们不知道的是，相反地他们从不为圈内不同头衔间的不兼容性进行斗争。人们从未见过像在这个圈子里那样，寥寥无几的脑袋上扣着如此众多的帽子。双倍符合逻辑的悖论。就旧世界的军队逻辑，恐惧的平衡与相互威慑构成了无法完全解除武器和控制时唯一具有操作性的对等：首先需要能够进入到超级武装者的俱乐部，以获得就解除武装条件进行谈判的权利。勒维尔①抵消了迪图尔②，迪图尔抵消朱利亚尔，朱利亚尔又抵消了多麦颂③，等等。家庭圈是一个引力平衡、个体依赖总体的行星体系。"那人近段时间的名气不是上升很快吗——已经进了三个编委会，第四套丛书正编辑中，在报社还有份固定工作？"——"是的，必须要和他保持平衡，照目前的发展态势，要不了多久人们看到和听到的就全是他了。"远古的机制，用来解释此时此刻的知识分子权力轮廓尚欠具体。**新世界**的逻辑在于经济对于道德主义者及所有领导人物的约束。

---

① 勒维尔（Jean-Francois Revel，1924—2006），法国哲学家、作家、记者，法兰西院士。
② 迪图尔（Jean Dutourd，1920—2011），法国作家，法兰西学院院士。
③ 多麦颂（Jean d'Ormesson，1925—2017），法国作家，法兰西学院院士。

3. 经济：基础设施

我们不说空话，数字本身是不会投机的。如今，对于各相关行业，一本书的税前市场价组合已走样（且必将持续）：制作费（印刷）：20%；生产费用（出版社+作者）：25%；发行费用（发行商+零售商）：55%[1]。在这个简单的分析背后隐藏着经济的复杂性和复杂的知识分子世界令人困惑的简单性。财务原则独自构成秩序结构，同时指明组成康米恩体系的不同企业的利润率及每个企业的活动率。就每一个行为者而言，其投入的工作时间及精力的完美比例也走了样：四分之一用于手稿制造（办公地点在家里），另四分之一是在雇主处办公（编辑及与其他作者打交道），剩下的一半时间用于发行和销售（书促销+生产商广告）。这最后一部分依可变比例进行我们习以为常的变形：工作午餐、电视节目、推荐、访谈、文章、圆桌会议、报刊争论、公告、向国家呼吁、电影海报、被电视报道的拘捕消息、参与游行示威、扰乱公共秩序，等等。经验观察所提供的全部"知识分子生活"资料，证实可以将这些比例归纳于理性中。媒体化市场产品主宰了产品生产，这是一个客观事实。参与其中的大

---

[1] 参见出版业培训协会（Asfodel）的《出版业》p.28。——作者注

企业，便以自己的方式对文化产业内部这一发行与生产的位置对换作出回应。生产环节中最后一道程序逻辑性地成了首要步骤，下游变成了上游，战略环节被甩到了链条的尾部。就个体而言，具体就是：书评比我的书更重要，记者和评论员的权力优先于我这个作家。造物主啊，让我们成为我们自己的记者吧！严格的管理规定：尾部第一。想做事先出名。在你无论想开口说什么之前，都必须先让大家说起你。一个好的作家在作品制造之前就确保了售后服务。

文化行业的重组因此拷贝了产业行业：市场化关键之于工业，即媒体之于文化行业。尤为突出的则是图书流通（普遍而言即印刷），关键领域已不再是制造，不是编辑，而是发行。出版社可以无限制地成立（高层大型出版企业集中化并不妨碍底端及边缘小型手工式出版社的繁殖），同样地，在法国可以依平民和印刷厂之所愿所能，写出或印出无限的图书；但是，看谁能笑到最后。统计显示出版社有近七百家，可是四大出版母公司占据了一半的图书市场。出版与创作同样，上游的多元化屈从于下游的垄断性。编辑决定出版产品，然而书店次定着出版产品的市场价值。嚱嘻！普通的书店日益被由大发行商控制的图书超市抛在后头，或者其功能被缩减为代销人。是发行商而非出版社（如两者分开的话）与书店交涉佣金。阿歇特（Hachette）或是城市出版社（Presses de la Cité）因此完全有理由被那些效仿超大出版社（伽利玛、拉丰、门槛、弗拉马里翁）的、不具备独立发行商的出版社顶礼膜拜。这种关系也同样存在于媒体网络领导人物与作者之间——无论名声大小，左派或右派，社会学家或是小说家，佛教徒或君主主义者，作者的一切都有赖于他们（当他们作为寻找公众的作者时）。如果说文化生产之类的创作命运（书、碟片、磁带、唱片等）掌握在数量越来越少的决策者手中，从物质或精神上而言，知识分子或承包商同样必须在场或执行决策。出版人的标准（手稿的选择及预支费用的确定）变成了过滤器；与此同时并出于同样原因，作者标准成了媒体标准。"抱歉，亲爱的朋友，您的书与行情不太合拍"，出版人将手稿退还作者时如是说；作者："我上本书媒体没有反应，没错，但我会在下本书中调整射击目标。"出版编辑并非厚颜无耻，作者也非投机分子；或者说，如果他们是，自有他们的理由。本质上，他们遭受着同样的资本减少（diminutio capitis），一个面对的是他的发行商，一个面对的是媒体官僚。传播方式的混乱使得出版一本难卖的书（积存在书店）成了不图利的慈善行为：库存周转的加速，库存及财会费用，流通的强制性，使出版社与作者被同样的瓶颈扼紧了喉咙①。一个被媒体冷落的作者成了经济灾祸（对他的出版商）、社会灾祸（对他周围的人）和健康灾祸（对他的胃及冠状动脉）；而这也将是任何一个某本书被 FNAC 拒绝销售的出版社所面临的下场：FNAC 占据巴黎书店三分之一的销售额（1977 年）。不久后的将来，如某些人担忧的那样，FNAC 是否将有实力对某些书名或作者直接拒绝或提出要求？往昔，一家出版社的生存可以依靠它的本金以及可以慢慢卖好几年的出版物。今天，那些周转慢的书甚至都不够支付它们存放在书店的租金。"我们认为一本书的库存一年内更新少于四次的，不仅没有利润还会赔钱。"（林登，同上）。然而，出版社的利润取决于书店利润。既然

---

① 参阅——必阅——杰罗姆·林登的《FNAC 书店与图书》。——作者注

本钱最昂贵而大家又想过上好日子,唯一的生存途径就是使出浑身"解数"——出于集体利益一致的原因,出版人、作者及销售员从此遵行同一程序:立竿见影的成功才是唯一有利可图的(除非仅满足于卖辞典、烹饪指南或《圣经》)。在专注自身的同时,书商们亦专注于并要求出版社同样这样做;作者则按出版社所提供的,或更精确地说,按出版社的交付而创作;最终将影响力作用于读者。对于出版人,经济鸦片等于以最低成本实现最大销售;大型折扣书店成功的生意经,在于自我吹嘘提供给读者最大的选择和最优惠的价格。但是,按照本质古老而被杰罗姆·林登相当明智地解释的机制,传播垄断最终却矛盾地导致了最小选择与最高价格。无论这类预言是否过于消极,对现象的诊断却不容置疑:同样的上游集中现象——对于思想领袖是功能性的,在出版企业是经济性的——发行对于生产反过来产生了事与愿违的结果。无论如何,如果说产业的必然集中化是小型手工生产企业的致命病毒,它却刺激了远不如其表现的那般古董、对新事物高度敏感的知识分子世界的紧张度。一百年后,二十世纪末那些不起眼的文学手工业主远比那些纺织或冶金老板更走在时代的前列。在抛弃了修道院、大学讲座、文学社团和过时的沙龙的同时,设计并活跃了比如说 FNAC 书店的"读者见面会",新知识分子证明了在产业拓展及竞争能力上所具有的强烈本能。企业将三分之一的客户汇集在巴黎,就使自己在文化活动必不可少的地方成为"社会集中传播枢纽"中的一员。在一个商品流通调整着人与人之间交流的社会中,库存周转的加速决定了"思想模式"的更新。

文化的节奏与大自然节奏一样缓慢:一本小说得花十年栽培,

一个概念破壳出雏需要十年的寒窗苦读；越来越快的商品节奏却与此相反，这种无法控制的癫狂对于文化景观和一个国家的河流与森林产生了同样的摧毁效应。以发行之经济需求为首把生产者转化成按订单劳作的工人。然而，罕见有关于理论方面的对真理的社会需求（宗教或神话可带来更多的虚构的满足），关于艺术方面对新事物的社会需求则从未有过。审美或文学创新遭遇的是敌视或即时大众的冷漠，如同一个科学发现必须面对僧侣或巫师们的敌视与冷漠。如果大众的反应理应逐步地校准艺术家、创作者或哲学家的思考或提出的问题的性质，如果象征价值流通只剩下以快速赢利为目的的大量投机商品一种形式，那将是整个文明绕着它的合页转动，为安全牺牲创新，为保护既有价值牺牲征服，为过去牺牲未来。为死者牺牲生者。1952年，贝克特由午夜出版社出版的《等待戈多》卖出了125本。如果一本书的利润从此以后将以年计算——或更准确些，自面市起——三个月，那不久我们只能看到换上新书皮的老书。最"新"的未必总是最有利可图的，图书行业有它自己的超额利润。无疑，书店真正的成功与表面的公众知名人物之间没有机制性的联结。避开难入其门的大众媒体，也存在着固定顾客及独家专卖。德吕翁（Druon）、塞斯布龙（Cesbron）、保韦尔斯（Pauwels）、德卡（Des Cars），代表了可信、不屈服市场行情起伏的血统，况且媒体仲裁就是"意识形态"生产的暧昧地带（介于虚构与真实、传奇与科学），切割着失效与革新、陈旧与摩登——良种与稗子。不幸在于，根据作用于公众领域的法则，唯一的真正新鲜事物便是录影录音；而且，如果"大"商业必须规范"小"文学生产，那么除了学校将不会再有文学（如果学校还存在的话），除了图书馆就不再有图书目录（如果……)"要知道,在所有大型普通文学出版社的图书目录里的大部分书名——不管是福克纳还是乔治·巴塔耶、瓦雷里或康拉德——在全世界每年的销售不超过300册(林登,同上)。"当然,经济自由竞争最终必然离开竞争,对新产品的迫切需求以另一种翻转方式导致了对旧事物机械的重复——正如我们最近几年所目睹的法国意识形态市场,明明是古坟掘尸式的后退,却表现得犹如季节更新般的跃进①。

我们都很明白:从来就没有开场白,一个民族或个体的生命中也没有,文化是重复暗沉的纺织。历史中的新事物不过是对旧事物的反复:马克思与尼采,以各自的方式,已彻底地缔建了这条法律。但是当重复停止了积累,不再是彼此间相互的丰富,一种文化便停止了演变,因渐进的贫瘠而逆行退化。最近一段时间以来法国文化舞台上的表演警示了貌似不经意的倒退程序,在利益至上的条件下人们可以接受它们以创意的面目出现,但不允许在原创性削减的同时将现今撤回到过去。重复在经得住考验并对自身认识清楚的状况下是解放者:在西方,每一次革命都是对以前笨拙的模仿,但如果不意识到自己在模仿,那就只能是前次革命的影子。在我们的年度

---

① 举例说明有关"政治思想"的倒奔。1976年:宣判"马克思之死"(距其物理死亡后的第四次)以及"新哲学"诞生,发现了"三十年代不随波逐流主义"的创造方式(主题及风格)。1977年,又在"新政治文化"标签下发明了一个1910年已出现的平庸公式;索雷尔+佩吉/普鲁东,作为对"野蛮"列宁主义的辩驳与替代。1978年:克拉韦尔和他的朋友们每个星期以波纳德和约瑟夫·德·迈斯特的诅咒与嘲讽成为公众议论人物,对法国大革命、抽象理性以及暴君的理解成了法国前卫"知识分子"最后的呐喊。八十年代的《飓风》俨然将与"组织经验主义"傍行——莫拉斯(Charles Maurras)则被世人所遗忘。——作者注

意识形态革命中令人担心的是，它们不提供来源，更多出自诡谲而非无意识。陈述，是一种狂热与滞进的混杂；被陈述的，是似曾相识的预言①。我们知道存在其中的不是剽窃，而是对一处赚钱的矿脉盲目式的开发：历史的无知、意识形态及社会失忆症以"新闻"优先的方式控制了思想家的圈子。主流社会文盲状态的加剧，远远不会减少其重要性或阻碍其运作，通过不断降低入选标准，反而方便和提升了知识分子的工作与价值。一个三十年前被团体行会视为玩过时把戏的傻瓜，今天将是"广大人民"眼中的革新者。旧有的社群失去了赖以存在的组织手段，不得不让位于"舆论"，完全失去了发言权——除非卖身求生，将自己的声音加入到媒体官僚合唱队中。

在文化中系统性地采用"新品"制造的不是革新者而是商人。政治中，自动地加盟多数党派不是民主式的行为，而是合作。从历史的角度来看也是这样——是抵抗者和少数派——有时甚至是"恐怖分子"——是他们重新发明了民主。每个春天塞满了冬季成功文化和秋季最后呐喊的垃圾。所谓大众品位即品位集团裁决，是以不知不觉的方式所施加的；同样，所谓民意调查显示的"大众观点"，是调查者不着痕迹设计的，被调查者的答案已彰显于问卷中。如果说是时代文化的顽抗者推进着他们这个时代的文化，文化生产新经济给予顺大流者以乔装成抵抗者的可能，给予他们无与伦比的武器与基础。这里的一切都有条不紊——传播的技术条件及蓄势待发的广告——以最低成本获取最快的知名度。故而，知识分子引来了他

---

① 请参阅前页。——作者注

们的黄金时代——他们全体人人为我我为人人地制造着知名度；创作进入了铁器时代——伟大的作品必然被时代摒弃。预言：产品激增，作品消失。在做人与做事之间必须做出选择——这是一个永久的悖论。变得越来越困难的是在通俗易懂与学术价值、残酷的无人问津与名声带来的可观利益之间进行的选择。我们很清楚一个特定时代的"某人物"与他所做的"某些事"从来不会叠合，那我们怎么可能拉开距离地把握我们这个时代的特征？这不是世纪初的大作家们，那些教宗或青年王子骑士式的人物——那些阿纳托尔·法朗士、保尔·布尔热、莫里斯·巴雷斯们，不是他们改组了当时的文学战地；也不是那些顶着占着"大学者"头衔与地位的人重组了他那散漫的阵地。无穷无尽滑稽可笑的将是一条张冠李戴的清单，其中一个时代的伟大作家每每因他的文字（或是理论思想）被横加指责。这经典的错视觉，当代性之天性，令侏儒成为巨人，巨人成为侏儒——如果今天在我们眼皮底下运行的是误解的经济或因无知而导致的错误观点，试问火星上的居民明天谁能摆脱厄运？

4. 新俏品，新权力

今日欧洲生活在象征饥荒与文化填喂中。这种远非矛盾的形势证明了历史学家深谙的一条规则：颓废时期通常是频繁出现的。当价值体系的价值崩溃时，它们开始大量繁殖，细胞数量上的蔓延对已成熟的器官毫无益处。意义的贬值是对符号膨胀的回应，如同节目的充裕令表演贬值。充斥我们耳朵的戏剧、电影、绘画等等的危机，从不意味着我们没有足够的戏剧、电影或绘画来满足大众市场——事实恰恰相反……这里我们讨论的仅仅是图书。

"由资本主义生产证实的社会财富表现为产品的大量囤积"——来自贫困社会的人对此体会更为深刻。从随便哪个第三或第四世界国家来到巴黎街头，遭受的将是近乎恐慌的震惊。在大量的物品中，印刷品首当其冲：日报、期刊、杂志——当然还有图书。令人头晕目眩的门面橱窗；标题的森林；富丽堂皇的封面护套；眼花缭乱的纸条。到处都是专业人士呻吟着恳求恩惠——获益的假想受害者。书店忙得不可开交，出版商为手稿精疲力竭，报纸被图书作者的电话搅得不得安宁，评论作者被日报公关累垮，文学评委疲于应付秋季出版的小说，橱窗设计师被成堆的图书折磨，而读者则被这无休止的图书雪崩压垮。巴黎书市不再是一个节日，它是一个集市——

发明印刷术的古腾堡也是腾云驾雾了。

统计解释

出版社申报的书名总量	1962 年	1969 年	1970 年	1976 年
新书	6019	9464	10924	10729
再版	6603	10370	9241	11310
总计	12622	19834	20165	22039

尽管在 1970 年左右进入稳定平台, 二十年来书名总量翻了一倍[1]。事实上, 随着学校教育普及和工业化向前跨出一大步后, 这种稳定持续了近一个世纪。在巴尔扎克那个时代, 他的书每年印量近 5000 册; 帝国时代 (1856) 为 8000 册; 但在共和时代 (1889) 越过了 14000 册——达到阈值, 中间虽有小变更, 但持续到二十世纪中期。就书的印刷总量而言, 产量从 1.8 亿册增到 1976 年的 3.25 亿册, 与此同时, 销售营业额却 4 倍于从前 (1976 年为 42.69 亿法郎)。法国出版业拥有可支配的图书名, 目前为 22 万个。无疑, 这些数字必须经过精确的滤筛, 根据不同种类做时间和空间上的调整[2]。"普通文学"类 (口袋书及侦探类按常规包括在内) 同样显示出生产达到稳定性。但按比例而言, 在总书名中数量最多 (平均为 4500)、印量最大 (3500 万册), 其营业额也最高。在这个种类中,

---

[1] 参见出版业培训协会 (Asfodel) 的《出版业》, 1978, p.20。——作者注
[2] 国家出版工会的统计实行下述分类: 教科书; 科学; 专业及技术; 人文科学; 文学; 百科全书及辞典; 美术; 儿童图书; 实用类。——作者注

历史及新闻类图书的上升填补了纯文学类的下降（小说、诗歌、戏剧、文学评论及杂文）。仅文学类（受惠于各类文学评奖）及百科全书和辞典类两项就代表了出版社近一半的营业额（1976年为45%）。按营业额所占比例，占据第三位的是实用类图书；而之前这个位置属于教科书①。

法国社会每年制造的图书多过读者？不要担心，"全法国都在读书"。正如某家周刊为其调查所制造的天真标题。"1978年9月25日至10月6日，对2000名代表18岁及以上的人群样本进行的调查"。周刊称："结果出人预料，甚至令人难以置信：法国的阅读人数增加了15%。"②自哪一年开始，哪些法国人，哪些书？——一个匆忙的年轻企业主没有时间过问这些琐事。即使是无处核实的钱额数量，也证明了图书生产十倍地领先于图书消费者。1960年由出版界进行的调查指出57%的法国人从不看书，这个数据是否应该修改或减少都改变不了这个基础事实，即仅不到四分之一的法国人（1960年及1978年均为22%）——这些"大量阅读者"——吸收了法国生产的大部分图书。全国的知识生产能力（伴随教学民主化，休闲及文化活动的扩张，持续教育、受环境刺激增长的成人文学），其成长节奏迥异于受社会与自然条件限制的消费能力。然而，不是所有的

---

① 必须以谨慎的态度来解析这些数字，而且我们得到的只是粗略的想法以及错误的推断。媒体每周向专业化的机构发出调查订单，具体而言，这些机构对调查所持态度傲慢，因与调查程序割裂，得出的结果完全是抽象的。——作者注
② 参阅《快报》，1978年11月11日，p.152。该杂志称仅43%的法国人很少读书。1972年法国调查公司已将从不看书的法国人减至41%：那是否该推理法国人在1972至1978年间停止了阅读？——作者注

出版商都是慈善家，如果产品不能流入市场，他们也不会增加生产。那么，二十年间所改变的，不仅是数量，更在于市场的内部平衡。数量相对稳定的读者购买数量可观的图书；这意味着事实上小部分图书被大量销售，而大量图书被少量地销售。作家（当他不是明星时）的普通读者越来越多来自其他作家；人们试图将作者与读者进行社会学的叠加。悲剧在于，阅读与写作是两项互不相容的实践活动，无论是精神上还是肉体上——边读边写是不可能的。作家是最难以接受阅读其他作家作品的，如果他们开始彼此相互阅读，他们就不再是作家：这个悖谬概括了将每个作家与他的同行朋友聚合到一起的神经质的关系。我想从他们那儿获得评论、欣赏、鼓励——不然，还有谁呢？而他们在期待我给予他们的新书同样的东西——可是我既没有时间也不愿意去读，因为我正在写我的呢。这个滑稽的轮盘在同行人之间制造了非常令人不适的交叉。成对的未必就是夫妻。当一个专业魅男与一个专业迷女相遇，一切都可能发生——除了爱情。

当出版统计数据估计一本普通文学图书的预计发行量在14000—15000册之间时，其严肃中的滑稽（或滑稽中的严肃）等同于联合国的年度报告中评估哥伦比亚的人均年收入为515美元（1975）或印度为136美元，不同的是，高层与低层人均收入间的鸿沟是哥伦比亚和印度社会的不变数据，但法国文学社会却非如此，其最大与最小之间的沟壑每年都渐渐加深着。图书世界像所有的世界一样简单，弱小的越来越弱，强大的越来越强。不公平，这自由主义被诅咒的小妹妹，从未停止成长。一个贞洁的出版人最近这样评论道："我们被卖得不好不坏的书压得着实烦恼。"(J.-C. 法斯克尔)，这么说，比出版社更麻烦的应该是作者。印刷品的传播曲线如同一口倒置的高斯钟，凸凹面互换：空空的腹部在中间，两端极度肿胀。出版社如今以畅销为运作原则，它们以出版多个作者的作品来分散风险，其中的一本将卖得极好而其他的根本卖不掉。介于两者之间的，正趋于消失——以前，尤其是介于两次世界大战期间，大量的3000至10000册的文学或散文出版物——这适中的数量在近一个世纪来集合了当时最璀璨、随着时间推移成为经典的作品。从此往后，每个人面对的不是一举成名就是一败涂地。但这正是对被传播法则制约的产品进行垄断化的需要。原因何在？因为大众媒体对意识形态与审美产品施行筛选时是鲁莽而又批量的，事先并不打招呼；"媒体层面不存在中间层"，既无细节亦无微妙，非好即坏的原则统治着媒体。"精神食粮"令人费解的命运只有两种选择，不是"战无不胜"就是在面市的第一时间完蛋！说得更确切些，或是机器发动产生滚雪球效应；人们说起它是因为有人说有人说有人说，以此类推：媒介来自媒介，名气归于名人，如同金钱流向富人。或一个零件也没动弹。对立于布封的万物皆有序的自然理论以及贡斯当①的真相仅存在于微妙中，媒体对分度一无所知（无论正负）。竞争以均一取代了多样化。至于作者，如果他上了《快报》，就几乎可以肯定会上《观察家》，然后就会上《观点》，因为其他的媒介都一样，而《快报》与《观察家》互为视野。对于媒体，一个客观的世界——即有事可说的——是其他媒体在说。地狱或天堂——总之媒体令我们从此生活在施了妖术的冰宫里，那里的镜子反射着镜子，阴影旋入阴影。

---

① 贡斯当（Benjamin Constant，1767—1830），法国小说家、思想家、政治家。

但从中我们也可看出媒体操纵给它自己带来的事与愿违的后果。成为自己统治能力的奴隶，媒体的演变从某种角度而言是对自己的缠裹。这是一种内爆。从前时代里，记者很习惯听到编辑主任说："听着，你得写下这个，很有意思，还没有人说起过呢。"今天同样的记者如果交上这样的稿子，同样的编辑主任会说："不行，这个没有意思，从没听人说过。"或者是："我们先等等看别人说什么。"不露声色地，媒介学的断层在于扰乱了旧世界秩序。如何一边逐渐变化音调一边指挥合奏：这奇怪的和谐条约令所有的参与者以同样的节奏在唯一的场地跳舞，从事件到辩论，从本周节目到每日"新闻"，其中穿插着月度图书与年度人物，跟着早将乐谱架忘到脑后的乐队指挥的小棒子。这一切由惰性自动运作着。那些拒绝进入舞池的傲慢者将"永远只能观看一场他们连奖券都没有的博彩游戏"(尚福尔)。

在可能性的另一边，一种确定性：二十年间图书产量翻倍的法国社会，报纸的数量却减少了一半①。思想—文化生产的膨胀，评论/传播器官的萎缩。倾入漏斗的东西越来越多，漏斗的通道却越来越狭窄。此处即媒介的功能性肥大症。根据是否在恰当的时间或恰当的位置被放进漏斗，生产者的工作将或是恰到好处或彻底失败。写文章是要被极大量且广泛地阅读的，可是大众已限定为可使用的读者——图书的购买者——趋向于那些被集中化生产的产品，他每

---

① 这么说吧，这是巴黎相关的数据：从1960年到1975年，巴黎的综合性日报的发行量从4068304减少到3309752；销售从3309752减至2364424。1975年，以960万的发行量，全法的日报发行曲线接近战后销售最低点的1952年，而自1945年起，203份日报中的70份消失了。在巴黎，1914年有60份日报，1939年30份，今天约10份左右。埃尔桑集团（Hersant）一家就控制了近一半的全国性日报。——作者注

天（电台—电视）或周期性（周报—杂志）保持联系（信任度）的媒体机器将会指明如何满足他的需求。能够将社会对文化财富的需求引流到具体某个产品的信息载体机构，在最近阶段意识到受制于苛刻的集中化，乃至于对精神作品的挑选——可以找到公众得以存活的作品或无声死去的劣货，这种挑选行为本身亦变得极其苛刻。四十个媒体官僚（最大限度的数量）掌握着四万作者的生死。对于后者，出版一本书意味着：被移交给四十名法官组成的法院，法官们的沉默等于判决死刑。可是，法官们没有时间和空间为每个被控告者发出相应的判决书。严重的比例失调介于可使用渠道与需引渡产品的数量之间；介于越来越密集的供应与增长有限的需求之间；介于收到的作品数量与留给书评或作者介绍的空间之不足（或电台电视的时间约束），使筛选的原则在物质层面无法避免："我们不能同时说到所有的人。"但执行原则的人手中掌握着真正的权力。对于他人的工作，他们构成了必要的中间闸，分割开事件与非事件，存在与虚无，实用与荒唐。前所未有地，这些握有决策权的人成了当年有豁免权的什一税的征收者。被置于新的"鉴别机器"（佩吉）之首，这些超级小圈子的成员以双重职能占据了货物发送的战略性领地：消除知识分子的专业超级小圈子（科学、艺术、戏剧，或更准确地说：数学家、医生、哲学家、生物学家、小说家，等等），同时保障信息在他们之间流传；移开横亘于这些圈内成员与正直公众之间的壁垒（甚至在某个具体的时间地点，以电视为媒，扩大到最广泛的公众）。总之，如果出版一本书对于作者来说是到邮局发出一封寄给他同时代人的信，那么这封信是在媒体的处理中心被决定是否能够到达它不知名的收件人手中——或更准确地说：信封上的地址被注明或保留空白。这方面水准最高的是《世界报》，它同时执行着两个机关事物：法国社会的正式报告，同时为法国高层知识分子与政府高官提供信箱服务。通过它，这两方面每天可以相互打听，表达诉求或回复其请求。法国所有享受着（或企求着）名人身份的——政客、知识分子、科学家或艺术家——对此很清楚：一个事件，一个焦点，一个公告，一次游行，如果《世界报》未做报道，那就不存在。所以说，《世界报》作为公民身份登记簿，管理着所有在法国国土上传播的象征类产品（或经翻译的外来产品）。谁操纵着《世界报》——特别是其中的"图书世界"和"戏剧世界"——谁就掌握着那些受它控制的考生的生命。十名男女根据他们的口味为五千人决定命运。太多的废品。1976年，出版近六千种新书（人文科学或文学）。近四千种被寄给了"图书世界"，以求批准。881种被撰写了文章（或称为经受了洗礼），768种简陋地以出生证明摘录的形式出现在"新书上架"上。剩下的：焚尸炉。"图书世界"共七名正式工作人员（地区负责人、连载作家、专栏负责人、编辑），加上二十名左右的专栏作者及在高层知识分子圈内挑选的合作者。更庸俗但绝对更有效的是电视——没有它，畅销书根本就无法想象——但是门槛也最高。这里，是古罗马十人中抽杀一人刑罚的逆向：每位凯旋者在这儿矗立于其他九位亲爱的作家同行看不见的躯体上。

最紧俏的在哪里，权力就在哪里。将主要传播途径稀缺化——或者用地道的法国话来说，卡住瓶颈——难以回避地将知识分子的权力圈挪移到了媒体。大学有15000个助教位置，出版界有300个顾问、丛书专员或主编位置；大众媒体只有30个重要的社论、专栏或评论位置，这里的聘用不是靠竞争而是靠"关系"。因此每个位置价格昂贵（况且其价格制定不是四则运算，而是控制了计算方式的代数）。大学教员制作手稿，出版社雇员修改后做成书，却是在媒体这个出口它的出路被确定。进入系统的湍流越大，抵抗影响以控制闸门和出口就越困难。价值创造的全过程取决于最后一刻，因为救生小船剩下的位置越来越少，人们就越来越需要自相残杀爬上船。知识市场的饱和，一个高度文明化国度（或都市）里才华、能力及雄心异乎寻常地密集，为知识分子风尚中形成如此古怪的残忍制造了环境因素。国家越有文化，它的知识分子就越野蛮。唯有最凶猛的方得以生存。我不扼住他们的喉咙，窒息而死的便是我自己。在这个丛林中，生存即残杀，壮大即堕落，散步就会被驱逐。在法国或在他处，从未有两万个著名作家的位置，如果两万名知名作家出现在同一时间同一地点，那么就没有谁还是名家了。但是成名的载体变得如此稀缺而风险又因此变得如此重要；但是固有本性使得媒体的运作必须有个性，即排他性和独创性，而不是一个群体的团结性；但是典型法国式的成员吸收机构被集中在一个极有限地带和几个人的手中（美国有百家不间断地播放的电视台，意大利有150家私有化的广播电台，等等），导致被认可成为一场永恒的战争，法国知识分子的职业生涯被概括为拼死在媒体争得一小块肉。这一小块碎片便是唯一的流通货币，使我可以进入商品流通，实现我个人的商品价值。"以不公平为桩基，持续激化着'拥有'的欲望却不给予每个人满足的可能，它必将分泌出它的轻罪犯。"马斯奇诺（Maschino）在谈到消费社会的普通犯罪时这样说。同样以不公平为桩基，以再生产和增加生产为功能，持续激化着发表的欲望却不给予每个人满足的可能，大众媒体，作为社会的产物，必将分泌出它的知识分子轻罪犯、赝造者、骗子、剽窃者和诡辩家。但是就知识领域而言，是罪犯制定法则和指定标准，他们内部的繁殖遵行着与郊区轻罪团伙同样的培训效应。

我们还从未见过作家们手足并用地让名字出现在他们的出版社目录或《法国新书目录》，就像选民不需为自己的名字出现在当地的选民名单上而争斗。相反，我们见过不惜败坏他和同胞的生活也要让名字出现在候选人名单上；选举候选人不去争夺校园，却不分昼夜地为自己在电视晚间新闻中两分钟的露面而奋斗。这样的情况同样出现在知识分子圈内，每当涉及名字以黑体出现在头版或慷慨激昂地出现在电视屏幕上。坦率的反照。

出版社用来通告出版清单的年度目录或月报表不是一个限定的数据，可以无穷无尽地扩张：如果出现了计划外的一个新天才，只要再多添一页，阳光下便又多了一个位置。无疑因了这个原因，没有作者在凝视自己的名字或照片出现在目录按字母排列的作者名单上时，将此视为一种促销。所有同行的名字都在目录上，自然就没有人会去关注。总之，印刷品目前不再是权力的挑战或手段，除非是纸墨出现匮竭。好比我们看到的在某些未发达地区，社会主义与否无关紧要，生产能力的客观限制（缺乏技术工人或纸价昂贵）使知识分子只要出版一本诗歌选集，就成了等级象征、青睐的标志、成功的标准。在发达的资本主义国家，任何人都可以印刷出版他想出版的——曾经是由作者掏腰包，用以赠送朋友或炫耀家人。这般的机会平等可能已经移动了分界区域：我们还从未见过一个"大学思"出版社的作者被皮沃特主持的电视文学访谈邀请或出现在《观察家》的文化专刊封面。

无论什么是稀缺性的外部要素——目前情况下是主流媒体的影响力——而且即使它们迅速繁殖,知识分子内部的竞争也永远不会消失,因为他们"永恒"的挑战在于——时间。文化权力和其他权力一样,是占有他人时间的权力。对于所谓的文化消费,时间是稀缺的本质条件。它的相对弹性是一回事,它的绝对限制性是另一回事,但两者并不对立。自由时间与工作时间的比例,随着劳动者技术的不断进步(生产效率的提高)以及阶级斗争(减少工作时间的谈判),在不断变化着,且必将在未来持续。社会的可支配自由时间将增高,文化产品的渠道将增宽。但增至极致的社会也不可能把一天变成二十五个小时,无法让兴奋的视觉同时观看两部影片,也无法接受同一主持人的两档在同一时间播放的优质电视节目。可以在现有的九个频道上再多加一个频道,即增加选择的虚拟性,但可供消费的时间总量则无法增加。世界上最自由的电视,也不会取消对天生就不充足不平等的播出时间的分配:即使"所有的制造者"都享受平等使用播出频道的权利,总还是得有人决定究竟是甲还是乙有权获得 20:30—21:30 这个受众最多、影响力最大,也因而最令人羡慕、如同至高权力工具的时间段。绝对可以打这个赌,作者与制片人之间任何自由的、民主的(及其他形式)的商议都无法解答如何"平衡地"分配这份其分配本身就是再造不平等的财产。匮乏与威望融会贯通。彻底的匮乏导致"集权主义",相对匮乏导致的是被工会缓和的独裁主义。时间永远不够,为权力的抗争永无止境——对于文化财富生产者尤甚,因为其价值的实现必须依靠对自由时间的大量消费。月亮绕着地球、地球绕着太阳的公转不停地嘲笑着我们自诩为计划的蠢事，同时通知我们多视听革命的到来，信息的绝对民主化和全体人民都可以自由接收电视节目，如同解放人类的钥匙。

第四章
传音即命脉

1. 影响的技术:"野心"
2. 作为文学史的元素
3. 影响的动力:"腐化"

1. 影响的技术:"野心"

1978年,香港。一个中国青年遇到了一位西方记者。

"当文化大革命突然降临时,我正准备上大学。我积极地加入其中。革命结束后,和全国大多数接受再教育的青年一样,我被发派到一个偏远乡村的农场。就是说,我的学习在中等教育完成后就结束了。"

"您不认为自己是个知识分子?"

"我认为是。因为我试图通过我的写作来影响人们。"[1]

令人钦佩的精辟。西方的真相被反向地陈述出来。制造知识分子的不是教育程度,而是"影响人们"的计划。这个精神计划是政治的精髓:它瞄准的是他人的目标,就是说要修改已被采用的方向。就像高层知识分子的"观点理事会",本想去政治,却发现自己不得不与其他政治权力竞争。两种形态:在东方的一些国家,统一方向使政党—国家成为唯一可能的理事;知识分子因其天性成为需要征服的对手,因为他们的官能是孵化分裂主义与分工主义的胚芽。在西方,国家建立在不同任务领域分工的基础上,内部实行自治政体

---

[1] 亨利·勒文,《世界报》,1978年2月26—27日。——作者注

的知识分子领域，在不影响国家主权的条件下就存在着（自历史性的最近阶段）调整的可能。联盟式的解决之道允许共存但不排除紧张气氛。

那么说应该有个世界知识分子地理学，用来进行机构与政治的判别。特别是，在具体的地理条件下，可能会有知识分子史，即在每个时代所拥有的影响手段之历史，这将是媒介学的运用客体。要影响，首先得让自己被听到（或说出来或被看见），进入那些可以被"最佳聆听"的地方或结构，其他暂不考虑。对人"诉说"的意愿没有年龄，可是公众话语却有一段历史，即它连续的回音室。媒介学在动物学结束之处开始。通过传递声音，知识分子物种正确地走出了植物园。方向：战场。象牙塔只存在于艺术家的想象中。声音传递的历史和音乐无关。这个历史讲述的是喧哗与骚动；它讲述每个时代最佳的诉说通道，也就是说能够引起最大的喧哗与骚动。有影响力的人物属于行动型人物。象征暴力的活动，是暴力的快速代替品。战争时期，人与人的行动通过命令来执行，在具体的交战中决定。和平时期，其执行依靠的是"说服""魅力""威信"，其决定在知识分子交锋的地盘上做出。进入到决策机构的领域，这种意志人们称之为"野心"。

然而，这些地方充斥着定义，满是激战、伤口、算计及疮疡。普遍而言，总有涌向最高影响单位的汇流。在平静阶段，甚至还会出现拥挤。按逻辑同时也是被法国历史所验证的是，影响力之争在和平年代远比在战争年代更为激烈。如果说今天的形势已到令人窒息的程度，是因为欧洲，尤其是法国，被不寻常的漫长国际国内和平期所贯穿着。无法向外泄出的暴力，被浸泡在一个有限的狭小空间，无关紧要的利害因此变得残酷无情。有行动力的人历史地失业，他们强忍怒火，而有影响力的人站到了舞台前面（或篮子的上面）；还不算那些反向转移的：很多有行动和组织能力的人，因为无事可做，退而求其次地进入知识分子的战场主攻影响力。战争的幽灵抑或阴影之战？毋庸置疑，战争制造了灰尘（四处污浊结垢），因为如果说战争通过强化利害而加强凝聚力，重新提升了群体及跨个体的价值，那么和平则通过让个体回归自我来隔离并粉碎这一切。所以，是相同的操作——将知识分子的个体性在社会价值中的行情做最大程度的提高。战争或革命对知识分子物种意味着巨大的不幸——这不仅因为那些强化了公民整体凝聚力的一切会减少对个体的宽容度，更因为眼睁睁地看着被他人拿走，知识分子失去了对象征功能的垄断。作为奖赏，和平及平稳反应为这个物种提供了尽可能完美的增长繁殖坏境，于是影响力人物开始抛头露面地斗争，各自在自己的旗帜下，没有军装没有普鲁斯国王，全是光明正大的对手。话语主宰使他们成了唯一的领主。他们因此成了"重要的人"。他们终于可以用自己的武器开枪了。谁能比文人更善于瞄准词语？他们常常醉心于自己的信用，忘记了他们的醉意和傲慢仅仅是国家所授权的信用而已，因为他们行使威信的方式手段均在国家的统治之下（在今天的法国：电台/电视/媒体/著作）。特许权享有者自然而然地以为自己是业主，可是他们的期票却是由法国银行来再贴现的，对此他们倾向于装聋作哑。政治重心从强制向霸主垄断的转移阶段并不标志着国家的退却，巨兽被千百双干净的手推入暗处，但国家却以另一种方式运行着。正如在国家的广播电台一个国家的人（1978年12月）呼吁以"戴高乐主义者"的力量重新动员知识分子："自

1968年开始，政府必须说服和引诱，它再不可能命令了。"说服与引诱——具体就是影响力人物的专职。这个职业很少能像今天这般值得羡慕：既然他们是为政府效力，他们合乎逻辑地什么也不想改变，任何政体都比不上今天的资产阶级摄政更有利于对舆论的督政。这些布尔乔亚事实上自身没有为其政策服务的知识手段——考虑到主导政治精英贫乏的象征资源。它于是必须以借贷维生；于是便有了工作的互补性，权力的委托和礼貌的交换：大众载体（广播电视和杂志）为法国高层知识分子敞开的门大到前所未有。政治野心离不开知识分子。结果：不论是其原动力还是制造的效果，很少有像现在这样，知识分子的野心立即被政治化。很少有像我们这个时代这样，文化技术与政治技术精确地重叠在一起。通过"谈论技术"——以及技术史——我们将继续"谈论政治"——但是，在事物的根源，言语消散了。

霸权的历史完全可以书写为穿越时代与文化的个人奋斗史，部分等同于政治史。在拿破仑战争时期的边缘，小于连仍徘徊于红色帝国与黑色复辟之间——轻骑兵中尉或朝廷大神甫？文人或宪兵？相同年龄，在另一个战后，另一些人将自问：飞行员或小说家？时代的本质起码会对这一类的焦虑和这一类的个体给出答案。今天那匹年轻力壮的狼儿，在怎样的弗朗什—孔泰省，会像于连那样梦幻着"掌控一切的教士的美好状态"？做了雷纳尔夫人二十年情人，他已相当自然地在外省的一个城市里幻想着"作家"：同时是一种职业（以文谋生）和一种地位（享有特权、引发争议）。在这之前，教士成了通向梦想的羊肠小道。昂古莱姆的诗人吕西安梦想成为巴黎的雨果。梦想破灭的沃尔特·司各特①这样反应：他创作了一部糟糕的历史小说。失败无所谓：他将成为一家大报的文学评论员。这是意料之中的。达尔戴斯②曾警告过仍蝴蝶般翻飞于圣西蒙小圈子的吕西安："你如此狂喜于权力操纵、掌握思想作品的生死，两个月后你就会成为记者。作为记者，就在文人共和国拥有了无上的权力。"这个文化记者凭着他确定的短促时限、难耐的寂寞以及神经质的焦虑，给了吕西安一剂社会权力的鸦片，其他的暂不予考虑。然而，事物改变了——职业概况、额外报酬的计算、影响的级别也随之改变了。面对假设一成不变的大法官的要求，所能提供的随时代所拥有的威信方面的物质手段而不断变化。社会市场是技术发展的调度员。技术发展作为模具被用于青少年最秘密的方案，才华尚未被公认者构建"虚幻舞台"时的主脉络。梦想拥有符号化人物的力量，而这些梦想被社会传播网络所引流，在不知不觉中撞上了传音能力的某些界限阈值（后者自身依赖于该阶段生产效率的力量）。但他们将在下一阶段逾越障碍。"技术对文化的驱逐"（阿隆）：无价值的陈词滥调。任何技术体系都不会"驱逐"一个文化项目：它对文化项目进行塑形和组织。

什么阈值，在哪些地方？这该由知识分子——作为权力研究的智囊来回答。没有比"看家狗"更好用的猎狗，它可以带我们上路，探寻在一个具体社会里相比较而言最好的指挥思想的地方：那是发

---

① 沃尔特·司各特（Walter Scott, 1771—1832），苏格兰历史小说家及诗人。
② 达尔戴斯和吕西安均为巴尔扎克《人间喜剧》中的人物。

言回荡最响亮、传播最远的讲坛；那是话语的主人可以平等地质问王子、令最重要的人思考令最美的人儿颤抖的讲坛。传播者与接收对象之间的不对称性最大的地方——这就是权力场所；去吧，你肯定可以在那里看到目前"重要的知识分子"。这些场所组合了最高程度的社会可视性和最佳回响，因而能被最大程度地看到和听到。这曾经是1680年讲道者的宝座；1750年的戏院舞台；1850年的教授讲台；1890年的律师席；1930年的日报头版；1960年的新闻杂志总编；1980年的电视节目制作。上述历史分期具有随意性，象征性大于指征性。每种政治控制体系都有它的传声筒和偏爱的扩音器。宗教式的，只要"一切力量归于神"：那就是在教堂、主教堂和修道院，神的话语显示出它所有的能量，并将这种能量波及它的信使。法律伦理式的，当法治国家开始后：大学里陈述着法的思想，国民议会为法投票，法院对法进行执行。大众媒体式，当上帝与法律必须在受器重、有数字标注的观点市场面前低头，当第三产业经济规范着政治决策；那么，权力，如同影响力，均须与电视小屏幕抗争，在小屏幕中迷失。

每种传音模式都有与之匹配的文化津贴等级，轮番占据第一排的是神圣的雄辩，戏剧或悲剧，法院或研讨会，简短的演说或电视的开头。这些性能指标被每个时代用来固定一张脸、一个名字，作为整整一代神职人员或知识分子的身份识别典型。圣托马斯或圣伯尔纳；博须埃① 或布达罗②；博马舍或伏尔泰（确切地说，其加冕如

---

① 博须埃（Bossuet, 1627—1704），法国传教士。
② 布达罗（Bourdaloue, 1632—1704），法国耶稣会士。

同为剧院上演一出戏剧）；威勒曼①，基佐或米什莱，左拉，克雷孟梭或都德；萨特，马尔罗或加缪；今日媒体的明星。所有这些场所、体裁、象征均没有取消它们的前辈或它们的竞争者：只不过是将它们移开，将它们贬值。这是必然的，因为传音效果最好的地方没有为每个人都预留位置：这种具体的入场可能性在秩序内部扮演着等级歧视的角色、内部抗争的风险、成功的标准及归属的徽章。知识分子的权力就是进入场地，控制入场并保持住霸主地位。如果知识分子团体内部的所有人士都能进到场内，该场所将不再扮演决定性的角色。当然，这是选择最严苛的场所。哪里的听众最多，收听质量最高，哪里就是磁化极，构建着当下知识分子势力的磁场。在霸权机器的十字路口，所有重要的将被点名，因为能够入选的非常少。为了倾听、阅读、目睹这些非常少的，所有的人争先恐后。"我们"在1680年争先恐后为了聆听在圣日耳曼教堂的封斋期布道或在卢浮宫小教堂举行的亨莉埃特公主入葬祈祷；1750年，是为了巴黎歌剧院之夜；1850年，在法兰西文学院；1890年，巴黎高等法院；1950年，在某个编辑室；1980年，星期五晚上，某个电视频道。位于哥纳克-珍街上的录影棚②成了一个大主教、一名律师、一个金融家、一位哲学家、一位将军，一位部长和一个演员能够彼此相遇并进行"心灵较量"的最后一个地方。今天，法国象征领域的聚集点是贝尔纳·皮沃特的"引号"节目——只有他，和法国总统、国民议会主席，才能够召集起国家部长和精神领袖——即当下的"整个巴黎"。

---

① 威勒曼（Villemain，1790—1870），法国作家，政界人物。
② 哥纳克-珍街（rue Cognacq-Jay）云集了法国的电视台。

整个国家和整个精神的同时出现——其对话内容只能被捆绑于国家之巅（爱丽舍）或精神之峰（皮沃特）——与其中之一有交情的必然出现在另一方。如果明天法语人士被最大限度听到和看到的最佳场所在月球上，星际火箭将宣布座位已满。

2. 作为文学史的元素

如果上述假设没有彻底暴露原理，我们还有来自其他方向的研究，或干脆地说，另一些补充性的假设。

首先在文学史这个方向。它时常被归纳为教义的或文学体裁的历史，仿佛这两者自身包含着承前启后的规则。这不是放弃触手可及的猎物去追求虚幻的空想或本末倒置吗？这不是以意识形态对历史进行意识形态式解释这种理想主义的颠覆在艺术领域不正常的延伸吗？难道我们不可以在此之外酝酿一门文学社会学、一门艺术策略碎片式的文学政治科学？否则，媒介学可能有一天可以回答这些问题，起码会认真对待，为每个时代每个文化起草阶段性"媒介学表格"。或是与使用作为影响载体的不同媒介或不同表达形式相关联的比较收益率表格。一般来说，盛行于一个时期的知识分子创作体裁，应该与该体裁的"共鸣指标"相承辅，考虑潜在公众的大小以及通过该时期传播网络技术水平与公众群体发生联系的操作可能性。

试以剧院为例。"自有声电影和电视出现后席卷全球的剧院危机，在法国的情形比英美国家更严重。"[①] 一位专业人士说，"随着纽

[①] 乔治·范西尼《自1900的法国剧院》，PUF——"我知道什么"丛书。——作者注

约和伦敦的兴起，巴黎失去了她在全球的威望资本。"——准确地说，在巴黎，作者和知识分子比在纽约和伦敦更为关注自己的威望，而且他们在这里行使着别处没有的政治官能。如果不存在没有威望政治的伟大政治，戏剧创作失去了从前的威望是因为重要的政治知识分子不需要这个舞台。法国作者是长远射程，他们不喜欢浪费自己的艺术弹药。"射程"考虑的是传音、政治、弹道学和士气：根据具体情况我们称之为好的、远的、重要的、高的。所有这些形容本质上只有一个：触及一个目标或目的的效果程度。回溯到约二十年前（1955）"第一阵容作者"的消失，即"新戏剧"（贝克特、尤内斯库、阿达莫夫，等等）刚能立足，电视和电影写作便出现了。如果直到这个时期，我们称为"具有精神和哲学高度"的作品时常采用剧本的形式，如果说对戏剧创作一窍不通的文学作者感觉到自己有义务搞出一两个剧本（莫里亚克、纪德、罗曼、马丁·杜加尔、加缪、蒂埃里·莫勒尼[①]……），那是因为剧院的传音价值还值得投入。如果说良知领袖们从此奔向他方，是因为四方的舞台和半椭圆的剧场已无法给予他们的话语最佳程度的回响。舞台不再是有回报的霸权投资。对戏剧感兴趣的，只剩下戏剧专业人士，大多数是外国人：贝克特，尤内斯库，阿达莫夫；或被法国知识分子圈视为外国人的法国人：热内，奥迪伯蒂[②]，雷兹瓦尼[③]。那些本土的作者，有信息需要"被发出"的——政治的、宗教的、道德的或哲学的——曾使用戏剧这种体裁，主要看重的不是它的艺术特性，而是它最广

---

① 蒂埃里·莫勒尼（Thierry Maulnier, 1909—1988），法国作家。
② 奥迪伯蒂（Jacques Audiberti, 1899—1965），法国戏剧家，作家。
③ 雷兹瓦尼（Serge Rezvani, 1928—   ），法国艺术家，戏剧家。

泛的观众席。但是更好的出现了，保证了无限广泛的接收和相对低成本的传播费用。那何必继续在剧院里发射出"作者的词语"，无法射得高远，这些词语甚至将无关痛痒？奇迹般的舞台装置，壮举的游戏，精湛的剧团，奢华的装潢，聪慧的导演：法国的戏剧世界从未出现过如此众多的天才"组织者"和如此稀少的"作者"。缺少中心立轴：观众。观众的组织者导致了作者的消失。从莫里哀到萨特，中间经过博马舍、伏尔泰、雨果，和平时代的伟大战争人物曾经为"征服"公众或"赢得"视听而为舞台创作。没了公众，没了剧本。"将军们"感受不到硝烟。共鸣不足，战役夭折了。

当它是与最大（亦是最有效）公众接触的联结点，剧院曾是象征影响力的世俗干线。可是谁还会写出"剧院是文明化的熔炉。是人与人交往的场所。公众的灵魂在剧院里形成"（雨果《威廉·莎士比亚》）？作为传播场所，剧院甚至曾经是社会传播最紧密的纽结，唯一可与其竞争的是教堂及主教堂。剧院因而象征了"人道与世俗世纪的弥撒"，因为它代表了个体可以合法加入的"最公共的活动"（让·季洛杜）。这个重要而简单的事实的关键在于：剧院是集结场所。这里有君主制时期采取的预防和限制措施，神职人员不加掩饰的一贯怀疑，这是一个在解放运动或全国抵抗运动中可占为己有的位置——因为剧院可以绕过对公共集会的禁止，避开结社罪（意大利的《战国妖姬》①、法国的占领期、西班牙的佛朗哥时期、目前的

---

① 《战国妖姬》(Senso)：1954年发行的意大利电影，以1866年春天意大利和奥地利发生冲突前夕为历史背景。

智利，等等）。

口头表达的回归本应该复苏这最古老（也是最后的）的文学口头表达形式。可是没有一个剧场能够容纳下电视剧万分之一的观众。矛盾的是，电视观众数字上的增加却等于将公众解体，孤立于其宅所，因而等于"公众的灵魂"分崩离析，这灵魂无处依附，无法将自己奉献给属于自己的观众（比如那些公民仪式和革新的节日——这古罗马城邦内的剧场）。视听媒体将参与者与主祭者的物质性隔离，意味着"神秘"的终结，似乎神圣的事物只有观众这唯一的评论家，除此之外就会效果下降，丢失能量。这黯淡了的远古的悲怆昨天还在首要的世俗战栗中永存着——在舞台与观众席、后台与通道之间流淌着交流的幸福。因为聚会在一起令自我强大而感受到存在的幸福。这幸福在今天看来却因多种理由成了一种苦行，但这种合乎礼仪的小集会失序已不算理由。舞台因此不再是政治挑战——它在顶峰时期曾经是秘密与诡计的策源地，现在则需要靠政府津贴在人工肺叶下残喘维生。电影院首先以具杀伤力艺术的角色取代了剧院，随后是电视。原因：一部好戏可达两万人次（数月）；电影达二十万（数周）；电视剧：一千万（当晚）。

最极端的是诗歌的衰落——伴随着戏剧的溃败——以它的姿势、节奏、口语性和典礼式喜悦的观念，不仅只是在西方社会蒸发了它的读者。因为读者的消失，诗人也在他们的四页纸中死去。诗歌能够在苏联活着，不仅因为俄罗斯民族依然存在，更因为一个莫斯科、基辅或明斯克的诗人能够在大学礼堂聚集一万人聆听朗诵。同样地，在美国，朗读维持着诗歌的活力，而在加勒比地区和拉丁美洲,"演奏会"是民众传统的庆典(或"曾是"——直到出现电视)。聂鲁达数十年间往来于美洲许多首都、城市及村镇,年轻人追着他的足迹蜂拥而至。人们去看诗人好比去电影院。在我们这里,听众的流逝导致了读者,然后是出版人的流逝——而在这个螺旋形的尾端,是抒情血管的干涸,这是一个世纪前难以想象的。读者,影响,观众——全是些同义词。欧洲的诗人要比拉丁美洲的少,其中的原因之一是在发达的资本主义社会,一首写得好的诗能给予作者的不如一次电视出镜更有说服力。但是在1850年,抒情使命就是一个巴黎人支配权欲望的代码——于是诞生了优美的诗篇。是谁写了《湖》,《惩罚》,甚或《阳台》①:诗人还是"别人"?他们真的是两个人吗②?

不再那么沉重地为我们重要的消逝悲悼,因为葬礼的祷告本身亦已消逝?不:传教与说道已不再是主导文化体裁,神圣的雄辩也不再是优美文字的卓越化身,因为那个登上讲道台的人,在被电台麦克风和电视摄像头接受的人看来,所获得的听众量相比而言接近零。天主教堂的衰落和主导阶层宗教欲望的减小,本身无法解释某些标准形式和公众表达惯例的消失。

---

① 此处指拉马丁的《湖》、雨果的《惩罚》、波德莱尔的《阳台》。
② 诗歌的存在和聆听形式已变成歌曲。鲍勃·迪伦可能就是我们的拉马丁。与传统写作相关,最后一次诗歌创造的复兴是在抵抗时期——历史的价值被再现。语言甚至是民族存在的本质,较之与语言仅有工具关系的杂文而言,诗歌奉献给语言的是狂热的崇敬。诗歌信仰的本质是民族的信仰——民族感的衰落必然导致抒情兴趣的没落,它的上升即热情的复苏。抵抗时期的诗人是民族与社会战争相融的斗士:其数量与光彩来源于此。诗歌是合理性的象征和影响力的媒介。比照那个时代的阿拉贡、艾吕雅和夏尔,诗人与斗士(好的或坏的,不朽的或偶然的),缺少的是这种战斗性与诗歌、民族的我与抒情的我之间有机的联系。——作者注

"野心"是艺术创新的原动力。要从这一道德意识形态主题到达一种文化理论,首先要告别那些既定的对子:"政治"与"功利主义","美"与"无私"。无论如何,就美学理论,只有假疯子会在给已死的实证主义与形式主义辩论中追加遗嘱之前为丑闻哭泣。文学事实的自主性绝对不会为媒介学研究角度感到不适,它大概是与"政治"霸权的特殊程序最相配的。它最起码可以描述出"作者"在历史和词源学意义上的整体真相。

"历史":在十八世纪末之前,文学表达作为政治武器从未达到如此高效,如此明确地意识到自己为争取支配权所作的抗争——从这一时间起它进入了自主身份。在华丽词藻瓦砾之上诞生的文学,历史性地巧遇了与之同时在"统治艺术"法律与伦理瓦砾之上诞生的"政治"。在1830至1880年之间(法国)开始并完成的作家职业化这一复杂的过程,与"政治人物"的形成过程呈竞争性的并行。"文人社会"见到曙光的同时(1838年),出现了最早的国民议会组织。逻辑与编年学的竞争本身可作为研究的见解和调查的主体①。

"词源学"(或一段更古老历史的概要):"作者"与"读者"或"观众"根本不搭界,与这个词有关的是"许可"(autorisation)或"威信"(autorité)——这是一个词。Auctor是词根,它的动名词即augeo——谁在增大,谁就可添加一点东西。加什么?首先是公众信任:作者如同担保、来源或监护人。然后是可以制造唯一信任的集

---

① 有关十九世纪作家职业化,关键作品无疑是杰拉德·德尔福与安妮·荷西的《历史,文学》,门槛出版社,1977。——作者注

体组织：作者即煽动者、发起人或缔造者。最后也是必然的，是把这些添加到语言以及交出的文字中。意义按照年代和逻辑前后连贯：法律—伦理的接受走在最前面，它创建了政治—实践的接受，最后是写作—文学。在"那个创造作品的人"之前已存在了"那个促进行动的人"，而一切的开端是"那个增加信任度的人"。将至高无上的权力交给对下达命令者和文字操作者具有支配权的人——西方现代社会，包括作者的内部等级，便回溯到了它的本源。古罗马的城邦建立在信任之上，信任建立在文字之上。一个话语被传播的作者可以建立一座城市，宣布一场战争，结束一场诉讼。在古罗马的法律辞典中，"独裁者"指的是构成权威的法学家观点。观点被许可的作者，或观点构成权威的作者，或其观点可做为法律判例的权威人士——仍然是这些人，在另一种语言中，集中了我们的"高层知识分子"。如果词语的根源指示事物的本质，他们的职责显然彻头彻尾是"政治的"。

总之，令人信服的预言来自有进展的假设。文人的种类未必与文学的种类有关。前者可以在后者丧失后依然活着，如同"作家"在写作沉船后还活着。今后，有几个码字的不是靠他们的视听生命力而著称？他们难道不是立即用为自己的肉体祝圣来补偿其文字的社会性去神圣化，如同虽属二流演艺圈但还能够（或已经可以）赚钱的演员？世纪之初，阿波里奈尔意识到："在电影和摄影这些新手段的曙光中，排字工人灿烂地结束了他的职业生涯。"那些目前以写作为职的人频繁光顾性能更好的单位是理所当然的。在知识分子的"使命"中，如何平衡呼喊的才能和对共鸣的需求？如果在我们这个社会，人们可凭创作十音节体的史诗来征服读者,我们将会有大量的"仿瓦雷里"和"古拉格歌曲"。散文式的修辞随笔今天看似更合适。在为个人风格赢得公众瞩目的竞争中,赌注比发牌更重要。所以说密涅瓦①的猫头鹰是一只凤凰鸟,夜晚它假装飞走了,但是每个清晨,技术令它又腾跃于遗骸之上。虽然实际操作被明确限定,但权威的功能会超越权威的器官,促使1670年的作者将牧歌献给孔代王子的动机将促使他1970年的同僚将连续剧剧本递交给法国电视一台的节目主任,而那个2001年的同僚将会录制带气味的触摸式录影带。

除了永远陪伴贵妇的骑士,没有其他社会物种能够装备完美地与"时代联姻"。文人们整个世纪都属于此行列;如果他们近乎迷路,会旋即变换指南针,颠倒南北极,从而找到通往权力的路径。今天这被称为"文人们的新职责"或"现代技术挑战"的:为方便选择惯用语,让我们权且相信被班达②评价为从灵魂到肉体忠诚于"知识分子价值"(真理—理性—公正)的那些人吧。"这个阶层成员的活动没有功利性,他们只需要从事艺术、科学或形而上学思考活动的乐趣,就是说,拥有永恒的财富。"(《知识分子的背叛》)。事实上,这个阶层并非外形缺陷或先天不足,而是受它的职能所迫,成为其成员参与其中的社会的隶从程序。不变的,是神职式的功能;可变的,是它的实践。简而言之,有多少文人,就有多少背叛。文人的每一次背叛都是功能基础的杠杆,因为"有机的知识分子"必

---

① 密涅瓦(Minerve),罗马神话中的智慧女神、战神,也是艺术家与手工艺人的保护神。
② 班达(Benda,1867—1956),法国哲学家,作家,著名作品为《知识分子的背叛》。

须与操纵社会的技术组织同时演变。在上帝与恺撒、抽象理性与全城居民、价值与事实（即统治者与被统治者）间建立关联；与那些可以让思想与价值在真实社会从高到低流通的机器、工具和机构结合成一个整体。这一切都是专业活。不然的话，他们如何来履行自己的双重使命：（辩证地）通过社会化一种思想来理想化一个社会，反之亦然？视听是今天背叛的杠杆，因为它是统治的关键工具。

这末端分支联结到我们神经系统的中央化机械装备，我们开始意识到它正在为真理与历史建立一种新型关系。就像一位奇怪的先生所说的，我们必须重新提起他，他虽然只说了这些，但并非无足轻重："伴随着电视，有一些事物已无法如往常般运行。"（麦克·卢汉）。我们在这些事物中加入这个"人物阶层"，他们占据着西方的关键地点——真相与历史的交叉口，负责将前者加进后者或通过后者管理前者，而自从天主教会放弃直接行使世俗权力后我们将他们指认为"知识分子"。没有人因此会感到奇怪，在一个社会中那没有上电视的便是"不存在"的，政治等级场所是"电视上表现最佳"的获得发布指令的职位，是看着艺术与文学界的猛兽们变形成电视动物以保住他们在一个游牧部落中的最高权势。知识分子动物不是没有代价地成为"权力动物"。现在他须为一种新的媒介类型呈上贡税。这个媒介不满足于传播影响，它要在其中附加自己的密码。如果大众媒体内部的理性等同于资产阶级统治的理性，凭借一种迫切但非特异性的斗志无法超越其特定兽性的知识分子动物，假如他们不重新生产和扩大统治阶层的统治权，就无法为自己带来统治权力。也就是说，如果不成为自己的仆人的话。

3. 影响的动力:"腐化"

如果说野心的历史可作为实用媒介学的前言,一份腐化协议同样能胜任后记——或目录。人类的腐化是有历史的:这不构成历史本身,但起码是知识分子史,如知识分子本身一样,其节奏跟随着影响方式的变形与格律。当占主导地位的迹象发生变化,腐败也随之变化。不要把"请救援(SOS-SVP)!"作为道德格言,要把它看作历史方位标和政治准则。"腐烂是生命的实验室"(马克思),而腐殖土,众所皆知,是精神最高程度的开花季节。从罗马帝国到纽约,中间经过十五世纪的佛罗伦萨,巴黎化的巴黎,理由很清楚:美好的风尚培育不出好作物。一切都向我们证明了——奶酪、葡萄酒及艺术作品——文明化与发酵彻头彻尾就是一个词。当我们说"知识分子权力的基因,腐败之胚芽"时,唯一值得研究是"关系":什么样的基因突变,什么样的器官腐化。知识分子,告诉我你的腐烂来自哪里,我将告诉你你的脑袋在哪里。

说实在的,如果知识分子是"光明之人",因职能需要必须使用存在的传播手段且为之服务,那么看起来他似乎是所有人中最暴露的。党派、政体或体系,告诉我你的传播能力是什么,我就告诉你哪些知识分子随从属于你。控制传媒系统的人早晚会看到媒体人物在他的控制之下：这是适用于所有时代所有政体的真理。那些连传媒的一小片都无法控制的会失去这些人物的全体。比如说，如果法国的左派还想在身边看到几个知识分子，没有电视和广播的它起码也要给自己搞一份报纸。如果它想要"大知识分子"，那就得给自己搞份大报纸。一个知识分子也没有，那它就只能保持现状带着尊严死去。反射作用与天职使知识分子站在有报纸的一边（也或者是麦克风、屏幕、音乐和展览厅）。麻烦在于，反射须来自反省，毕竟根据时代与政体的不同，这个职业的向性并非总是没有危险。

旧话重提，法国知识分子在1944年为"清洗"① 支付了"相当沉重的贡税"。从资料上看，令人吃惊的是一种轻率性。因为除了大企业主外，没有一个其他社会阶层如此大批地归附纳粹的占领政体。在我们记忆的苍穹，德希厄和布拉西雅克的光辉显然令德库尔和波里策失色②。每个时代都有它的星星。但不论哪个时代的星星（这种比较不是为了平衡）都将无法盖住这个极其显然的黑夜：直到1943年，德国人及合作者可以信任近乎全体的法国主要文学知识分子和艺术家。那些怀疑其中有夸张成分的人，去法国国家图书馆阅览室或别处翻阅一下当时的"文化"报纸和杂志吧：从以"戏剧、文学和艺术"为主题的周刊《克蒙迪亚》(*Comœdia*) 到《法德手册》(*Cahiers franco-allemands*)，从朦胧刊物到最直接有效的：哪个"大手笔"曾对约稿无动于衷？读一下《纪德日记（1940—1945）》吧，他曾是最保持疏远的人之一。问问你们自己，为什么那些知名的出

---

① "清洗"针对的是与纳粹占领当局合作的人。
② 德布厄（Drieu）、布拉西雅克（Brasillach）在清洗中被判死刑。德库尔（Decour）和波里策（Politzer）为法国死于纳粹枪下。

版社（格拉塞、伽利玛、法亚尔）在法国解放时暂时自我消失，那是为了能让他们的出版社从遗忘中重生。

　　人们说过，权势集团的大知识分子从未如在占领时期那样感觉"自由"。这也就是说，更被疼爱、扶助和倾听。更社会化，更有生产效率，更为他们的重要性而自豪。多么繁花似锦的报纸、期刊、标题！事实证明了盛况时期降临到了出版（虽然印册有限，书目数量超过战前）；剧院（满座）；画作的销售（给德国人）好到前所未有；文学尤甚（图书的创作增多，作品售罄）。在新闻界，审查是愉快的，而且在最初的时候，令人目瞪口呆的标题种类变化甚至受惠于这种审查。不用再删节页数，需要的是数量，而且我们也有版面①；同样的，历史学家在留给"新欧洲知识分子"一章中，总结了文字专业人士："传说第一个到达巴黎的德国长官口袋里装着一封信，信中指明了两个要优先控制的非军事目标：巴黎市政府和《新法兰西杂志》。我们看到这封信的末尾该计划的第二部分已经完成了，没有难以逾越的困难。如果把第二个目标扩大到全法国的文学圈子，我们可以想想成功是否会更令人满足呢。"② 应该理解。什么？知识分子的使命。除去几个回不来的十字军战士，几个令人憎恶的混蛋，法国的知识分子——记者、作家、戏剧人士，等等——不是因预感，更不是为了金钱走向德国人和维希，而仅仅因为后者手中掌握了社会传播的物质和行政手段：首先是纸张（记者、作家和出版社的第一问题）被物质匮乏和出版纸张控制委员会（1942年4月）实行双重配给控制；书名（奥

---

① 参阅帕斯卡尔·奥里（Pascal Ory）的"合作者"（《外表》第十章，p.235），门槛出版社，1976。——作者注
② 同上。

托名单①和审查签证）；出版许可制（报刊及图书由纳粹的宣传部颁发）。他们频繁光顾德国大使馆，消夜、庆典、午餐，在那里巡回和开研讨会：是整个巴黎的无意识吗？不：是专业意识。一个作家需要写作及被人谈论，如同一个演员需要让自己站在台上，音乐家需要举行音乐会，作曲家需要有人演奏他的作品，画家需要展览：政治和道德在这当中又能干什么？报纸或许接受了津贴但毕竟还是报纸。被禁演的剧本或许有价值却无法上演。让我们与这些报纸合作，向有关部门申请许可证（帝国宣传部"外国"科）。只有让自己变得重要才能克服这个职业小小的受限制的一面。正如阿穆鲁所强调的，占领区的文学、艺术和戏剧圈没有特别的不适，甚至毫无在"合作"的感觉："依他们的使命，该表现的表现，该写的写，该演戏的照旧登上露台舞台。"②

使命在今天更灵巧，更容易满足　与此同时，也用不着太斤斤计较物质材料的幕后背景，与新的纸张和发行许可控制者达成了真正意义上的折衷和解。后者看起来一点也不挑剔，不求回报地提供一切。他们不穿军装，不属于任何指令、意识形态、党派或系统。最起码，没有任何等级：只是些偶尔被带到这儿的简单的个体。如果资产阶级需要像在历史舞台上那样表明自己的身份，便会立即失去他的信用度。他应该消失成为一个社会个体，表现得像一个普通执行技术操作的中介人，并以自治意识从某些方面保证他的中立性。他不控制操作（在全球范围诈取增值利润；在全国范围进行思想灌

---

① 奥托名单（La liste Otto）：发布于1940年法国占领期间禁止销售的书刊名单。
② 阿穆鲁（Amouroux）的《合作者的美好时光》，拉丰出版社（第15章"光荣与金钱"，p.495）。——作者注

输)，除非当他感到自己受到威胁。就灌输工作而言，他甚至表现得任由专业人员自己创造与控制——教授、记者、作家、艺术家——腿长在个人身上，想去哪儿去哪儿，想去多少次去多少次。我们的统治阶层就像维克多·雨果：喜欢影响力甚于政治。它躲在影响力操作者的背后操作政治。一个以传播来运作的统治政体运作着知识分子。它为知识分子竭力捧场。资产阶级社会，特别是法国的资产阶级社会对知识分子的过高估价，以及相反的对工人、农民及职员的价值低估，并非只是其民俗的一道风景，这是系统的功能必需。任何社会体制都从未像我们那样吹捧知识分子。它不仅给予知识分子正式的荣誉：它确实像使用知识分子那样为知识分子提供服务——不过是在满足某些条件的情况下。这些占领着我们精神的是我们的同胞，而这样的占领，总而言之，是我们愿意的，出于许多理由，其中不可忽略的一个原因是在他们的帝国里有三十年代《新法兰西杂志》的后继者——巴黎的德国统治者要"优先"控制的两个权力之一。

应该是时候放弃对腐化幼稚的成像了。因为这太过于陈旧，神话及恐怖主义的使用博得更多的是嘲笑，而不是过去那种愤怒。一个知识分子的腐化不再需要财力资助——有爱就足够了（原则上将回扣与红包排除在外）。今天，我们不再"出现"于铸造委员会或国家内务部，我们出现在《巴黎竞赛画报》和法国广播电视管理局。对良知的购买在光天化日下进行，面对至少五百万目击证人……在两个世纪前已跨越了生存问题门槛、奉行着远远超过"最低生存"的同一生活标准的社会，一个渐渐将按需求逻辑实现生产具体差异化并强加给全体成员的社会——生活已不在拥有中，而是存在中。而存在，即被看到。在一个小城镇里，只要照片被人们在报纸上看到，这个人就成了人物；在城市里，是当我们"在电视里看到你了"的时候。城镇是城市的附件，就像地方报纸与全国电视——后者取代了前者，包括了地方性的。没有一个知识分子会致命地渴望自己的汽缸比邻居的大（今天所有的汽车，从最便宜到最贵的，都会达到限速和终点），或是拥有不是两个而是四个浴室，或是带香味立体收音机开关的有叫醒功能的咖啡机。在一个称之为大众的社会里，所有的消费产品和服务按原则人人都可以使用，个人的去商标化不可能通过我拥有的数量来进行或标记，而需要通过我存在的质量。如何评估一个不幸无法通过定义自我衡量的质量？通过不具备质量的人群总量。我存在的质量不是天生的我的存在，而是那些看见我存在的眼睛数量。存在，把所有的人计算入内；有点存在，计算某几个人；重要存在，计算很多人。我要善于计算。印刷的册数，收听率，通行时间。头版还是第八版的补白？我亲爱的皮沃特，出场的一共有几个人？畅销榜上我排第几？

　　在大众化和无产化的知识分子内部，无名是无能的烙印，无名惩罚着无能。让自己有名，很好——可是提出采访要求的是谁？让自己有脸面，更好——可是决定要不要"发出照片"的是谁？今天的资产阶级收买人不再使用支票，他用的是报刊的纸张和电子图像——知识分子的形象（物质性或品牌的）。是他掌握着复制技术的物质手段、纸张库存，管理和领导画报杂志、通向电视演播室的大门。他不露声色地掌握着这一切：表面上，所有的图像都是"纯洁"的——对在某处的事物与人的再生产。首先经过制作组的筛选，接着对那些被采用的材料进行蒙太奇处理，并加入不直接出现的评论，准确地说，即所有传输—播放隐匿在其表层愉悦的闪烁之下。一切都机械地进行的，故而众人对此毫无意识，因为机械看起来什么都像，就是不像机器。我们社会魔力般的有效性在于展示一切，以至于绝对可视的成为相对不可视的。高层知识分子的腐化不再被看到，因为我们看到的只是高层知识分子。

　　高层知识分子的成员被悬挂于他们的公共形象上——一种往往成为强迫症的依赖。我是否具有"良好的形象"，如何改善？——成为萦绕在这些专业人士脑袋里的顽念，远远胜过"我的观念是否公正"。我的形象，不是唯一而是首要的在于，我在报纸上的照片，我在电视上的出镜，我在广告招贴上的肖像（可能的话最好是在《世界报》的头版）。这种外形是我的实体——精神的和经济的。第一个令我们想起的是黑格尔——第一个将理性还给这一原始事实的哲学家：智人（Homo sapiens）即尽一切努力让报纸上有自己名字的动物。我们明白，这种特异的瘙痒症显示的不是性格弱点，而是一种意识的结构，即宿命。我们随后讨论第二个。但是在黑格尔与马克思之间，半道上站着让-保尔·萨特——亲历的现象学。大家已经猜测了高层知识分子的物质不安全性——因为他们被嵌入风云莫测的市场和起伏不定的政治、意识形态的潮起潮落、朝三暮四的主顾。这种不安全性同样也是，或者说导致了，存在[①]。

[①] *我更倾向于"同样"——就方法论而言比较模糊但哲学上说更为确定。重要的马克思主义者将倾向于"导致"，听起来更严肃些。我们已经解释了"在最后情况下"决定论严肃的不足。在我们看来，存在实体真实而哲学的自主性是存在的。——作者注*

内心深处，每个人都害怕没有真实地存在着——因为被他人认可成了唯一的存在形式。唯一的标准是人们说起他，或被人看到、引用、评论、诽谤、赞美，等等。是回音制造声音，形象构成肌体？没有回音，就没有声音。没有形象，就没有肌体。从中，媒体对知识分子世界所起的作用被彻底安全化：它们首先提供带有等级指征的一个方便阶梯，将所有人对号入座地吸引过来。灵魂根据它们铅字的肌体而被等级化，排版赤裸裸地呈示了它们的级别：媒体为整个行业提供了个体定价的公告板①。有益的投入：它所带来的是存在的客观担保。一张照片，一个名字，一个标题被发表——这是可触摸可感知的——这是真实的存在。没有人可以从我手中抢走它——即使是我内心深处的质疑，构成我存在的对虚无的恐惧，也不可以。在良知的旁边，是电视节目，无论别人怎么说，这是"牢固的"。对于资本主义大国的知识分子，最大的不幸，不是良知的不幸，不是存在的痛苦，而是现代资本主义发明了让彼此平静的最优工具。

每个人都喜欢被人爱，而知识分子，更甚于艺术家，是唯一不被爱就无法存在的。他来到这个品质的世界不是为了说话而是为了被聆听；也不是为了仔细观看围绕着他的世界，而是为了被观看；

---

① 要想知道他的名字值什么价格，最简单的方式是就正进行中的思想辩论寄给《世界报》一篇文章，我们将和所有的竞争者同时发现自己在争斗中处于领先或滞后的位置：根据文章位于头版中心或头版导读；内页的加框文章或与其他五篇文章同位于二版左侧；或根据署名在上或在下。如果一个月后出现在读者来信中，那情况就相当危急；如果文章被以"版面不足"的原因礼貌地退回给作者，那后者便可以理性地告诉自己面临（公民）死亡的危险。——作者注

更不是通过认识世界（这是贤士的工作）而让自己被世人公认。然而，这个传播的渠道，社会可视性的工具，获取世人公认的实践手段被我们世界的主宰者拥有着（那些有法定所有权或掌握着技术的）。如果他们曾经资助了管道工程，那么他们的手自然就操纵了公共用水的水龙头，从图像到广播电视，如同"公共服务"；或是街市喷泉四处散发出公认的标记——"私有性质"的出版公司。渴望名声的叛逆者不失去自我便无法解渴：他指责的对方是不用自己动手也看不见脸的主宰者。好客的西方利维坦巨兽具有两个侧面——国家与资本，行政与产业——但只有一张脸和一个肌体。要让众人爱我——合法的欲望——我，知识分子，首先应该满足主宰众人的一小撮人对合法性的胃口。

I need love（我需要爱），知识分子无声地呻吟。Do you truly love me（你真的爱我吗）？空气中的回声答道。资产阶级同样需要我们爱他，这当然也是他的权利。但这两种对爱的需求中，既无对称更缺少可逆性：因为资产阶级，他拥有贮备的能量和对爱之喉舌的控制。"谁持有能量谁就持有密码。"（米歇尔·塞尔）没有渠道，传播的可能性无从说起，更不用说接收了。没有能量与密码主人的许可，知识分子和艺术家一样，再无法直接地、以他们的方式与公众做爱（阅读如性交，戏剧如相配，等等）。根本没有两人独处的可能。如果我想和那些在下面的做爱，我首先必须向在上面的立下爱的誓言。我在他们的权力里，他们却不在我的权力中，这是我的意愿无法接受的，可是：我没有电视频道，没有大流通量的杂志，而当我自己修修弄弄地搞出一个自由电台，却无法让对门的邻居听到我说的话（干扰音不堪其扰，更何况他们更喜欢收听卢森堡电台①）。怎么办？只好回应周围对爱、心理安全和消遣的要求——这被国家、资本、或国家与资本安置在关键位置的五十来个媒体官僚所传达、扩大和制造的要求。也就是说，让我的小思想适应在排字机和波段上奔跑的大思想。我的朋友和同事，那些将为道德和思想而死视为最大幸福的敢死队员，他们每个星期引发的骚动、丑闻、邪说、爆燃、停滞或大清洗，令我蠢蠢欲动，上帝（如果上帝不存在，他们的朋友和同事）知道这些人既非特别英雄也不特别机灵。不然也太容易模仿了！或做得更好！或换个方式！不是吗？但是要"超越"他们，首先得站好队，跟紧他们的步子，向同一个方向奔跑。运转令大脑愚钝的机器。帝国苦役成为风尚。

"爱的代价是爱。"一句西班牙谚语如是说。敌对的代价同样是敌对。假如我不能承受暴虐，假如我向它解释我的痛苦原因，那么这个系统不愿意再听到看到我是很公平的事——甚至用不着对我解释理由。我的照片不会发在《巴黎竞赛画报》《快报》和《观点》上，除非是为了侮辱、嘲笑或诽谤；《世界报》不会发表我的文章；我的出版社将不再理睬我。这不是他们的错，也不是我的错。没有人是恶毒的，也没有人串通、抵制、搞阴谋。媒体，是自动的。相反，为程序制作机器所制定的程序，是纯粹政治的，即集中化经济。石油碰不得！非洲碰不得！移民劳工碰不得！不公平交易碰不得！根据人们给他的各种激励，每个人都可以在他或他人的"职业

---

① 卢森堡电台（RTL）：法国最大的私有广播电台，隶属法国媒体集团 M6。

生涯"中，测试极其严格的机械答复的弹性程度①。就像实验室里追捕一小块奶酪的老鼠，知识分子动物在他的迷宫里将学会（以"尝试与失误"的方法）按在正确的按钮上以得到正确回答：那些实物形式的奖励（照片、访谈、邀请、评论、辩论、笔战、质问、电视，等等）；金钱奖励（销量、版权）；或是形而上的奖励（抚慰内心的不安）。一个被称为左派的知识分子重视的是"好的形象"——（就是说被"调查问卷""有问题的人""引号""时间的网格"或"辩论""自由讲坛"等节目邀请）——他应该自问一下为什么在我们这个时代被称为右派的通过媒体进入到领导层，而媒体通过右派进入到所有左派的组织？② 再想想斯宾诺莎学派的老格言："我渴望一件东西不是因为它好，它好是因为我渴望得到它。"如果媒体渴望我，这不是因为我比别人好——我将成为最好的，当我非常强烈地渴望它们以及它们所传输的一切时。可怜啊，那些在城市里希望成为公道而美好的知识分子的人，即那些希望真我被公认的人。因为确定

---

① 我们可以比较，在法国，让·齐格勒（Jean Ziegler）由门槛出版社出版的《在一切怀疑之上的瑞士》，对真相揭露的射程很小，没有引起任何全国反响；同一作者不久后由同一出版社出版了《攫取非洲》，向核心问题发炮，直逼法国的利益资源，广而言之即西方富裕，射程高远。反向地，我们将比较"68运动"后"极左分子们"抨击法国即时进行的镇压所艰难获得的微弱回音，以及几年后同一批人发现了苏维埃的"古拉格"后所获得的极大反响。处于低等级别，这条战线的作者在6个月后将有机会比较两个被印刷装订的"质疑"，衡量媒体带来的收益：前者来自法国共产党；后者属于法国帝国主义党。如果有哪位读者能够通过信件解释这些古怪现象，将获免费订阅《花花公子》一份。——作者注
② 一个人们可以自己无限复制的平庸观察：在罗卡尔与谢维尼蒙，艾伦斯坦与阿尔都塞，法布尔和克雷波之间，媒体的主角是第一个，从未是第二个。当密特朗和吉斯卡尔·德斯坦——在电视上面对面时——电视加冕的是吉斯卡尔。这其中有大众媒体逻辑的内在必然性。——作者注

人选并使他们最大限度地被视为最智慧、最公道、最美好的社会势力根本无所谓智慧、审美和伦理。但它永不失误的嗅觉（远距离地）使它能感觉到危险来自哪里，以及哪种危险将带给它支持与安慰。

在大型媒介经过的地方，革命斗士不再拒绝。通过的人看着爬在地下的人毕恭毕敬，为了有朝一日也能"顺利通过"①。"您不同意我们的观点？好极了：来我们这儿说出来吧！"我们，即卢森堡电台、《快报》或国家电视台。屈从始于一句"好的"。因为去这些具体的地方"展示"他的不同意见，就已接受了这样的暗示，即不同意见需要通过"信息大渠道"被引流——对于机器（反馈环）来说，这是保持个体意愿平衡状态的最佳方式。我说什么、呐喊还是喃喃而语，这些都不重要的，关键是我在那里说。关键是一切可能的信息以及出现的频率要被等值表格进行超级编码（节目表是其机智的对应）；这个等值表格可以把一篇完整的论文做成各种观点中的一个观点（每个观点都有价值）；把一个完整的事实做成一个视点（每个视点都相互否认）；将所有的对立做成一个简单的区别（因为它们都是可接受的）。每个观点都有价值，也就是说没有价值。抵抗者，合作者？"我们不要用善恶二元论来看世界。拜托！"当然不会这样粗

---

① 一个共产党记者最近表示非常惊奇：一个"共产主义者"且可能是马克思派的知识分子居然能够在电视上讲一个小时，无所不谈，除了阶级斗争和资产阶级帝国主义。而这是马克思主义，尤其是共产党存在的理由。令人惊奇的惊奇。如果让·艾伦斯坦不断提起这些"老古董"，很可能我们就不能常常在电视上看到他了。有来有往，阿尔塞从未出现在电视上，在同样条件下被邀请的危险性就小了。相反，如果艾伦斯坦在电视黄金时间的露面减少或不再是美国明星，他也将不会成为"共产党内抗议者的领头人"。有来有往。在共产党内部十个抗议者中有一人公开支持他，其余九人则宁愿对此表示微笑并有可能冷笑。因为就目前事物的状态而言，谁能阻碍媒体官僚宜快不宜晚地将自己的观点和实践施加给左派两个幸存党派（社会党和共产党）？——作者注

鲁。人类的大家族，知识分子伟大的博爱。如此的脆弱。被钉在十字架上的人，受尽虐待，历史的牺牲品。让我们坐下来腌鱼装桶吧。每个人都来。大家一起来。上帝于是等于波里策，波里策等于布拉西雅克，布拉西雅克等于阿拉贡，阿拉贡等于马克桑斯，马克桑斯等于勒内·夏尔……唯一价值高于他人的，是在他们之间放置平等标志的那个。那个比所有人更知道在皮沃特的电视节目中什么时候该喝完酒告辞的。上帝的专栏记者：是那个居于历史之上的，因为他捉弄所有的历史。

第五章
等级符号及徽章

1. 新魅力
2. 新逻辑
3. 新策略
4. 新午餐
5. 性别之金字塔
6. 赦罪券计算表
7. 收入剪刀差

如果阴暗区域不总被灯光照亮着，如果西方知识分子头脑中具有和那个"逃港"的工人一样充足的知识，他们就不会受失效徽章的诱惑而认错目标。不用怀疑。在这场人人反对人人的战争中，媒体通行证肯定是瞄准点和试金石、战争的目的和争端。在这个鸦片与最大化已是同义词的情感外露的世界里，我能不能最大程度地拥有影响手段？我会有吗？他会有吗？我们会有吗？什么地方？几分钟？在谁那边、面对的是谁？在哪个频道？头版吗？通告在封面上吗？

悠远的等级秩序轮廓——这经典的视网膜持续性——掺和在新事物中。可解释的颤抖。经过重塑公众语言支配人，用新手法集体地对他们的主题进行相互区别，即新的话语生产制度以及它的排斥过程、分配和机构重组。不只局限于管理发言权的技术，这种完全不同的话语处境作为被渴望的对象（发言及进入社会话语的可能性），还可以制作出另一套话语和另一种欲望。不安及我们的失误来自哪里？无疑来自我们将旧有认知系统继续运用在一个已改变了的布局、待占领的位置、通行走廊、上升途径、效忠对象和内部团结的新的政治文化统治体系。偶尔令人感动，说真话引人发笑而不安，这就是出现在海报上的肖像：乔装成绵羊的年轻的狼，扮成贞德的柯颂①，以巫女形象出现的猎人②。就在昨天（1977），仍有显要贵人不带笑容地叫喊着知识分子被那些关键政治辩论完全剔除在外。这类故事让人们忘记的不仅是大学校园和讲台的死亡，同时也忘记了从现在开始，真正的政治辩论已精确地取决于他说话的场地；但是相反地，政治辩论本身依然挤满了布道者。这是新贵们的愤世嫉俗？不合时宜的同僚们的蠢话？不。尚有更甚者：按时间顺序重叠的共振模式；不同载体平民演说家资格的技术性交叉；公共话语设备中支配地位的逆转。结果：在我们失明的眼珠底下，这浓雾中的大调头调换了贵族和知识分子媒体官僚的位置。从词源学而言，最"中等"（médiocres）的功能统治冒充成最"上等"（meilleurs）的体制统治。对，现代社会最晦暗的地方就是闪亮的小屏幕。

对于整个社会来说，制造审查标准的新模式相当于审查人员晋升的新模式。在这种情况下，旧时代象征秩序中的小官吏插足于旧体制中的将级军官。就教育程度而言，一个在职记者从某种意义上仿佛是个中士，而高层媒体官僚如同下级军官。在大型报刊中，国家级博士极其罕见，拥有大学教师资格的更是例外。不是因为我们在记者中显得"没文化"——而是现代文化走的是和过去等级制不同的道路。183 名《世界报》——文化程度最高的报刊——记者中，135 名拥有高等教育文凭。在《世界报》或其他媒体，这类文凭绝大

---

① 柯颂（Cauchon），博韦主教，以鲁昂的圣女贞德审判而闻名。
② 参阅这个标题——对新人命运毫无用处的陈词滥调的承诺：是否该焚烧新哲学家？（1978，奥斯瓦德出版——"文档"丛书，由新人们自己创建的。）——作者注

多数是学士水平（文学、哲学、社会学、法律、经济科学，等等）。圣西尔军校所有的晋升，名字在表格上朝前的挪动，依赖着从基层提升的中层干部，类似上尉们的革命。无疑，前意识形态高级司令部继续通过论文、杂文或学术研究的书写形式来发布或签署命令。但是在全世界的军队中，要得到执行，命令必须被传递到相关人员以及别的部队中。而这种传递依赖具有执行力的中间人，他们手握有效指挥权，并与士兵直接接触。从此，是那些"知识分子中的知识分子"依赖着其他人。晋升象征的不是高水平的创造力，而是更高的实际组织能力（或能覆盖他人影响范围的势力）。更准确地说：创造隶属于组织，"精神"隶属于"物质"；更有甚者，现在又重新开始这么说了（尤其是新知识分子中），"高层"隶属于"初级"。这种从属关系因了实用性的缘故，并没有被意识到，呈现的仅是一个奇怪的大杂烩；并列遮盖一体化，不同层次间彼此融合，接管者的挖苦。知识分子阶层是"有机的"，自葛兰西以后人们这样说，当它在其内部开始模仿并提升"出身低微的精英"：天主教挑出乡村最优秀的青年，政党选中了青年工人，等等。但是一个新的组织者阶层同样可以模仿和提升"高级"（此处指大学）精英中的精华，当这些精英的功能失去了实用性的时候。在这种情形下，那就是由后辈来挑选和雇用前辈。再回到《世界报》这个实例（最不支持我们论题的，因了该报"精英式"的风格和明显的经典性），记者中人数最多的年龄层在三十一到四十岁之间。94名编辑人员在二十到四十岁之间，89名在四十到六十五岁之间。平均年龄显著高于企业的行政、商务和技术干部。

重新回顾知识分子行业新等级的多个指标，——多样化本身象征了内部的结构紧密——不会令盲人复明，但会成为好奇者的眼睛。我们将从这最无关痛痒的进入最重要的，也就是说从魅力的等级到与之相对齐平的收入等级。性别的障碍，职业梯级，忠诚度，美食口味分界线：所有这些新事物彼此相互认可。

1. 新魅力

1950年，在一个气氛友好的会议上，我不经意地脱口而出："伽利玛接受了我的手稿。"——我就已经被看作与众不同、知名作家、身价提高。到了1980年，同样被假装漫不经心说出的这一小句话却没有一个听众。在这个圈子里，每个人都和出版社有关系，大大小小；每个人都在某个地方有部"创作中"的手稿。要激起同样的爱情故事，或恼恨或仇视的故事，我差不多得这么说："下个星期《世界报》的头版有我的导读"或者"让-路易·塞尔旺-施赖贝尔邀请我下个月上他的节目"。不再逐一向众人展示雷蒙·格诺的稿件接受函、亲笔书写、私人信笺，等等，我该一字不漏地讲述和维安颂①的午餐或与尚塞尔②的电话。这就是时代的标志。

就社会而言，附庸风雅和森林里的指南针一样珍贵。知识分子魅力标准随着市场重心而转移。魅力是一个经济指标。具体地，它是划分公共与私域的新边界，是无名者的重生；抑或，它提高了"发表"的门槛，从出版阶段迈向更高平台。这种急剧的脱钩改变了

---

① 维安颂（Viansson, 1920—1979）：法国记者，《快报》的共同创始人兼主编，《世界报》社论员。
② 尚塞尔（Chancel, 1928—2014），法国记者、作家，著名的电台、电视台主持

声望这盘菜，此外，还有出版的运作。它将个体战役区域挪移到高处进行选择，就像为了效益的企业角斗。如果说扬名出众的意愿是他们的本性，知识分子间的荣誉勋章以每个时代的支配权配置为参考指数。

从何时起，进入文人行业的相信凭借出人头地的愿望就能"出人头地"？就能脱颖而出？1890 年，作为大学生，当我进入高等师范学院的时候。1930 年，已拥有教授头衔，当我进入一家大出版社的时候。1970 年，作为丛书主编，当我以专栏作者、评论员或定期撰稿人的身份走进一家重要的编辑部时。因为，如果连最起码在一家大媒体拥有一扇窗口都没有，那么今天的丛书主编又有什么用呢（虽然有 2% 的分红）？从现在开始"推进"一套丛书的，关键不是出版物的质量——尤其当我们希望尽快完成时——而是主编是否能够真正把他出版的送交给公众。因为今天一部铅字作品的印刷、装订和投入市场，射程触及的范围仅限于先到的人（因了大量的口袋书、700 家外省及巴黎的小型出版社以及生产量的提高）——出版的物质行为已失去了差异性价值。同样，一个知识分子的自我"实现"感无法仅从他出的书中感觉到，而需要通过围绕他的书同时出版的其他作品进行满足。同样，书商们被说服：一本书的价值已无法在书市中实现，而需通过成为市场调度员的"大众媒体"进行。一句话，濒于破产的出版社是那些没有类似付薪员工的大记者——与同行强强联手合作的能力。后者将出版社融进影响力市场的循环中，利用他们的个人社会资本使雇用他们的老板们获得利益。请"帮忙按个电梯按钮"，这众多新入教的信徒轻率提出的要求。可是起码得可以进入电梯间——报纸的版栏，周刊的专栏，广播电视的时段。"举手之劳"（"嗨，同意了。下次节目会介绍你的书"）——这是承租方的特权。无以回报，这也不必然是粗俗，也可能是一种劣势。出版商能够直接帮的忙是有限的，记者给予他们的服务是可观的，通过与出版社挂钩的记者双方彼此提供的互惠是有一定价值的。总之，1970年的出版/媒体联结的实现是与1930年反方向的。比如说，在这种非正式但有效的搭档中，蒙迪歌剧出版社与《法国晚报》；拉丰出版社与《快报》，格拉塞出版社与《观点》，门槛出版社与《新观察家》，出版社对其选择的媒体依赖程度大于后者对前者的依赖。一个雷韦尔，一个努里西耶，一个朱里亚，以他们在各自周刊所有的位置，带给搭档出版社的远大于他们作为社论员带给各自周刊的。一家出版企业的效益越来越依赖于它所控制的媒体（可影响的或"准合同"的）。未来趋势是三轮脚踏车，但大型出版社已拥有四轮汽车。至于个人，如果他们自己不能成为记者，他们的影响力（即作为知识分子的效益）直接取决于他们拥有的作为私交的记者的数量与名气。未来趋势将是多媒体的，目前的知识分子猛兽将全力奔跑。

2. 新逻辑

社会思想显露的策源地同时成为思想携带者靠岸的港口，产品投放的斜坡码头，生产者的物流基地。通常，应该是在性能最好的机构，最新思想的生产者（"知名权威"）找到他最可靠的港口和主要收入来源。同样的人，在1890年的大学充饥，将被1930年（及1950年）的出版喂饱，被1980年的媒体喂得非常饱。而作者或流行思想，1890年被大学的阶梯教室驱动，将被1950年的期刊、1980年的周报或电视节目推进。没有并列的决策机构，存在的是一个势力范围，所有的机构以它为参照物在它的内部运动着。比如说意识形态的"模式"，就无法与其传输模式或推广载体分开。柏格森主义，它的光芒曾经照射到文学的世界、沙龙、舞台，从今往后便局限于大学的势力范围（其中包括对它的驳斥和反驳等）。存在主义，它的光芒曾经照射到大学且通过当时羞答答的媒体，深深地扎根于出版势力范围。至于"新哲学"，——经过新闻标题的洗礼——就其本质是一种新物流（人们从未看到它有可被称为理论性的本质，它也根本不需要——依照媒体教规）。

观察一个学科的变形，比如"哲学"——其效应贯穿教学、出版和政治领域——如同现场观看乐队表演，每个时代都携带着它自己的后勤物流：第一个是宫廷/演说系统；第二个是图书/期刊系统；第三个是报刊/电视系统。每种载体都控制着个体的范式：贝尔纳/柏格森；萨特/加缪；我们的学术连载小说。在目前的媒介学阶段——通过传授哲学而成为哲学家——已不再是必不可少；也无所谓指导哲学研究并通过发表途径博取哲学圈内专业人士的欣赏。一个时代必不可少的是下一个时代的附属装置。昨日的典型，今日的怪僻。这不是说教授与哲学类书籍将不再存在，但是他们已不再是执照的保管人和社会的形象（就是说标准载体）。残留在社会视网膜上的文化符号的余辉使他们被镂空之后，仍可在相当长的一段时间持续反应。如同功能死了器官仍活着，惯例死了特征仍活着，实体死了品质仍活着。在新秩序中，用不着思考某些事物来成为思想家，也不用写书来成为作家；但把自己表现的像作家或思想家（使自己有别于那些非作家或那些非思想家）成为社会的必需。在宣扬或兜售过去遗赠的同时，断言现代传媒网络无法碾碎一种文化的象征性能，那我们就错了。

3. 新策略

"为什么要花十二法郎给自己买一把雨伞，而一杯啤酒只要六个苏？"为什么要把十年生命花在修改论文换来一纸国家文学博士证书，然后终生囚禁在外省的某个大学分院（学生的"催熟暖房"即教师的腐烂池）？而我只要花上一个月时间就流行话题（古拉格与命运）用硫酸制作一个意识形态类的小册子，它就能让我的名字出现在大报上、在电视上亢奋一小时，然后成为民族英雄。每个人都体会到，价值法则看起来不适合艺术和知识的生产——起码每个作者都有权假设与他个人相关的价值①。这其中工作时间与收入之间往往成反比。一本需要花上我三个月精力的叙事小说可以卖掉 10 万册，够我生活三年。一本需要我三年呕心沥血的理论作品只能卖出 1000 册，同时给我的出版商和家庭带来破产的危险；即使理论帮助人们改变世界而小说只能这样梦想。作者们，如萨特所说"极少在作品及经济收入之间建立关联"。如果他们这么做了，那等待他们的将是绝望。文化——原则上无利害关系的活动——同时是对从业者的犬

---

① 有关艺术作品的价格问题尤其突出，总体而言即脑力劳动产品的商品价值问题，有必要进行更复杂的深入研究，从这个主题的研究我们可能会发现价值-劳动法则。就此话题，我们期待米歇尔·古特曼的未来研究。——作者注

儒主义熏陶，因为如果别人能在此得到享受，那么"文化人"应该也可以。在众多原因中生计问题不是决定性因素，今天的知识分子职业生涯在于最快速的专业培训以从事不朽的实践，每个人都可以搞出理论却无人推崇：有些效能，我们习惯于运用，但既不知道它的组成成分，也意识不到这是一种效能。不朽便是其中之一。

库尔林①的观察中体现的不仅只是卑鄙的利益追求。它可以成为大学客观经济的模型，以效益对比为基础，阐述有关不同专业行为的等级晋升，且适用于一个社会和一个具体时刻中的知识分子整体。我们将发现，最佳职业生涯不遵循任何计划，而最佳政体不受任何政治学说左右，而最佳的革命者从没读过《资本论》：那是过时的辩论。我们逆风前行迎战风头正劲的实用主义。但我们将仅仅觉察到，自坎布雷默夫人②之后，那些最藐视外部世界的绝不会迟疑在其中为自己谋得一席之地。有供企业高层管理人员使用的"职业"档案——为什么思想与文字的领导却没有？因为根据他们高贵的获得途径，是通过进入高等师范学院、《新法兰西杂志》还是《快报》，一生时间的分配使用方法不同。如果封建世袭主要的优势是最严格地阻止高层的权力争斗，贵族等级制的优势在于最大削弱阶级斗争，社会流动性极高的共和制公民社会则背道而驰（知识分子属于那些彼此成员之间等级最显著又最不可触知的"社会身份"之一）：晋升斗争在这个社会里每时每刻地发生在每个人之间。竞争毫不留情，最微小的导向错误足以严重到无法弥补，谁也不敢允许自己轻视新

---

① 库尔林（Courteline，1858—1929），法国小说家兼剧作家，作品擅长嘲讽社会风情。
② 《追忆似水年华》中人物。

秩序的投资重点。印度教教徒可以灵魂转生，我们只能活一次。

　　传统的大学教育仍然是必需的装备支出，但支出比例被缩减节制到第一阶段，如同令人费解的固定费用。重点在于文凭投资（历史、文字、哲学、法律、社会学，等等）已不可能在高等教育实施地得到恰当的回收：高处人满为患（教授与讲师），底层堵塞（助教）。上升空间被封锁。行政部门（或两代人之间）的交通堵塞明天是否会奇迹般地爆炸？大学一直是，也将是晋升的死路。如今，文凭一到手，大学资本就必须立即投资到编辑出版界，保证从经济到社会地位可获得最大回报率（这两者已无法区分——阶段性特征）。一方面，将知识转化为商品财富（图书、百科全书、专辑，等等），但尤其是另一方面，作者的首次公众露面，日后身价的条件，要想完全获得这些，唯有在由电视、电台、杂志和报纸组成的社会可视性的最高、最决定性层面进行推销。三个要点：1）每就一个具体等级平台实施一次输入（in-put），最大的输出（out-put）获晋升更高一级；2）利益的累加仅以倒退方式执行：即从高往下走；3）每个平台的活动可从它的上级平台为自己提取利益，但条件是后者可从它那里提取更大的利益。说白了，在媒体的一个好位置，比如记者，可以保证我作为作者在出版市场的最好位置，有文凭在手的我藉此便可以拿到大学机器的通行证或升职——帮我忙的同事们对此都很明白。理论上大学的箭头由低往高（符合过去的标准），事实上却是从高往低，这已被过程的快速及逆向路线的"处罚"所证实。同理，由电影改编的图书比由书改编成电影更有利可图。是那些媒体官僚（在职或幕后），远远地，从出版社拿到最大的支票，或以他们提供的作者方案，或以占据出版社至高位置而成为雇员；他们的听众观众，即他们的影响力，即他们的薪水，甚至不再被拿来与"大教授"和"大作家"做比较。同理，一个出版商可给虚构作品的作者相对更高的报酬，如果该书有改编成电视连续剧的可能。在这种情况下，双方将感觉到在为了作品的利益而"利用"电视中介：其实是电视通过把它的选择标准强压给专业图书工作者而利用了他们。法则：下级媒介使用者永远不能使用上级媒介，除非已被后者使用①。我们很清楚，在现状下，电视台的明确态度是不随便把当代小说改变成连续剧（多麦颂的作品较克劳德·西蒙的作品更有机会入选）。生产方向的定位临摹了生产者的等级秩序。媒体把订单发给出版，后者再发给大学。

最强的社会控制能力，更强的个人需求。原因的降序排列决定了职业终极的秩序。曾在秩序底层的（作为无产阶级知识分子的记者）站到了最高层，最高级符合最强的因果关系。我们目击的媒介学分界对换了不同知识分子圈之间的内容/形式关系。1955年，已到知天命年龄的雷蒙·阿隆，仍被定位在小说家、画家、雕塑家和哲学家组成的"低级圈子"，他立即补充道："下面是报刊的合作者，他们传播得到的结果，维持着中选者与众生的交流。在这种前景里，知识分子种类的中心是创作者；其边界为定义不明确区域，那里，推广者停止翻译而开始背叛：为成功与金钱操心，公众假设口味的奴隶，他们对自己为之服务的价值无动于衷。"②在二十多年后成为

---

① 有关"下级"及"上级"，我必须请教媒体自己所做的具体分析，作为他们的框架的协议。——作者注
② 《知识分子的鸦片》，p.285，"思想"丛书。——作者注

《快报》的编辑委员会主席,雷蒙·阿隆却竟然不觉得降低身价,而是理性地,登入了圈内最深处。这是因为在一段时间内两个圈子进行了位置互换。这种意识形态作为最佳传音效果的探头值得引起最大关注:只要大学教室产生回音,便是学术权威;只要有关注的读者,便是笔杆子教宗;从此以后是最先进的视听新闻杂志主席。这样的上升绝非侥幸。我们可以打赌,通过将一种直接用法语书写的盎格鲁—撒克逊体喉舌器官交给他的庇护人——老人觉得自己返老还童了。光面纸充满了新鲜的血液。

实际上,在将知识分子生产者价值化的过程中,媒体支持是最活跃的因素:这就是为什么从"尾部"开始职业生涯显得更经济。在动机链中最高与最低性能的逆反运行中,幸运地同时存在着从最简单到最困难阻力最小的一条路径。为此,青年才子在媒体庇护所的门前拥挤推搡,伴随着知识分子"精英"的第二春。我们三十五岁的时候没有大学哲学教授资格,二十五岁时也不是小说家。但是我们可以节约我们的生命和学习,快速地在节目生产者和头号政治专栏作者中成为具有竞争力的人物:资格在这些主题里与其说是催化剂,不如说是一种阻碍。知识分子的晚年将是他们最年轻的时光。这是米歇尔·图尼埃的观察:"等级与资格差不多始终是同义词",典型的昨日法国,却是对今日典型的误解。一个美国派头的知识分子,在一个欧洲式的法国,以他的微笑、牙齿、头发打前阵,这个毛头小伙子便可声名鹊起。

4. 新午餐

缺少国家补贴的媒介学，不得不将国家作为它的实验室，也不会在它看来包括了名流目录的社会实验面前退缩。最新面世的《地平线2000作家午餐》（爱丽舍宫，1978年9月7日）因此值得引起注意。"午餐"，这个民族仪式的庆典具有其经纬度，需要一个特殊的民族志描述，这也是此处我们尝试做的。该仪式非同一般——提前提醒，之后全休媒休强调了三次。共和国，不是每天举行正式午餐，而是间隔性邀请宾客以维持其恒定价值①。事实上，法国政治权威的不同分支经常以正式名誉碰面也不太好。"影响力"人物，当他们确信自己及其随从是孤军奋战时，才能把功能发挥到最大。同样地，对于知识分子机器、司法或国防机器，其政策效率来自他们显而易见的非政治性。过于频繁的接触损害共同商议，就此意义而言，异议知识分子过于强调自己的官方靠山便会失去信誉。很多人明白这个道理，而知识分子公开"笔战"所表现的对此午餐的极度强调，

---

① 在现阶段，国家级午餐已以不公开的方式在1976年12月9日举行，集中了在位的共和国及国民议会的两位首领以及高级知识分子代表，如勒鲁瓦·拉迪里、菲利普·索莱尔、多米尼克·德桑蒂、罗兰·巴特、布勒泰谢，等等。——作者注

滑稽程度无疑将会启发一位莫里哀（或博马舍？）的追随者。可是一个小人物，只想睁眼看清他所处的时代，希望有朝一日触及这个笑与智相互抵销、通常呼吁智慧人生的风压中心，按照最大化的斯宾诺莎主义（"不要笑，不要哭：要理解"），他也知道抵抗狂笑：正经严肃的事情需要保护，于是便躲在荒谬的庇护下①。

"要理解什么？"意思就是"意外在哪里"。该为什么吃惊？令人吃惊的不是这个与国家形态，特别是与法国国家形态所有原则相符合的事实本身。王子与他的司书，这是政治的"一般场景"；但这也区别于它所有对手的法国权力喜剧中才有的短幕喜剧。在德国或美国，时尚文学专栏与政治专栏出现于不同的版面。在我们这里，写文学专栏的也是政治专栏的作者，反之亦然。我们说科学及管理精英的彼此渗透，作为法国历史的特征，从上个世纪起便封杀了法国科学的命运，未出生前已被节育，患有方法与原则的贫血症。文学及政治精英的彼此渗透，国家生命的黄金线，相反地刺激了彼此的繁荣活跃。就此而言，与国家高层公开要人比照，法国高层知识分子只不过是运用了这对他们而言最为宝贵的人权之一——自由选择共同进餐者——他们不过是屈服于自己不可抗拒的责任而已。当他们坐在总统的饭桌边时，他们不仅为自己的观念，也为他们的过去赐予了荣誉。当一个国家的一半与另一半相遇，其价值是否胜过一

---

① 《我的朋友，你的不公平》，作者安德烈·格鲁克斯曼（André Glucksmann），原载1978年9月6日《世界报》。《写作中的恐怖》，作者莫里斯·克拉韦尔（Maurice Clavel），原载9月7日《世界报》。《何种对话，克拉韦尔先生》，作者斯托勒吕（Lionel Stoléru），原载9月9日《世界报》。等等。而《新观察家》第722号："总编的来宾"。——作者注

个餐厅？的确，在其他所有地方，一些人与另一些人会共同进入办公室。但没有一个地方，这样一个照面会可以令全国其他人如此兴致盎然。卓越的法国诡计、机构的似是而非：把一种义务的严肃性塞入排场豪华的社交之下。

在这历史性节目的平庸情节中，唯一的新点是在1978年人们又看到一个值得注意的人，那么新意在哪里呢？在研究霸权主义的历史学家看来，这是以牺牲民众代表权力（potestas）而有益于帝王权威（auctoritas）的方式对传统出席党派间的再平衡：与象征性抑郁时刻相符合的摇摆，政治势力不必为此过于担心。恰恰相反："最终，总统似乎相当满意，就思想与哲学而言，法国贸易差额为顺差。"① 失之东隅，收之桑榆。对统治话语的解码更倾向于表明，将知识分子装入国家的典礼彩车、将优美文字嵌入政治角斗，这种法国历史中的强制性常量，通过何种蹊径开辟出它的道路，尽管意识形态的局势令知识分子在某种程度上担任着与"冰冷巨兽"作对的持续性叛乱之职。让我们把这种不合理带回到理智，将某个时刻的狂热放入一个持久时间段观察，这需要修辞性的机敏，而已成体系的比喻或许涉及《塔布之花》②的作者。如何将一种敬重扭转为冒犯，一个邀请扭转为最后通牒，一个上流社交圈子扭转为世界——自1968年五月运动后，这个小技术问题已迎刃而解，文字导演每个星期都在

---

① 《新观察家》"总编的来宾"结论（1978年9月11—17日）。——作者注
② 《塔布之花》(Fleurs de Tarbes)，作者为波朗（Jean Paulhan, 1884—1968），法国作家、文学评论家和出版人。

解答①。事实上，货真价实的新事物是媒介学等级，这将对任何人都不算新闻：代表团的组成，货真价实的知识分子新势力样本拣选。

如何集中整个国家，以何种标准？民众代表权力一方，没有问题：合法选举产生的共和国总统在所有派系的眼中代表着我们称之为公共权力的国家。帝王权威这一方，老问题：将知识与道德势力的代表以何种方式授给谁？在"真正的社会主义"国家中，国家元首和党总书记自然便是知识分子的领袖。也是因为这个原因他从不需要把这些人请到饭桌上：对话只能在两人间进行。如果要庆祝或评论，渠道已指定：作家协会的主席会进行传达。问题在我们这儿则微妙得多。我们的知识分子行会中有太多的领头人，很难经选举产生有限的几个。一个法制的共和国怎么选择精神法则的代表？二十五年前，爱丽舍宫的秘书，为了得到一个资产阶级知识分子有代表性的拼盘，会去找科学院的常任秘书或巴黎大学的校长。精英之精英（希腊语的词根为"选择"），就定义而言是能够筛选他人的人。在这种状况下，以及第三个千年的前景中，总统从新知识分子阶层中选聘省长是对的：由媒体且为媒体而制造的新知识分子阶层，其价值并不那么依赖于个人作品（大多数情况下并不存在或仅局限于一部出版作品），更不在于其研究工作，而根本在于他们对社会共

---

① "事实上——请大家原谅这个回想——我没有抵抗纳粹的暴力，斯大林的暴力，传统左派的恫吓，我懦弱地任由自己被传遍巴黎的矫情的窃窃私语、同志的一篇佳文所引诱，促使自己接受那些外表的规则，等等。"（莫里斯·克拉韦尔，《世界报》）。剧院的意图是把戏剧搬进剧场，正如君主制把宫廷置于城内。但是，在哪个舞台上博马舍将重新把生命给予费加罗——以使自己与这个剧场和这个城市的高度相匹配？——作者注

鸣关键点的嵌入。他们区别与沉闷同行的是制造意识形态音响效果的能力：寄生于知识生产网络及我们称之为"生产者"的公共传播网络，他们所处的中间性位置使他们成为全新的思想贵族阶层。文化部被更名为"文化及传播部"并不是偶然的。这个包括了时代所有谜团的"及"，是控制我们文化与政治的真正的"小黑匣"。在文字摩登化的共和国，一个知识分子的价值取决于他的社会公关势力。旧的思想领主拥有的是生产，新领主拥有的是传播；出版字数将在未来以电波的信号发送频率计算。作为法国文化广播电台的"制作人"，加上他所拥有的来自被知识界关注的媒体信息，使得菲利普·尼莫（Philippe Nemo）被指定为共和国捎信的信使，因为人们不知道，无论把这角色指派给谁，仅靠一张"小小"的圣克劳德高等师范学院文凭以及一个平庸的文学作品是永远不够的。才能与职称的重要性次于这种赋予现代知识分子真正"身价"的完全不可捉摸的资本：分贝诀窍。也就是说，不仅熟悉那迷宫似的办公室、音像制作室、通道和编辑室——这些令普通人晕头转向的地方，深处闪耀着"新闻事件""辩论""大众话题"；还要知道关系潜规则、制作通行密码、选择关系亲疏，这一切可以使一个人在几天内在巴黎动员三十名人物，而后者，按巴尔扎克的话，让三千万人思考。我们的传令兵朝"大知识分子"的方向，将加急电报发送到大学教师、研究学者和评论作者——以期最终竖起一个相当"符合时尚"的代表团。大多数接收人耸耸肩膀继续沉浸到他们的工作中。其中的几个人——更敏感于新时代标准，与"诀窍"没有任何关系，接过弹来的球双倍地拍了起来。通过正式公告通知他们的邀请或拒绝，已达顶端的整体威望（要知道我是可以出席的）接合了为平民百姓服务的廉洁性（但是我不愿意）。令人欣赏的大家庭是给予大孩子们所有异议者的好处，没有一丁点儿的麻烦。

同样的，在第五共和国之初，技术官僚不可以爬到国家机器之上而不被警察、法学家和"政党制度"的国会议员找麻烦；新的意识形态官僚不可能爬到意识形态机器的上面，而不被由他加速其衰落的权势集团重要人物所护航。经过了多少的痛苦与遁词，我们年轻的霸权主义卡诺们①终于在不同辈分之间、在传统与创新各自的水准与威信之间成功建立了一个说得过去的混合体。这个军团最终有五位志愿者：两个老兵，一个半薪待岗的士兵，两个新兵。但是等级关系与军装上的条纹和资历没有相称关系，因为代表团的两个"传统知识分子"实际上消极地被走出行列的新"组织者""所组织着"。如果说由克洛德·列维-斯特劳斯亲自管理的法国科学院以及乔治·杜比②时代的法兰西文学院为军团带来了合法性，其光环效应提升了组织者的价值，那么可操作的概念与实施却掌握在两个新兵手里（尼莫和雷维）。克拉韦尔，出色的中间人，介于传统与现代的媒体官僚骨干，在天线最高处交替传播。

大众媒体发明了在贵族中的民主，就好比在军队中的原子弹。明星效应激励晋升者们的方式，在于从高处废除了曾经将他们分开的政治、社会、地理、道德及文化距离。故此一个有选择性的知识分子俱乐部（"个人仅代表自己"）能够在几年间变形成为当选政客的优先合作伙伴，而后者起码代表了几十万拥护者（或就国家级人

---

① 卡诺（Carnot，1837—1894），法兰西第三共和国的第四任总统，被意大利无政府主义者刺杀。
② 乔治·杜比（Georges Duby，1919—1996），法国著名历史学家。

物而言，数百万的选民）。这几十万或数百万人失去其影响分量的原因，仅在于他们无法"上镜头"或在收音机、电视里聊天；在野党领袖上了媒体的当，他们的糊涂草率使得自己的人马无法被人看到。这种知识分子俱乐部内对潜在差别的再吸收，相当于原子弹俱乐部之间爆发百万吨级的摧毁力：在闪光灯下，尼莫变得与列维-斯特劳斯和杜比等，就好像法国以她几百个千吨级核弹一下子就达到了美利坚和苏维埃的高度。法国公民曾有幸优先在整整一年的时间里每天听到和看到一位尊贵的药剂师（叫作罗贝尔·法布尔）决定着他们的命运，因为他被老家的小仙女晋升为"三大左派人物"之一，虽然他获得的选民票数比环保主义者更少。如同原子颠覆了军事战略的已知条件，电视扰乱了知识和政治生涯的竞争策略。同时，这两位科学伟人——严厉、有些分神，令人们无法不崇敬他们的工作和形象（出色的成绩，对政治的中性态度或不问政治）——在他们的盾牌后面，沾着他们光芒的媒体轻骑兵们，确信自己在最初的成功之后仍将继续进行垄断性开发。三位朋友（彼此借媒体互相吹捧已不下十次），刚放下餐后咖啡，立即把他们的传播服务提供给所有的广播电台、三大电视频道以及次日出版的报纸；这里一个匿名的简述，那里一小块改写；还有给三百个最亲密朋友的电话不计算在内。次日展示在《世界报》的头版。这对一次"私人"会晤的公开转包没有引起两位传统人物的注意，他们从爱丽舍宫直接回到了自己的家中，既没公开发言也未吐露知心话。但有他们站在台阶上的照片就足够了，我们不再需要他们了。然而，次日他们用以消遣的——如同一个不重要的后果——是事件本身：它全国和全球性的音响效果。没有他们，这种效果是不可能达到的；只有他们，也是不可能的。但是专业的严肃性使他们根本不习惯成为那些他们已经着手干了却不表现出来的"好球"的真正重心,而这对所有人来说都是再好不过的。支配权的巨大动作总是通过这些小动作进行。从此以后,它也可以被小动作所代替。

5. 性别之金字塔

要知道自己在几层楼，不论是哪个行业的，应该，也只需问一下这层楼女性所占的份额。这是一个对所有活动都适用的总则，但对知识分子尤其适用。降级意味着：女性化。晋级意味着：男性化。女权主义不在此观察范围。数字自己会说话——起码当它们存在的时候。因为楼层越高，就这一点的回答越含糊（好比在富人家的楼梯，询问其收入）。统计数据总是从下面开始。准确性不是重点；重点是对穷人的惩处和对降级的认可。就性别分布的最准确数据来自教育界，这并不让人惊讶。

初级：72.7% 的女性（对 318379 名小学教师 1977 年的统计）。第二级：54%（就 202000 名中等教育教师的统计）。第三级：35%（就 41905 名大学在职人员的统计）。显然，在这三个级别中女性的数量与级别呈反比性减少：她们中的大多数属于"辅教"和"助手"类别。我们手中没有法兰西文学院、国家科研中心和工程师学院的数据，众所周知女性几乎没有可能进入这些机构（秘书和图书馆除外）。在小学教师曾是共和国的轻骑兵而非市镇政府的难题时，在这个级别的性别分配比例则完全相反。

出于可以理解的原因，几乎没有或极少有就出版和作者的相关统计。我们因此开始自己点数，样本数量有限但具有代表性，因为涉及的是加入社会保障中心的"专业作者"名单，1976年12月31日由国家作者中心所申报的（主要收入来源为写作的人群）。在365名作家中，114名为女性。接近32%——该数据需以减量方式复查，如果我们要在这份名单中区分开专业作家与作家（作品很少或无"文学性"）。但这数据本身足以说明我们已经上了一个台阶；但这绝对不是说在这个层面歧视将不那么强烈。乔治·桑之后一个世纪，尽管目前女性产品成了现代潮流，一个女性作者一年中有上千次机会（次数多少取决她作品的印量）感觉到她在圈内不如男性那样受到人们的尊重。一位女性（玛丽·卡迪娜尔①），本能而率先地设想在行业内实行工会化便可以理解了。

最后一层——即"大记者"——在观察了女性在不同层次的人数后，等级秩序混沌的第一印象立即消失了。更甚者：只要有可使用的统计数据，大众媒体的等级（电视/广播/纸质媒体）可立即解释为降序百分比。显而易见，纸质媒体的女性人数要高于广播电台的女编辑，而广播电台的高于电视台的（那里每个编辑部的女性屈指可数）。受众规模大小相对于责任的大小——即收入与性别。在此，我们仅限于纸质媒体并以《世界报》为例——印刷品中，法国知识分子权势的中心所在地，除了它的发行量外（1977年巴黎发行量最大的日报：134.9万名读者），更重要的原因在于社会学的价值和政治功能。45.1%的《世界报》读者为女性，但在183名记者中

---

① 玛丽·卡迪娜尔（Marie Cardinal，1928—2001），法国小说家，着手创建了法语作家工会（SELF），并成为终身名誉主席。

法国的知识权力

（公司员工总数为1246），用铅笔的夏洛克·福尔摩斯只能清点出28名女性，即大约15%——她们中的绝大多数在社会／文化版面提供轻微次要的服务。我们显然要在此提及高层管理人员中的性别分配，而这又一次证明了文化权力的组织结构是如此典型地代表了国家权力的组织结构。没有一名女性主编（社论与执行主编共9人）。没有一人在国内政治部（共11人）。一人在综合消息部（共19人）。五人在国外部（大约70人，其中包括通讯员、编外编辑、专栏负责人及服务负责人）。伊冯娜·芭比已掌管文化部，雅克琳娜·皮艾迪耶分管其中的图书部门；埃科菲·朗碧德医生进了卫生部。任何人在比较了弗朗索瓦丝·吉鲁、艾丽斯·苏妮亚-赛得、西蒙娜·薇依① 后将会心怀不满，因为政府是流动的，而《世界报》屹立不变。有时候攻击政府是安全的，但是指责一份不仅是世界最好也可能是最后一份的报纸，所冒的风险则空前严重。任何政府的更替都无法让法国人的野蛮性退化，但是《世界报》的消失将无疑意味着一个文明的消失，一切都显示了那将取代《世界报》的，客观而严格地说，将是它的一种退化。既然如此，《世界报》这样的器官所标志的差异特征，将比其他机构的更不容置疑。在它的描述部分，媒介学不做价值判断而是在现实中测试假设：就此含义，它无须成为"女权主义"或"反女权主义"，也无须支持或反对知识分子权力的组织及它在这世纪之末的法国的运作（《世界报》的组织结构图不过是众多教益性透视之一）。媒介学极寻常地假定了一个相关系数并发现，如果总体上文化随着女性变化且倾向于女性特征，它的高级层面却是

---

① 三位均为在政府担任要职的女知识分子。

纯粹男性的。不朽是男性的特权：法兰西学院没有女人。高层知识分子圈是一个男性主宰的社会，而低级知识分子圈——此处风险相对较小——则是一个女性化程度更高的类别。从这些总体数据中引出一个特征对立的个体效应——任何一个策略专业的学生都可以解释清楚的。男性主宰未必排除局部性的女性领导：相反的，他们对此是需要的，通过将这种例外合理化，可以在某种程度上缓和既定规则所产生的效应。相对的罕见性为进入高层知识分子圈的女性增添了价值，加以适当方式，这种价值便能够转化为确实的经济效应。之所以说适当方式，是因为这涉及策略，意味着：政治地。因此，熟练操作政治实践的女性进入高层知识分子圈，最善于使对她们的歧视成为权威的证据，使她们受压制的状况成为听证会上的一个附加身份。这就像那些政党中的前成员或"被驱逐成员"，在获取反共观点青睐的竞争中（反之亦然，前法西斯成员获取反法西斯观点的青睐，等等），以受害者的身份获得了极其罕见的固定收入。两个残疾人组合成一个个体（性别女＋前共产党）可以迎击所有的竞争者。有些人会觉得这样做不光明正大：一般来说，是那些不关心政治、不懂市场现代策略的男人。

6. 赦罪券计算表

赦罪券交易以及它的滥用、它的代理、它的自动性，在十六世纪初，促进了宗教改革的诞生及新教解放，其后果是将西方史（间接地，将人性的历史）截成了两段。我们尚无法得知知识分子内部分摊额失控的提高及赦免操作将对法国知识分子史产生何种效果。与维滕贝格（Wittenberg）占统治地位的运作不同，如今书籍、电影、戏剧和艺术的评论，对永恒的"作者们"已没有作用，但这是因为永恒已死。就长远而言，所有的人都将进入地狱，无人再为此感到不适。瞬间足以对此进行补偿，文化市场满足于眼前，即现实天堂。较十六世纪的优势在于：符号审查者履行他们所承诺的。他们同时分配着财富与死亡。但不总是象征性的：财富可能是正点敲响的钟声——而死亡，是物质性的。

属于所谓"巴黎人"文化生活的每周大赦景观，满足的只是那些"笑学家"（巴尔扎克），三百年来他们以不变的道学家式干笑大笑着。相反地，记录在"文人"索引中的欢庆与明星可被媒介学用来区别、鉴定及组合各时代用以执行知识分子权力分配的完全可变的因素。社会文化市场的赦罪券计算表展示了组成一个时代的"知识分子社会"不同类别具有的等级系数。更准确地说：相互依赖规则——系统设计"秩序结构",后者定义并执行所有的权力关系:传递性,不对称性,非互换性。或许有一天将会出现"机会主义"的数学处理。

新的行话,是旧瓶装新酒。它揭示的不是普遍性的寓意,而是被《拉摩的侄儿》命名为"职业的熟语",即来自一个怪人的合乎逻辑的行为。选择以影响他人观点为职业的物种,对于"熟语"来说便是希望讨好所有那些地位较观点更有影响力的人物。在一封写给雷卡米埃夫人的信中,本杰明·贡斯当给予这种必然性格言的形式:"应该永远不对我们需要的人表示不满。""应该"构成了精神无条件性的特征——这种迫切的需求,就事论事,只描述了风尚的某些状态,较之其他人种,对知识分子的限制性更严格。在这个意义层面,贡斯当的程式更接近狄德罗而不是康德,在实践理性看来他是不恰当的,而从知识分子风尚角度看是最恰当不过的。这种行业准则不是在课堂上被传授的,它融合在职业实习期中。良知的声音,职业的标志。我们在学校里学了拉封丹的寓言,但是社会迫使我们这个行业反其道而行之:在我们这里,我们始终需要一个高于自己的贵人。职业生涯的成功以这该死的道德为代价。要知道谁更大,观察能够满足小人物的那些主体就够了。如果这些小人物如此有规律地昏厥于总编、编辑主任、最有影响力的媒体的编辑和通讯员的作品面前(以热烈程度降序排列);如果他们如此频繁地想方设法将这些作品引用在题铭、导读、插入语或注脚(因为同行之间的相互引用相对吝啬,这种坚持更可获奖励);如果他们相反地表示出对国外领导人或国内各种政党领袖的不满,可能是因为他们相当依赖于强者而绝对不需要次要者。在知识分子秩序中,权力,不是那些自负的民众所想象的：在于"有权势的人"（国家、政党、工会）。权力在于那些可以决定职业生涯进展、印数提高、社会可视性增加的大媒体官僚。"权力"含义的模棱两可是很多欺诈的来源，把奴才（实际意义上的权力字面含义是专业）乔装成暴动者（反对一个如果作用于几百万他人但对我却没有任何约束的权力）。在知识分子看来，政治权力拥有的是糟糕的报刊；却是报刊——尤其是最烂的——拥有着权力。将他的讽刺与挖苦专留给权力，是在报刊中建立自己宫廷的最好方式。不去掉这种模棱两可性，暴露了他不理解为什么在外面拿起武器反抗勃列日涅夫和魏地拉（"同样的斗争"）的勇莽者，在宫内却对抓捕这个或那个占据肥缺位置的混蛋显得如此谨慎。难事都行，容易的事更不在话下。确切地说不是这样的：惹最上层的不高兴没有后果（否则，有利于个人信誉）；惹恼了报刊，所冒的风险就可能是被几扇关键的大门排除在外。贡斯当的格言，从哲学的角度具有争议性，但起码值得用来解释为什么就真理与公平进行的抗争时常在同行的门口止步。"没人敢动有一百个盾牌的人"，某日一个机灵的军火商对维佳尔元帅说。人们不会痛斥一个拥有百万读者——或者千万电视观众的人——两个世纪后，新思想供应商共鸣的回答。过去，黄金是剑的权利。今天，视听率维持着笔的尊严。媒体改变了需求的轴线。

这不是抨击而是分析。如果对现时的研究看似污辱，"名人"对此不感兴趣，那不是媒介学学生的错误，因为相比较他生活其中的社会所给予的个人声誉，他对公共因果的客观研究更有兴趣。远距离刺杀，不用接触，不用明白，这是印刷界古老的美德。这种魔力，远未被磨损，随着印刷技术及期刊流通的扩大，它重新焕发了青春。这种魔力未必维系与一个明显的国外压迫状态（占领期间的报刊）或残酷的政治斗争（民众联盟）。它不会让人忘记其他的技术：沉默是种族屠杀中文明化的形式；这是人们背着我们常犯的错误，但多少与我们也有关系。从此往后，存在着常规性、正当的、中立性的处决。实例：1976 年 6 月 21 日——《观点》的黑色封面"恐怖分子资助网络的头领"。1977 年 10 月 24 日，《镜报》文章"在一个埃及人的领导下……"。1977 年 10 月 25 日：亨利·居里埃尔[①]被国家内部务软禁。1978 年 5 月 4 日：亨利·居里埃尔遇刺身亡。1978 年 5 月 6 日："我没有责任"（乔治·苏非尔[②]）。一个认识论专家将解释说连续不等于因果。一个"心理学行为"的技术人员将在这场报刊大战中看到一种新模式。研究支配权的社会学家会思考对有影响力人物所产生的影响。一个新闻伦理专家将质问该行业。至于拿 1978 年的法国知识分子用作研究对象的某位 1978 年的法国知识分子，唯一令他可能感到难过的是不久后在电视上看到，一家极强势媒体的总编，这个封面的负责人，未经警察签字认可的一份资料的作者，既没有允分的信息又动机不纯，在一群赞赏的作者中间严肃地谈论着基督教人道主义；他可能从这个道德权威团体中听到那铅般沉重的沉默，这里面的每一人从不允许每周发生的人道主义示威没有自己的印章签名就被发表出来，也不会在这黄金时段，放过一具既没

[①] 亨利·居里埃尔（Henri Curiel，1914—1978），出生于埃及的法国人。共产主义者、反殖民活动家。
[②] 乔治·苏非尔（Georges Suffert，1927—2012），法国《观点》杂志及多家重要媒体记者，曾随戴高乐总统访华。

有收听率也没有报纸、人们也从未在电视上见过的活动分子的尸体；他可能只感到耻辱。不是为了这个人——这个大写的人有足够的特许权；而是为了这个行业的尊严，和其他很多人一样，他已经为加入这个行业而脸红。但从未像这个晚上那样强烈（1978年，巴黎）。

弗朗索瓦·莫里亚克习惯认为，在文人的眼里，政治世界是一所赦免学校。他是天主教徒但正直廉洁，俨然不会去思考恶——在天主教中即"赦免"这个词的含义。事实上，文人的世界比政治世界要残酷得多，在众多原因中，最明显的在于呈逆反方向的关系箭头无处不在。此处，朝上；彼处，朝下。故而，此处意图煽动人心而彼处吸引精英。任命书将当选人置于其选民的管辖之下。一名议员要想保住自己的位置就必须和杂货店的老板碰杯，对他的打字员微笑；一个政党的总书记如果想要连任，就不能对他的同盟党、他的支部书记们不理不睬。他们是最不可捉摸的：任命书在他们中间，而在下届代表大会上每张任命书都将计入权力关系中。在高层知识分子深处，新成员的增补、推荐或介绍人，颠倒了选择与提拔的模式。这就导致了他们礼貌的残酷，以及人际关系完全不同的定向。文人世界的大人物鄙视小人物，对同级冷酷无情，眼里只有那些掌权者。除此之外，他们也算得上是世界上最优秀的人——职业熟语让最宽容的人入了圈套。

在所有社会机构中，关系中的非互换性可用以区别地位的高低。是它制造了第二位对第一位的依赖性。作者依赖于记者，记者不依赖于作者。这既复杂又寻常，值得引起注意，因为其效果会随时间而变化。1840年，巴尔扎克曾梦想把《巴黎杂志》上的一个专栏奉献给"报刊评论"：如果这个计划未能按时实现，错误不在他。报刊的本质决定了它排除相互间的约束：这种趋势可做零碎性的修改，但这是对同行的饿毛，其代价是大量牺牲掉版面、时间及乐趣，我们每次都越过"读者来信"这面最方便的镜子。然而，一百五十年之后，实现巴尔扎克式的奇想已变得迫在眉睫，因为环境中的污染（意识与实践）已超越了警戒刻度，或者说踏上了不归路，如同我们通过检验媒体所运载的就政治和文化内容所显示的那样。但是最大必要性，即最大不可能性：这种批评式喉舌的赢利如此微薄，任何投资者都不会把它当回事儿。让我们停留在统一了（即溶解了）的传播者与受众、公开评论的主体与客体的关系形式。自巴尔扎克之后，其本质没有变化："报纸在法国是国家的第四权力；它可以攻击一切，没有人可以攻击它。它东拉西扯地责备着。它吹嘘政客与文人归它所有但不愿有互换性的存在；属于它的人是不可侵犯的。他们做出或说出可怕的蠢事，那是他们的权利！现在是时候来说说这些陌生而平庸的人，在时代中占据了众多席位，驱动着公平报刊的运行，在报刊上写书的人。"①

"大记者"是唯一可以侮辱、讽刺或诋毁任何一个他的同胞并使后者无法用平等的武器进行反驳的人。按照法律规定，法院受理对诽谤、侮辱及明显恶意中伤的起诉，并非毫无意义，但高昂的诉讼费用和漫长而复杂的过程，以及这期间案件数量带来的自我毁灭，使司法行为成为不合算的交易，只预留给那些有实力花大价钱的广告巨商。至于不息事宁人反而火上浇油的回答权，记者们极少尊重，而自知被利用的读者也是这个职业的组成部分，其中的奥秘与诡辩

---

① 《巴黎杂志》，1840 年 8 月 25 日。此中我们也可以发现"第四权力"的美国变形，诞生于法国领土，这并不是昨天的事。——作者注

是外行人捉摸不透的。无疑，战前，刺眼的诽谤将位置让给了无懈可击的背信弃义、扭曲的事实和尖刻的攻击，与今日沐浴在枯燥的循规蹈矩中的社会传播更为一致。但过去那些极端的文字起码算得上大胆坦率，而今天的毁灭几乎可以忽略文章内容：用一条标题、一张配图、字体的选择和版面的位置，我们可以更好地歼灭。事实上，受法律制裁的过失不过是事物的泡沫：不法行为使法律不再确实并被人遗忘。记者的法律豁免权在文化社会内部构成了一条不成文的法律，其首要基础是包括了该行业所有成员的内部团结。从这个角度看，面对这个被无限分割但声调极具凝聚力的"部落"，"作者们"则被他们疯狂的自私置于弱势地位：同行之谊在报刊人而不是文人中发挥着作用。

通用规则一经陈述必须进行加权。在两个团体间从未存在过中国长城，今天更不会。作为战后特征，教授大量涌入文学，这相当于1968之后的记者。其中有两个原因：社会学的过剩（就业危机）以及政治正当性。如果说媒体在1968年之后旋即掌握了文化及政治两方面的权力，而文学机构在法国授予政治权力运作的合理性——重要的记者们就必须写出重要的书，一切就像从前的元帅、律师以及制定政策的头面人物。如果法兰西学院对这些后者曾有优先购买权，而今则轮到了大型报刊。这里因此有对两个传统类型的理解，剩下的就是在记者平台的同行往来比文学平台更加频繁：所有的总编和主编之间以"你"相称，每天互通电话，一起晚餐，结队旅行。他们通常在青年时光手臂挽手臂地在相同的报社一起工作过；他们在所有重要的记者发布会上相遇，在同样的事件中心；外国元首混杂地邀请他们参加集体采访、研讨会或休假。一时失睦、好心情或坏心情不能替换这种不仅是同行间也是的确存在的团结。而缺少共同实践，作家们则彼此离分。因此，这些文人、思想家和知识分子便有意进入报刊人的平台，从中获得应酬、个人豁免权保障等好处。同行之谊潜规则中的一条是——为一个重要编辑部的一个重要同行有（或可能有）问题的作品保持沉默——条件当然是有来有往。如果这不是一种谨慎，那就是一种礼貌，相反的则是粗俗无礼。这就是作者的自我审查与记者的不受处罚。所有触犯这条规则的作者可以提前知道他的作品将会大栽跟斗，被媒体的一片沉默彻底杀死，而出版社则将必然在处理他的下一部手稿时采取措施①。从中我们看到了禁书目录（罗马教廷）、奥托清单（第三德意志帝国）、中央审查机构（"真正的社会主义"）这类行为幼稚而过时的露骨，与政治统治的粗野形式互相符合。在进步国家里不存在黑名单，因为它掌握在作者们的手中。每个人都可以自由选择加入其中或从中随意划去。我们将它称为"经处理的奥托清单"。知识分子行业总是走在时代前面，已进入自我管理——无论是它的声望，还是它的禁忌。

对传播网络中不同据点的观察构成了将各点联系在一起的依赖关系最佳指征。所有的编辑负责人可以在任何情况下与任何级别（当然最好是同一级别）的另一个编辑负责人建立联系。"新闻记者"层面的传播按照头衔与职能呈水平方向，同时凿穿政治潮流

---

① 在这两边中也存在着意外，请参看最好的期刊《世界外交周刊》的精神高度与勇气。请同时参看某些被隔离的知名人士的独立思想，如让-弗朗索瓦·卡恩。虽然不在其中，他们将证实这条规则。——作者注

和政治联合的纵向隔离。赛尔日·朱利①可以直接打电话给让-弗朗索瓦·勒维尔或雷桦·福维或雪佛兰·维安松。反之亦然。同样在十八世纪，一位法国王子与波兰或西班牙王子建立关系，要比和一位法国骑士或男爵容易。如果一位法国男爵在他的人脉中有人可以方便地向波兰王子传话，他的明智之举是通过后者从法国王子处得到好处。传播上升的代价与传播下降的代价之间不存在比例，但水平面保持稳定。当今天一位中等知名度的作者感觉受到一家他不直接依赖的媒体的伤害与进攻，他需要通过他的王子把要求传递给毗邻或敌对的领地。安德烈·封丹会打电话给奥利维尔·图特，或相反，以获得对那位自我感觉受到攻击的先生或女士的弥补。这种转弯是个好策略，因为一位参战的小小男爵或男爵夫人与一名王子之间的权力关系极不平衡，王子的一句话就能扭转战机，让一个名字被二百万人看到，或在最后一分钟替换掉封面。知识分子社会不同等级之间传播体系的方向，以迷宫般弯曲的线条与柱子组合成矩形表，横向联合被排除在外。恶棍只能与恶棍作对，绅士将抛下他的手套，但人们不会混淆粗野的打架和无价的王子游戏。以他三百万的读者和即使毁灭性复仇也难以攻破的广告预算，一个勒维尔可以和他的同僚们进行一对一循环赛（《新的审查制度》②），因为他统治着市场，在国家权力深处与其他人具有同样的分量。这类一时冲动可用以调查对立面及测试他自己的防御能力：既是大型操作又是实力的展示，高层贵族

---

① 赛尔日·朱利（Serge July, 1942—　），法国记者，1973—2006年任萨特创办的《解放报》总编。
② 让-弗朗索瓦·勒维尔于1977年出版的书。

的一时意气巩固了平衡且没有任何后果。就论战而言——摩登的叫法，挑起论战（无媒体依靠）只具备首先进攻的能力，类似自杀；始终具备反击能力的领主们，彼此尊重地屹立着，不担心会被歼灭。

不论出于何种动机，我们在此为所有低等级者指明他们可从既存不对称性中获取的好处，确保与记者结谊极高的收益。这些友邻式的处理方式加强了内部敌对环境中大人物手中抓着的牌，但对于那些合作签名的小人物来说，也是真正得救的跳板。媒体官僚的碎屑即被媒体化者的盛宴。为什么？三个理由。

A）因为，一个对记者而言微不足道的许可，对作者来说却无比重大。这边是策略性的特权，那边是战略性收获。一个"大"评论员每周出一个版，一个"小"作者每两年出一本书。评论员一则简单的引用，更不必说是赞词，可以保障一本书的市场投放（已被看到）或保障一个名字（通过连锁效应的累加），但这些显然不能损害评论员的个人地位，也不能损及他版面的利益。一个大记者不会考虑得如此细碎，但我得这么做。人们用我的或 X 的照片做版面插图，不会减少销量；但这毕竟将拔高我的书和我的名字（因为星期一早上，所有其他评论员会搔着他们的头皮，一脸困惑，为自己误了潮流而担忧起来）。总之，以日报为例，一个主编每天有五十个版面要填满。他用我还是别人来填充——对他有什么区别呢？这样，我的朋友越在决策等级圈有说话分量，不对称性对我就越有利，而如果我有心持续一个月每天给他打三个电话，他最终会说起从前那些漂亮姑娘的套语："这对我来说算不了什么，却让他如此高兴……"没有（据我们所知）一个记者最终不放弃抵抗而屈从的。如果有人愿意为此付出代价，回报将是百倍的。留意本周报纸。

B）大多数记者，特别是最好的记者，并不知道他们所具有的权力。他们视自己为一般人，但他们将社会技术关系人格化并从某种程序上成为其载体（如同资产阶级在资本主义或官僚在官僚主义国家）。不对称性在媒体机器内部传输着，同时愚弄着那些令机器运作的人：它的不对称运作介于记者们占据了原因分析的最佳位置以及他们对综合性效应的难以预见之间。"啊，如果您知道的话，"主编助理对新人说，"我没有权力，我不过是汽车的备用胎。"是的，他是诚心的：在公司内部，没人注意他，或不够注意，等等。但我无所谓，对于外界和效果层面，人们看到的是有徽章的镀金汽车本身。记者"最不起眼"的影响，是合并了他的报纸名称、上百个在此劳动的记者以及数千名自成立之日起创造着这张报纸及名声的记者。个体、他签名的"分量"、他准确的影响力程度都不重要，重要的是他的身份、那张罩着他的工作的营业执照。在我们这个社会里，重要的不是一个人的承诺，而是他的位置以及他所属的机构。因了最不起眼，才有重大效应。徽章取代了对家谱文件的检查，想从卓越的《解放报》《世界报》或《新观察家》受益，有印刷资格家族中这些最默默无闻的成员在徽章之下可以办成。

C）由前一个不对称导致的结果是，一个确定而果断的因素就可以中和编辑人员中的绝大多数并形成决定。强有力的位置是从内部被征服的，一个人被最威严的城堡接受就能占领位置，接着是一个接一个逐个击破：一扇有用的小门足矣。世上不存在没有薄弱环节的链条：只要寻找就能找到（留意回顾最近四年作品，或十名明智的领头人如何以渗透法没费太大力气就笼络了一个有五千万居民的具有战略位置的国家中五大关键媒体）。显然，征服的可能性只能是在一个主宰阶层周界线的内部，符合它的整体利益，且以永远不瞄错目标为条件。

7. 收入剪刀差

研究当下的历史学家所推算的，由财税部门计算着，没有虚妄的叫嚷。同样，当我们在魅力流动的等级中感到犹豫时，始终可以检阅收入等级——它不会说谎。每一种差距衡量着社会距离。在用金钱分析的社会中，这就是降级与跌价之间的平行论的优势所在。

尽人皆知，国民教育领域薪水的平庸性在一个世纪中没有变化。就此而言，它与军队及行政官员薪水的平庸性持平（虽然存在军队士兵肯定且逻辑的价值恢复）。一个小学教员开始职业生涯的薪水相当于上士，结束时在中尉之下[①]。支付给一个初级大学教师的薪水相当于上尉，而在职业终点作为教授所得薪水相当于上校。教师间的同族通婚从此可以保证他们的家庭获得相当令人羡慕的中等收入，假如年终奖带给他们的零花钱不如其他领域那么肥硕（海关、税务、邮局、路-桥，等等），加班时间（最高限度接近一半工资）的薪酬还是不错的。被国家职业指征表统一和标准化的低层知识分子收入

[①] 这就是说在1978年，一个拥有教育资格证书的初级小学教师的月净收入为2635.79法郎，再加上住房和家庭补贴。退休前达到4455法郎。——作者注

保持在整体报告的 1 到 4①。

出版界薪酬相对较高的基本在私营企业，但整体差别并不明显。只有"丛书主编"的收入，因为与主编能够保证的产品销量呈比例关系，不同主编的收入失去了比例。一个知识分子，除了第十三个月薪水和有时得到的出版社年终分红，作为出版社的员工，尤其获得了时间本质和经济上的优势：秘书，报刊服务，复制，电话，以及特别是费用报销，使他个人的社会资本几乎天天免费地提高着。这就是为什么一个出版社的位置不能按工资的数额被体面地数据化：这个位置本身并非那么有利可图，但因了旁门和外快也并非那么不可接受。

真正的失速定位在高层平台——重大信息平台，唯一在它上面的是它正在不断接近的演艺圈酬金。大众媒体领域的薪酬展示出与大学或出版完全不同的秩序与幅度；其始终存在的薪酬水平差采取了美国式的过度行为。黏附于老欧洲的低层知识分子忍受着较高层而言相对的贫困化。从一个初级大学教师到一个"电视台主任"或一个出版顾问委员会主席，差距从 1 到 50。法国社会支付给它的意识形态总裁的，三四倍于它支付给国家产业企业总裁的，两倍于私

---

① 但是我们注意到在大学机构的高层有一个历史性的异常。教育行业的行政部门未被计入重组了大量公务员的类别，却出现在人文类，而后者又以"组团"或"交叉"的形式被 12000 名属于国家大机构的高层公务员分享着。科学院的院长被分在 D 组，极大地高于省长（C 组）以及准将旅长（B 组）。巴黎大学校长跻身法国二十名薪酬最高的高级公务员中，与法国最高法院翻案法院的第一院长、国务卿、巴黎警察总局局长相同（即 1978 年，年毛收入 211682 法郎。）这个越级是历史的遗留，公共职能划分表格的原件在解放后由大学教授烹制而成。其中涉及的是一个典型的定位的剩磁效应，从而使第三共和国的权威等级在第五共和国得以保留。——作者注

229

营企业总裁①。

---

① 欧洲广播一台的负责人1977年月薪为1.1万法郎;《快报》负责人为7万法郎(目前有轻微下降)。《观点》的一个大记者月薪为1.5万法郎。而最差的电视主持人月收入为3万法郎(即,如《世界报》记者莫里斯·马奇诺注明,相当于一个工人一年的收入,一个马里农民60年的收入);这个数字将被电视明星翻3—4倍,因为他们还有来自报刊、电台和出版社的收入(布瓦尔、皮沃特、尚塞尔、吉凯尔、杜克、马丁,等等)。请参阅莫里斯·马奇诺的调查报告《使人愚钝的机器》,载于1979年2月《世界外交周刊》,尤其是"平庸的薪水"一章。——作者注

第六章

高级与低级教士

1. 一个反差和两个原因

    A）集中化

    B）利润

2. 两个阶层和一个抗争

1. 一个反差和两个原因

我们是否应该遵守最宽容的官方编码，稀少的执行人员与辽阔的视听人数间的不均衡令人惊厥。在一个社会里，从未有过像法国高层知识分子成员那样，区区几人便能制造出如此大的噪声。就所有纸质媒体的编辑层面以及视听信息的时间长度而言，毫无疑问，整个小学教师行会（1978年共318379名）在这一年中所占的版面和时间比不上一个高级知识分子个人所占有的。更不用说在社会职业种类中明显被贬低的行业，比如"居家者"（1975年234355名）或"商业雇员"（736595），"小工"（1612725）。但是在噪声中，不能只听到音响效果，或是传播方式中信息的数量：与其关照渔夫水手或办公室员工，媒体关照那些为他们忙碌的媒体人是正常的。这背景噪声给予政治和社会编年史的，不仅是它的形式，还有内容。这个"边缘"阶层传达并生产着份额不断增长的新闻与事件，通过作为传话人的电视、广播、报刊、谣言，每个星期编织着有五千万居民的国家的生活，使得政治、工会组织以及对知识分子圈最生疏的行业都需给予它最大的重视。

如何解释这果与因之间令人叫绝的差距？通过两个特征，第二个源自第一个：物质集中化及媒介学意义上的利润。

A）集中化

象征的实践领域与政治的行政领域异质同晶。陈旧的法国式背景。如果说西方最集权的政府也同样是给予知识分子最重要地位的，这不是偶然现象。巴尔扎克，1840年："舆论产自巴黎，由墨水和纸张制造。它制造革命，外省接受这造好的革命。舆论，是三十个报刊业主对智慧的削价处理；是所有有能力写书的作家写的檄文，整个法国这样的人有五千名，但只有五十人的才华令他们成为危险人物。"① 知识分子的地理分布在国家的神经系统之上成形——影响力的领地随着权力领地而调整——那些"平衡的城市"将被从中剔除。一个小脑袋膨胀的知识分子存在于一个畸形大头的社会中。在高层与低层知识分子之间，我们发现同样的将大脑融入神经末梢的"秩序关系"，外省的首府：高层知识分子"告知"他的下级，如同巴黎告知沙漠般的法国。既垄断又技术性的舆论器官（电视、广播、杂志、大型报纸）加强了传统的集中主义，并极度苛求其效果：让最少的人掌握最大化的决策权。作为集权主义结构的反射，知识分子权力网络以蜘蛛网的形式编织而成，一切均如同传输途径（公路与铁路）和电视传播网络（从夏普兄弟的光学电报直到电话和远程信息处理）。坐火车从南特到贝尚松或从格勒诺布尔到巴约纳，其困难程度相当于一个助教联系实验室主任，或反方向而言，一个作曲家联系一名佃农。横向联系在法国是最艰难的事。一切只能纵向并离心地进行。唯一可以消除隔离的办法：一场革命（每个世纪两个

---

① 《俄罗斯信札》，发表于《巴黎杂志》，巴尔扎克，第40卷，《各类杂作》，III，p.344。——作者注

月），但在革命间隔期，媒体系统控制着中心。要使一位音乐家把消息传递给一位农民，剩下的唯一途径就是去电视台，去哥纳克-珍街；而助教必须攻开《世界报》的大门让实验室主任注意到自己。没有出路的旋转门：《世界报》只向主任打开，而农民无法回复音乐家，因为他进入不了小屏幕。传播箭头是自上而下的。事先未经巴黎总部的首肯，一个马赛的诗人不可以通过法国电视三台的地方台将自己介绍给志同道合的诗歌爱好者；而埃尔桑集团的网络通过光电排版机每天在法国的各个角落重复制造着首都大作者的社论才华。

法国因而是战略优化的国度：这里寥寥几位行动者就能以最小投入达到最大输出，只要最小投入是在神经痛点上。知识分子"权力获取"享受的是与暴动、军队控制及我们历史上的政变（7月14日，雾月18日，1848年2月，1852年12月2日，人民阵线，1944年起义，1968年5月，等等）为达到唯一权力中心光芒四射而加重赌注的相同过程。技术复杂性越高，回报越大。舆论观点的制造固定成本越高，兼并过程的造价就越低。"神经痛点"的报纸不是三十家而是两三家。舆论领袖也没有五十名，且其中"才华令他们成为危险人物"的更不会过半。谁控制了一家广播电台、一个电视制作室、两三个编辑部，再锦上添花地在周边三四公顷内控制三四家出版社（非必要条件），谁就控制了在全法国领土（再加上海外领地，独立的后殖民非洲及法语区）社会思想传递与流通的源头。今天的高层知识分子，虽然表面看不出（因为渐趋消失是它的状态，散落是它的力量），却拥有着前所未有的社会权力：传播触及所有地平经度。以君主集中制存储象征符号，以一系列同心波传播思潮。一个体系的中枢：微小如大头针。

以迎头痛击瘫痪一个政治体系的支配力量，无所谓它们的共识或可作为借口的有利情况，在联盟性质的国家中——比如德国、美利坚或瑞士，或地区势力强大的国家——如意大利或英国，不具备物质性的可能。同理，在华盛顿或罗马"获取或占领权力"也完全没有在巴黎获取或占领权力时所能涉及的范围，因为无论出于何种原因，威斯康星州或艾米利亚-罗马涅大区将继续以它们理解的方式自治着。同样地，大学中心的多样化与分散、广播电视台、报纸期刊、社会团体及遍布全美或全意大利的俱乐部，以一种法国无法比拟的平衡分配了象征权威的风险与组合。民俗，泡沫，舞台游戏？那些与战斗或"科学"有业务往来的大人物以嘲讽待之是错误的。如果是一场喜剧，它的风险就在于"社会的生产"通过几个人操纵着选择，使选中的思想成为意识形态、事实成为事件。媒体官僚控制的不再仅限于舞台世界，明天他们将侵入舞台——政治人物肤浅的智慧解放并鼓励了知识分子的肤浅政治。这由历史决定的物质配置中唯一的遗忘或疏忽在于，意识形态的载体允许讥笑巴黎风格，它的雾气，它的迷恋。很久很久以前，哈瓦斯、贝朗、贝尔、马可尼、赫兹，这些先生将巴黎的朗代尔诺扩大到全法范围，而巴黎仍是星球上音质效果最好的地方，也许更甚于纽约。廷巴克图、曼谷或波哥大的伟大人物当然会将最佳音质效果给予廷巴克图、曼谷或波哥大。可是在法国，他的声音令塞纳河左岸喋喋不休，那是从西方每个角落传来的层层叠叠的回响——第三世界也包括在内。社会学家布多罗与埃斯塔布莱曾恰如其分地为法国小布尔乔亚部署了——"在社会中占有一个与它用数字表示的重量不成比例的位置"——尤其值得通过另一种阶梯达到至尊荣华。法国社会最肤浅的阶层成了最重要的阶层。那些脚底最远离土地的人成了最常出现的头面人物。一百五十年前,那些郊镇的游荡无产者在资产阶级眼中是"危险阶层"的化身。在所有资产阶级的分支中,其中的知识分子尤其成了对大众而言的"危险阶层"。这个自恋者的圈子,货真价实的公共"思想社会",缺少了它,公众将无法思考,从现在起,它能够以头脚倒置、左右互换的方式向全体民众展示一个颠倒的世界,因为外面的世界已无法直接被看到,除非经过大型中央镜像的反射。明天,将出现这则小启示:"以弗里吉亚帽交换漏斗——玛丽安娜。"①

B) 利润

政治统治制度的力量在于不显示它的力量,人们同样服从并深爱着国家政府,且不将其视为国家政府。在我们的天空下,一个阶层对统治强烈的赞成是通过自阿尔都塞后被称为"国家意识形态机器"来组织的——这机器可以将现存社会关系的再生产痛苦程度减少到最小。我们国家的管理人员,这些自己不停地在私营和公共领域旋转(比如我们的高层公务员在生意场和政治圈来来往往)的人,曾接受过降低成本的专业训练:商学院、管理学院、麻省理工学院及他们的实践。他们自然更倾向于干预部队的特警队而不是信息机器的特刊报道;更倾向于强烈感觉而非轰动一时。教学机器需要近百万名公务员(85万)用于在出产一千五百万名受教育者的不同机构中进行纳入/定性/分配。毋庸置疑,这不是信息机器的专业化和

---

① 弗吉尼亚帽是戴在法国象征玛丽安娜头上的帽子。

使用者架构所能达到的。但是五十名"意见领袖"——根据两级传播理论（Two-step flow），通过五百名隶属的良师与下游相交替——足以令这个世界可以被三千万成年人所接受或期待，这是桩合算的买卖。更何况，独占好处的国家，它同时通过正式支持私人资本的加入（报业公司和生产企业），将开支社会化。以信息前行，是行进于从信息到经济的各个方向，反之亦然，一个优秀的喉舌知识分子，坐在指挥室里，每个月获利为7万法郎，再加上奖金和职位好处。最好的收益，最佳的印象。一个"边缘"（实际为中心）广播电台的麦克风，充分利用早上六点到九点时间段，抵得上一百座主教堂或一千座小教堂。乡村的神甫曾有他们的小绵羊，下级警员有他们的被治理者，视听明星有他们的粉丝。最高象征警察是那个唯一将公众崇拜加到他的职能中的。

从一个方面来看似乎是对资源（广播、电视、海报、折叠册、电影、体育、杂志，等等）极度的挥霍，也可以从另一方面被看作对一个体制整体上可观的经济节省。在社会主义国家中，监视机器的超装备和信息图像机器的低配置之间难道没有关联——如同资本主义国家浩大的象征符号全副甲胄以及和平时期不引人注目的强制机器之间？党无处不在，媒体无处不在。我们形象美好的办事员具有相同的框制/控制职能——以及同样的高级领导身份——与职务相符的正确路线。但就高产量而言，他们的回报率更高。他们稳固着这持续但可预防的、与体制正常机能（勒索与反复灌输）同样即显著又无痛的反革命，并与体制合成一体。就其他方面，因为电视新闻、《快报》、《玛丽嘉儿》和《法国晚报》各有自己组装完备的宪兵火力，国家内务部及国防部可以减少他们的人员和设备开支。如果明天所有的媒体不幸统统停止服务，或许国家力量会被迫在短期限内调动它的后备军队以达到"遵守共和国秩序"的目的。1968年我们已经清楚地看到了：电视台持续的休息，便是国家安全警察的劳累过度。

另一种统治政体偶然地存在于帝国城市之外，在它们的经济狩猎场之上。那里，灌输教育的技术回报率最低，虚无的力量需通过展示被发现。这就是为什么在战争期间，与内部会停止不前或侧滑一样，这个体制只能正面迎战于猎区之外，但是在那里它是最易受到攻击。中心的坟区在市郊：历史的老教训，宿命的帝国，它们的毁灭和它们的循环。

2. 两个阶层和一个抗争

低层知识分子对高层知识分子的感觉相当接近两个世纪前第二等级教士对第一等级的感觉：混杂着蔑视与畏惧。高层知识分子鄙视低层知识分子如同一个落后阶层，又怀疑它的危险性。落后，因为低层知识分子们仍然会轻信嗜古的"拉丁文圣经"（马克思主义和"进步主义"）以及过期的神话（无神论、工人阶级、公共服务、国有化）①。危险，是因为低层知识分子主要由倾向于社会主义的公务员组成，他们将会把自己的即位认同为由官僚政府统治的公民社会的领导阶级。我们将在最近一个有争议的小册子里发现这种敏感性作为主旋律被传播、结晶。"我建议，"作者写道，"按其来源和目的，将知识分子中的这个派别看作国家阶级。"国家阶级的意思就是：危

---

① 在高层知识分子的价值表中，"拉丁文圣经"（"Vulgate"）的地位和功能相当于有争议的劣化操作者以及加封授爵，这个现象值得另做研究。"Vulgate"臭名昭著，因为这个词的根源是 vulgus（下等人）或"凡夫俗子"（即和我们相对立，我们是有智慧的精英）。不幸的是 Vulgate 同样也是拉丁 vulgate，意为"广为流传"以及扩大/传播一种思想、理论、图像，构成了文化控制论黑匣子的核心。什么可以自行传播又为什么？如果没有圣杰罗姆把圣经翻译成拉丁文的"Vulgate"，基督所言在西方又会成为什么样子？正是意识形态学家的社会定位为他们蒙住了历史问题中最战术性的一点：世界形成来自思考本身。——作者注

险的阶级——国家,糟糕的物体,与作为再生载体的公民社会相对立。"而高级知识分子,就像我们在上面所提到的,离开了通行的马克思主义和职业政治,虽然迟缓了一些但尖锐地提出了现代社会中集权主义的问题。而那些人数更多、在选举中影响力更大的基层和中层知识分子,他们首先提出的问题是权力及权力的征服。运用一切手段,他们试图获得左派可能的胜利并致力于自己的到来。"(雅克·朱利亚尔《反对政治职业化》)而且,只梦想国有化和专制计划经济,这个派别用社会主义漂亮而空洞的措辞掩饰了自己"发布指令的胃口",同时证明了它少得可怜的精神道德和对现代事实的愚钝。应该凑近了阅读这书的每一页——代表了占主导地位的意识形态学家的意识形态和现实果决背后浓重的传统主义[1]。这类论述确实有他们的贵族背景。1898年,对手不是"通用的马克思主义",而是"庸俗的自然主义与实证主义",在《背井离乡者》的反面人物上,巴雷斯使用同样的归谬法,布泰勒先生以共和国来认可"拿奖学金

---

[1] "凑近":粗略的阅读,大量报纸和杂志导致的必然快速浏览,有利于"粗略思想"的腾跃。越来越大量的是那些双倍放松的产品——以泰然的风格和四处收集的令人惊讶的信息,它为读者的第一次阅读带来赞成的感觉,但只要读者"慢慢地"看,就会发现其中空洞无物。特别是因为这种现象,雅克·朱利亚尔这部有些仓促成就的作品成了典范。后者收集的有关知识分子不准确的统计、语义及理论,为门外汉提供了有关知识分子的"流行意见"(doxas)现行密码最精确的概括之一,因了这种密码,很可能的事便被公认为确实的事。如果一个时代的未被察觉性源自它是陈词滥调的大本营(由这个大本营出发,在不久后的将来,它将被视为"那个时代",独一无二的时代),其中或许有读者时间减少与陈词滥调激增的必然联系。不可视的将在我们赢得时间之际胜出。如果人类想保留他在与意义、自然和历史的关系中某些主宰性,对所有领域和所有活动的速度限制已成绝对的必须。如果对速度的赞美是前卫布尔乔亚(对于法西斯式的未来主义,"赛车"已进入法国轻骑兵)最频繁使用的主题,这绝非偶然。——作者注

的学生和贫穷教师的野心"。(以同样的手法，正统主义的支持者通过挖苦急于发迹的平民贬低了君主立宪制。[1])

相反地，低层知识分子对高层知识分子的感受中混杂了不可抗拒的吸引力与不信任。在一群星星化身的圣人前，是不可抗拒的吸引力，毕竟人人都有社会和个人的成功梦想（被公开宣传衡量着个人实现的级别）。不信任中交替着嘲笑，或面对投机暴发户以及虚伪反常的浮夸时的恼火：比如一个社会科学的研究人员，对自己的职业相当在行但将此局限为一份工作，是最常在冠名持有人与私下判若两人的吸引公众声望的方式中发现大笑或冷笑的理由。然而在这两类相对立的怨恨中并没有对称性与互换性，其中的原因只可能是高层的感觉可以变成恰当的、成体系的公开表达，而那些低层的只能在背后发牢骚，或窃窃私语或独自旁白。章程式的不公平，因为高层知识分子可以对知识与文化实行他作为私人业主的权利：进入大众传播手段中心的垄断通行证。低层知识分子被专业隔离，被学科分割，散落在外省，缺乏交往组织，只能在角落里抱怨着并接收来自正统中心圈的传播：大出版社，巴黎的杂志，领航的节目，时尚报刊。

因此这是一场战线逆反的战役，被无休止重复的剧情反转永不疲倦，不惜滥用行动者本身。对最大化传播网络的控制优化了新思想领主的权势，使他们可以以庶民的名义及与庶民的接触占据优势。媒体在选择精英的同时，将其塑造成反精英的形象。呼吁基层大众反对或越过媒体机器的同时，构成了政治战线和所有高层知识分子领袖权威的共同方案，因为这才是他们利润最可观的地方：用"意

---

[1] 《背井离乡者》(*Les Déracinés*) 是巴雷斯的小说。布泰勒先生是小说中人物，巴黎教师，共和党人。参阅第二章。

识"来解释，这种立场即高层知识分子的媒体意识，它事实上突出并跨越于媒体机器的位置之上，乃至于他们可以将一个真实虚幻化。主题可以通过选择要点及范围无限地塑造。我们可以呼吁"上帝的微民"反抗"教会机器"（克拉维尔）；呼吁庶民反抗世界的腐败堕落（格卢克斯曼）；呼吁"有血有肉的无产者"反抗无产阶级的"斯加纳列尔们"①（雅克·朱利亚尔）；呼吁善良而明智的人们反抗机构的审查官（B.H. 列维），等等。没有一个名声显赫的思想家没有这块金字招牌："我在这里只因为我是个初级但知名的思想家。""我加入名流了！"成了重组所有名流的代名词。有个知识分子是波拿巴主义的，就像还有另一个是宗教或政治的——其实常常是一个人②。名声的物质成就过程同样加入到社会喜好的新平衡中，以调换旧方程式的符号而不改变它的解法。于是在结合了彼此紧密协调的话语与实践的基础上，建立起一个被排斥者的势力集团或一个反传统的罗马教廷，在亵渎中混合了挑逗的诅咒。这是所有时代贵族的共同特征，人们觉得他们比中等资产阶级更接近大众。在这种情形下，新高层知识分子——全民表决通过的寡头，得到公众舆论授权并认可，手中拥有引导与告知的特权——他们为自己带来了奢华，但也不排斥与"谦卑而不幸"的低层知识分子的捷径联系，因为，是他们横亘于专业化的研究与普通大众（"老实人"）之间的连接地带！与基层

---

① 斯加纳列尔（Sganarelle）：莫里哀作品中反复出现的人名。
② 莫里斯·克拉韦尔是现代性知识分子中最重要的人物，因此也是最传统主义的（新＝老）同时在这三者间操业，这是正常的。到处是他的指令：直接从顶峰到基底，从戴高乐将军到法国人民，从教宗到信徒，从圣灵到万物，从天才到读者来信。全民表决耶稣再生的样本："我以最诚恳的心声呼吁在天主教堂实行一种文化革命，从而影响到全世界的教堂。我知道，这种小人物的想法令人不快。"——作者注

的连接始于高端，就像外省之间的连接要经过首都。专家，或真实主体，他们不可以将自己的研究成果翻译成"老实人"的说话方式，翻译须通过高层知识分子中那些自认有资格且是唯一资格的全科专家进行。就此意义和其他很多意义而言，媒体普遍化在二十世纪之末将扮演与上个世纪选举权普及相同的角色，成为势力阶层的问候平台——与我们期待的完全相反。真实的职能以相反的方式运用意识形态话语，况且后者在受害者眼前遮盖了前者，令受害者以为自己是一种看起来为他们着想的权力补贴模式的受益人。我们将看到这种诱饵如何在今天的政治舞台上表现。在个舞台上，政治党派蜂拥掷向将它们杀死的媒体的热情，完美地模仿了公牛冲向斗牛士的红绒布旗。符号竞技场上的效果也是同样的辛辣。从 1848 年到 1968 年（及 1978 年）大资产阶级不断地凭借他们自己的民主话语和多数派法则粉碎了平民大众；同样地，按照新媒体体制客观地建立起来的具有支配权的高层知识分子，他们以被支配者的名义查禁着被支配者：难道这些知识分子不是唯一能够让这些大众在大众中被听到吗？此处或彼处，公共发言的垄断者与人民的代言人是一回事。

要解释联结高层与低层知识分子的权力关系为何与其数量比例相反，应该首先鉴定各方真实的界限以及彼此在哪些方面相对立。我们知道，他们之间直接的区别不是职业或专业：划分贯穿每个学科、每个知识分子专业。区别不在于资格或业务能力。正是因为这个原因，拥有专业或技术称号的工人根本不可能像朱利亚尔所说的那样，转型为专职知识分子/专业知识分子，全科专家/技术专家。关系在此呈现反向运作。官方正式将那些"从事需要学徒期的职业"

称为"技术工人"(国家统计局编号第61号类别);将"工作在只需告知注意事项而无需真正学徒期的岗位上的人"称为"专业工人"(第63号类别)。如果字面意思存在的话,知识分子高层中挤满的是专业工人,低层为技术工人。每个学科的人都可以作证。为数不少的知识分子在职业生涯中用几年的时间从低层晋升到高层。大多数情况下,这种晋升代表了专业资格的失去,在成为"全科专家"(可谈一切的资格)的同时,他们放弃了学术研究,在自己的学科演变中落在了后面。享受着他们年轻时科研工作带给自己的信誉,然后来到了这样的时候,他们得考虑自己的透支和通过公共借贷来弥补这一赤字。他们得到了生产效率,却失去了创造性;社会知名度的上升与他们的专业信誉下降的速度相同。"介入"的增多——文章、研讨会、访谈——个人精力分散、工作的加速及迫于广告要求而草草了事,其后果确切而言,即以"只需告知注意事项"取代了"真正学徒期";抑或,技术工人倒退为专业工人。因此,区别需从别处寻找。高层与低层知识分子代表了两种存在模式、两种社会地位、两种经济群体,虽然有时会互补,但他们的本质是不同的。

两种存在模式。在低层知识分子中,同一处境的群体建立了利益群体;在高层知识分子中,身价的识别无法在内部繁殖出团结,相反却增长了划界的意愿。多样化的收入类型、社会身份、在高级干部及公共职能手段组合中起关键作用的彻底建立在知识分子基础上的指标,并不妨碍自我对专业群体的意识;群体在全国范围内的分散也不会减少它的凝聚力。因而知识分子的工会化比例相当高,但从低层到高层呈降低趋势:小学教员加入工会的比例在全国各行业中是最高的。整体精神是社会阶层底部的共同特征:互助会，社团，联盟，联谊会，协会。我们在等级中的位置越高，可集聚的人越少（在公司也一样，工人常比干部殷勤）。高层知识分子成员，虽然彼此呈鳞状交叠，但更大程度集中于地理、社会及机构的空间，他们掌握着极其完整的装备，但展现在外的凝聚力非常薄弱。原子松散的分子，第一等级以这种矛盾性区别于第二等级：高密度的机体与低级组织性的结合。孤独在这个层面宁愿彼此并列而不愿联合起来。这个职业的实践本身，越向高走，越趋向于职责个人化和鸿沟的加深。越往上，我们就越可以让自己抽象化，同事成了无所谓的同行。在中学教书根本不可能不与同事相遇和交往。一个大学教授，如果他愿意，可以来来回回教他的书而碰不到一个同事。丛书的负责人在家里工作，一个大评论员在电话里口授他的稿子甚至用不着离开座位。权力制造了空虚——让我们为他的孤独哭泣吧！

在两者的内部是截然不同的人际关系。相对低层知识分子的团结性，高层知识分子运用的是复杂性，如同一方为集体请愿而另一方是个人策略。在公共职能中，由于职业指标共享，双方的利益相互混淆。一般来说，个人利益与机构利益是一致的。与上级的关系不是顾客与老板、朝臣与君主或随从与宗派领袖的关系，因为上级根本不能反对下属。他可以推迟一次晋升或用一个糟糕的单位评语为难一次工作调动，可他自己也会被他的上级同样刁难：这里面有彼此的虚拟约束。况且"个人档案"在大学里已经被取消了。教师的职业生涯不同于出版社员工或记者，不仅在于职务的终身性，而且在于他的晋升模式：他的职业生涯即资格许可证书上的职能，且规律性地通过竞争得到证明。他较少依赖于一个老板或一个小团体,而更依赖于集体委员会,而起码在大学里,这个委员会在工会的控制之下。低层知识分子没有必要屈从于羞辱性的被迫讨人欢心,也无需显得与众不同,不需"提供服务"。他对国家政府的服从属于集体性的、匿名的、程序式的——对他的气色、冠状动脉和胃不起作用。等级阶梯与教书人相连(而不是像1887年以前那样属于教学单位),但人与阶梯相连。个人价值的提升与降低是集体性的,个人用不着通过削弱他的邻居或奉承他的领导来加快他的职业发展。纵向的提升是缓慢的,但横向的薪酬是平等的。解放后对干部实行的统一化政策取消了巴黎大学教师与外省同行的重大工资差别。巴黎-外省的对立,仅属于高层知识分子的社会增值,对低层知识分子不起作用。总而言之,低层知识分子间,不同专业类型以层层排列的数字编码所代表的员工、章程、框架并非无从比较,即使是对既得利益范畴最明确的防御,使用的也是一个从精神到专业平等主义的参考框架。高层知识分子成员,从某种角度而言处于同一平台,但高高居上(收入、头衔、职能),全日制地在头脑里和他们的周围制造着不平等。他们需要彼此见面但互不知情——不透明的收入,对信息来源的保护。所有低层知识分子中的公务员有他们的年终奖金(该奖金在公共职能中随着等级而增加):这是加在工资里并申报的收入。薪酬的计算表是正式的(以得分为基础),每个人都知道他邻桌的收入,从法院的执达员(编码200)一直到大学教授(C组的"人文"类,编码1125)。收入总体而言并不可观,人们以此开玩笑。作者版权、补贴、稿费和工资,在高层知识分子内部绝对不是开玩笑的话题,他们以极致的谨慎处理着这些微小细节。

这当中有一个"但是"：工作不安全感。一般来说，高层知识分子时刻生活在担忧中，而低层知识分子则生活在安全感中。后者被公务员的身份保护着，靠着工薪勉强维持生活。前者却屈从于变幻莫测的市场、社会关系、起伏不定的知名度。作者的成功（相对而言）是无法预测的，职业生涯的腾达被悬吊在一个联盟态度的逆转、一家报刊公司的倒闭以及政府选举的结果。本质而言，高层知识分子靠贷款生活——他的个人信贷，不断地被他人评头论足。我的文章会被接受吗？什么时候会发出来？在什么位置，用什么字体？我的书会有市场吗？今早的行情里一点消息也没有吗？明天，或许会有个评论。可悲的警惕。安娜姊妹，你没有看到任何事情发生吗？所有的报刊公关都知道"一心想通过的"作者这痉挛的呢喃，徘徊在走廊，为迎接他的伟大作品的沉寂（这样的作品成千上万）提心吊胆着；X 的报纸还没到，Y 已经对 Z 说还不错；下个星期的节目，会有的，会有的，再等等。激昂，烦躁，疑问。"光荣的命运不确定。"低层知识分子有假期，高层永远没有。越是激烈地生活在高层中，危险就越大：俨然是美国式的。低层知识分子是"小布尔乔亚"——显而易见，且毫无廉耻心。他们用典型小布尔乔亚式的平稳安全感来缓和物质上的平庸[1]，并与国家政府和解，代表了社会的上等阶层。根据其意识形态和精神状态，高层知识分子更接近于高级经济管理人士的性质：拒绝过去及"仿古"政治（没有集体记忆）；对未来有时看法恐惧。健忘症与惧怕时常双双而至。无论如

---

[1] 参阅布多罗及埃斯塔布莱的《法国小布尔乔亚》，马斯佩罗出版社，1976年。——作者注

何,在高层知识分子内部,人们更乐意嘲笑国家老掉牙的二律背反(法国/欧洲,右派/左派,资本/劳动,资本主义/社会主义,等等);而在低层知识分子中,他们还不习惯"与他们的时代联姻"、将"手表校正"到现代技术的钟点、国际竞争以及市场的强制性。

第七章
竞争社会

1. 原则
2. 运用
3. 后果

1. 原则

在"大"与"中"知识分子之间，竞争乃命中注定。如要听天由命，首先得理解为什么，这不是禁忌。对物质生产的疏远使得知识分子更习惯于满足实际存在物，但后者通常只不过是一个因自身哲学隐喻而更加隐晦的某种社会地位的实体或赘述。知识分子的条件在我们看来意味着一个确实的形而上学的维度，它不是模糊的概念而是具体的存在，在一个肌体内部显露的幽灵。如果唯物主义的立场在于干脆彻底地忽略这个纬度，那我们就不是唯物主义者。如果它将此纬度视为清晰可见的，那么我们当然就是唯物主义者。将经济基础定向为命运不是将经济等同于宿命，而将它建立在真实之上，即理性之上。

区别于教授、研究学者、科学家、辅导教师充斥的低层知识分子，高层知识分子由原创作品的创造者构成：小说、文章、杂文、诗歌——但也包括电影、画作、音碟。每一个精神作品都不会与另一个相似——独一无二是它的本质。但是就下面两种特征而言，所有这些精神作品的相像性仿佛两滴水珠：它们物质地存在着，这叫作"物体"。这些物体在市场上进行交换，这叫作"产品"。这种从物体到产品的转型中充满了不如意：我写书的时候是一个人，我是唯一能把它写出来的人，这是我与我之间的事。但印刷、复制、销售的却不是我。一个事件刺激了我，我欣喜若狂也好暴跳如雷也好，只有我自己能说清楚，这也是我的义务：我写了一篇文章，我把它寄给我最喜欢的报纸。但能不能发表却不是我能决定的，也不是我来修改、校对、加附标题及排版。创造者孤独的傲慢，对生产者奇怪的依赖。而在这种不如意中充满了实践的自相矛盾：作品与产品之对立，以及原创与系列、原创者与生产者之间的对立，在我眼皮底下调转了位置。这种转变从严格意义上来说等于异化；对于一位作者这是令人心碎的，因为那些最私密的——他的精神、他的才华、他的记忆——在记忆中重现时陌生得如一件他需要在其中寻找自己的外部事物：这个事物，是他的精神。但这种揪心同时是一种满足：所有的作者都愿意看到自己的手稿被印刷及装订，不出版比生意萧条令他们更痛苦。幸福的是面世，不幸的是消失。受宠的是作品，失宠的是自我。我们就此停止罗列这些自相矛盾的悖论，它们的价值只在于指出一条线索：所有的作家从内到外浑身不舒服，可是这种不舒服自有它的逻辑。

哪种类型的生产者是作家？

随便哪个人生产出原创文本，便进入了传播（无论通过何种渠道或何种载体）。该文本的生产通过了一定的劳动，但是作家保留了对劳动成果的所有权。因此是非常准确的手工业主。作家这个身份得益于并始于法国大革命。大革命将私有土地和财产奉献给集体所有的同时，合法化了文学与艺术创作的所有权。1957年3月11日的法律同样对此详细陈述（法学家因此被迫接受这些清晰明确的思想)："一个精神作品的作者，因为他的创造这一事实，享受无形财产、排他性和反对一切强制执行的权利。"1936年，曾经尝试过（让扎伊方案）将作者权改变为"以劳动而非所有权为标志"；但被势力强大的特权获得者占了上风：现代作家，资产阶级权利的历史性产品，就应该是一名业主而非无产者。说得更准确些：年金收入者。因为作者权接近于年金（广义上来自垄断状态的津贴）。我们的作者因此也是不动产者，因为在法律上作者权被认为是有所有权的财富（临时的），可以被合法继承人继承。所有权，年金，继承：绝大多数十九世纪的法国作家，不论大小，均站在资产阶级党派一边对抗劳动者党派，只要后者显示出上升为政党或社会运动的威胁，这不是偶然的。事实摆在这里——而且将继续在这里，光彩夺目、不断重复（留意报刊与小屏幕）。

如果精神作品自身始终处于无形状态，这种无形财产将是贫瘠的。自从知识生产者和作者一样被与他们的生产方式分开（十八、十九世纪），从无形到有形的转化就必需第三者的介入：出版人，因为转化必须的前提是工业资本（印刷）与商业资本（发行/广告）的集合。前者的目的是将独一无二的原创物质化为可再生产、可交换的财富；后者将财富转化为现钞。作者其实是将他的所有权出租给出版商，因为没有这个中介，他的财富无法进入商品形态。这个特殊的中介、作品开发权利的承租者，负担了将产品使用价值转化为商品价值。最骄傲的艺术家、最目空无人的玄学家，今天也无法避开这个媒介：一件艺术作品的收益权，如同一个概念的传播，没有商业操作已不再可能。考虑到大学和政治党派的衰落，资助者的

第七章／竞争社会

消失及研究机构的萧条，这样傲慢的人将越来越少。我们将注意到，即使存在着现行的不公正，作者的法律资格已在工薪族的记者眼中成为一种优势。记者的身份总体上要求他们将所写文章的文学艺术所有权放给老板（只有偶尔按字数计酬的可以享受版权）。作家之与月薪化的记者，如同电影制片人之与电视制片人：作为作者，电视与电影制片人没有区别，但电视制片人没有对作品全部的所有权，该权利属于电视台并可由电视台转让。一个事实上权利延迟的典型异常。这里，工作岗位高于法律条款。法规显然需要调整。

就出版商目前对文本的承租和开发所遵照的条件，应该呼吁进行相当数量的调整。如果在最勇敢的作者中（请注意稍后）的少数几位曾发起改善我们身份的战役，同时延续了巴尔扎克和马拉美的抗争，那只会是正义的。"通过权利"，这个纯粹的国家时代错误（由出版社在版权收入中直接扣走10%）来自十九世纪，那时候作者的收入以印刷册数计算，与销量无关。陈旧的"优先条款"带来荒谬的不安；"附加权利"中极高的百分点（涉及俱乐部、口袋书、改编成视听产品，等等）——绝大多数作者反感把鼻子凑近这些细节，因为这相当于贬低身份接受自己的小说、诗歌或哲学作品只是简单的商品。而出版社则以"发行商"来回避"老板"这个主题，因为他们也反感中断了与这些大孩子亲密无间的迷人时光，这些人一个接着一个地来到办公室，将灵魂以手稿的形式交付给他们。作者将因出卖感恩而成为羞耻的精灵，作为使徒的出版社已准备好做最后的奉献：如何才能不过于吹捧自己地反对这些埃皮纳勒版画？

肯定不是"员工"，更不会是"劳动者"。写作是一种劳动，但作家不是一个普通的劳动者。他们的矛盾之处在于作为一位先生或女士，他们的消遣令自己精疲力尽。作家是一个生产的享乐者。精确的用词即"制造增值的人"。证据就是人们从他那里买走了来自他的快感的痛苦产品（或他能够再贴现快感，将会使别人获得他痛苦的果实）。谁？我们？门槛出版社，或宝丽金，或梅格特基金会，或艺术媒体社——从这个角度看，小说家、歌手、画家或演员，没有区别。严肃点，预言：让我们对视并为我们的醉意狂笑吧。作家是用一只无与伦比的脚来写作的。如果是一位"劳动者"，即字面意思的工人，按照圣人马克思及圣人傅立叶的观点，从今天开始他就是唯一生活在共产主义中的人：工作对他不再是奴役，而是一种需要和激情。他不断要求，他重新开始，如果他"被任务累死"，这文字的苦役犯和别人一样求助于大麻。干活，想睡就睡，不用坐地铁。没有作息时间表，没有扣款也没有结算。如果他要考勤，也是私下进行，当着自己面，再加上一个受虐狂。的确是人类中运气最好的。没有人强迫他做他在做的事。"卧室里的花边女工"，他没有要警惕的邻居、没有要拍马屁的小领导，没有要做假动作迷惑的老板。他甚至还能挣到钱。给予他顾客的快感，他首先已拿来用在他的白纸上了；如果快感的性质不同，那么他的快感一定更强烈。从淫秽中提取财源的人不多见——但是有多少人——除了艺术家、歌手以及患有慕雄狂的罕见妓女——社会会花钱来订购他们的快感倾向？某种廉耻感或许减弱了对工厂工人产生幻觉的作者们的无产阶级热情。同样是这些人，真的，他们时常认为自己在删掉一个逗号的同时加快了革命的进展。讨厌的墨水人，有时候，会以人血做成好买卖。

　　管理部门不再将我们视为自由职业者——我们必须效忠于我们中的某几个人，从而集体地被当作工薪阶层对待，拥有享受社会保障金的权利。我们的感激遮盖不了我们工资的半奢侈性，它的特性很难被简单归结为传统的职员纲要。虽然作家不是在自己家里生产全部货品——像传统手工业者那样——但也不是被分成小部分的工作——像工人那样。后者按小时计酬，文字工人则按件计酬（在美国，出版社对畅销书作家按页计酬，无需事先阅读）。联结作者和出版社关系的奇特之处在于它的暧昧：这是一种远古的关系（手工业的：在作家与艺术家中罕见工薪身份），但是产品却服从资本主义生产模式的法则（平均利润率、收支平衡，等等）以及极度现代化的商品流通。这个分支的另一个特异性："雇员"按发行商获得的销量和利润被事后支付（也可称为"预支"）。售后结算将出版者的风险最小化，强化了作者与出版者的团结：彼此都最好能改善对方在市场的状况。很少看到生产者与老板直接在商品市场合作的生产门类。

哪些类型的产品是一本书

产品的非典型性解释了市场的奇异性。图书与其他的商品不一样：如果我感到自己想品尝《幻美集》①，《凯恩舰叛变》② 将让我陷入饥饿。每本书都是唯一的，但是双重性地唯一着：首先它作为不可替代的劳动者的不可替代的产品具有唯一性，然后它只能导致唯一一次消费（即使涉及大量消费）。这种特异性对计划的制订产生了挑战，限制了工业化的同时，给了作者和出版社所有的希望：每本书就像掷骰子，"一切都可能发生"。没有市场调研，没有畅销书配

---

① 法国诗人瓦雷里的诗集。
② 美国作家赫尔曼·沃克的小说。

方：我们可以推荐一个空档；保留一个特征；让某个类型的作品优先；劝阻某些过时的风格或某个意识形态内容，太"过头"了，不过但愿保住成功，不可称量之物最终会破网而过。因此，出版社必然要把剪刀差拉到最大幅度，重新分配亏本风险和成功机会。图书的生产可以实行标准化，但没有对标准图书的定义。物品的个性，即作者的个性。而确切地说，出版社通过作品向其作者购买的正是这个特异性。一方面，作者被突出了：如果他的才干是可以互换的，像工人的那样（以平等资格），他就将成为无产阶级。正因为事实并非如此，作家在面对出版社和发行商时便享有某种程度上的自主。另一方面，他与出版社签定的合同更是一种两个人之间的结合，而不局限于卖方员工与生产方式持有人的关系。这种关系以私人方式被提高了价值，因为价值法则无法在非人格性中运行。可是，以何种计算方式？购买？如何制定一部手稿、一幅画、一首歌、一部戏剧的价值？没有"社会必要的抽象劳动"，没有"生产的平均条件"，等等。因而，被购买的，与其说是产品，不如说是生产者本人。生产的资本，是人：购买一个人来卖掉他的作品吗？不。我们购买作品来卖掉人。这就是市场的秘密。

一本好卖的书卖掉的是什么

涉及商品经济各个层面的生产重心向商业化特性的转变，在出版领域表现为"代理"全新的重要性，成为未来作者的第一法官——他呼吁那些将面向经销商的人捍卫他的方案。有时候这些代理，作为虚拟公众的代言人，以自己的品位和要求使得作者改变标题、简介或总结。这种滑动与广告预算的膨胀有关。为什么在大街上我们看不到面包广告，也看不到乳制品的海报、广告牌或通知？因为对面包和牛奶的需求存在于供应之前。小说和杂文作为最少弥漫的需求，它被不断地重新发明，因而所有的生产者必须让他们的产品被人知道，必须对图书产品进行密集的"促销努力"，像电影产品促销那样。制造需求，刺激和再生产需求：辩论研讨会，与作者的"见面会"，大型商场的签名售书，采访，鸡尾酒会，展销……当一个产品的使用价值不确定时，就应该紧紧抓住一切能将它转变为交换价值的手段：就此而言，哲学杂文与小说创造与嵌入式自动烤箱或敞篷跑车面临着同样的问题。就"文化财富"这个主题，其市场不是奢侈品而是必需品。那些以冷笑面对他们也可以成为商品生产者这种想法的先知，并不是最后进入市场的。仍然是坎布雷默夫人：那些最低估市场机制的，是最顽强地增大自己净利润的。

布鲁斯坦-布兰切特："销售是什么？是一个人对另一个人说。"[1] 销售一个思想，是销售一个面对面质询买方的思想家。产品的信誉是以生产者的可亲近性、对他的个人好感、他的外形、他的"魅力"来进行计算。文化产品价值的体现与其生产者的形象制造浑然一体。将所有属于人性的转化为赢利资源，利润的逻辑没有忘记精神仆人这一主要部分。戴着人脸面具的野蛮资本主义使人脸成为一种资本。所以作者出现在电视屏幕、报道—照片上才如此重要，不仅是为了立竿见影的销售效果，也是以多种媒体延长公关战役时不可或缺的跳板。负责"促销"某本书的平面设计师如果没有

---

[1] 《征服的愤怒》，拉丰出版社。——作者注

办法形象地显示作者,将绝望到拔头发——这就是说,作者没有在电视上出现足够多的次数从而使他的肖像可以作为一个独立信息来运作。一个信息:非真,亦非假——一个信号。对抛头露面永恒的渴望成为市场动作的必需,这在作者与出版社之间制造了新的默契地带。出版社陪同作者参加皮沃特或保加姆主持的电视节目,为走向"拳击台"的作者精心梳妆打扮,而我们则可以在台侧看到他,半教练半观众,大眼珠一直滚动到比赛结束。这种默契的代价是增加了与所有其他作者的不和,因为形象载体与名声输送者受时空的限制。我们已经提到过这种令人难以承受的稀缺性,在这里我们要强调的是文化市场竞争的与众不同之处,该竞争针对的不是品牌形象而是个人形象,不是产品而是直接迎战的生产者。价值相同的产品并非以平等的条件出现在市场上:这个我们已经知道了。新颖之处在于这天真而迫切的超文化特征中对文化财富需求的定向标准。由作者的形象与言谈博取的快感决定了一个文本的商品价值,远远高于文本本身所能博取的。可视性赋予可读性以价值。如果在鞋类市场,对轻便软底鞋和高帮皮鞋的购买需求主要来自对某位制造商的个人好感,而不是出于其产品的价格与质量,那将是一个重要的创新。无疑是因为文本被视作一个灵魂的烙印,而灵魂带着她的光晕、她的谈吐、她的抽搐,被安置在一具躯体内——所以我们就相反会很自然地听到周围在说:"昨天晚上你看到某某了吗?多么出色的作家啊!""你读过他的书了吗?""没有,不过他讲故事的时候妙趣横生。"或者:"这个啊,是个哲学家!""他的论证说服你了吗?""没有,不过他的目光……"趣闻轶事,其中的含义不仅解释了文化市场在演变过程的某一具体时刻中定位的改变("潮流"),更解释了在

"其市场效应之下一种文化的改变"。更准确地说：市场新的价值实现形式造就了文化自身的内容。以全新的消费模式生产一种新的生产类型。没有必要反驳电视消费者，告诉他们如果一个作家感受到写作一个故事的需要，那是因为他无法将它口头表达出来，不然他就不是现在这个样子，而应该是一个自编自唱的歌手、街头卖艺人、律师以及饭桌上最受欢迎的宾客；对一个哲学家的评价来自他的思想，而不是他说话的腔调或眼珠的颜色，因为在这种情况下，被电视指挥的——市场——挑衅的不是专业标签，而是柜台与产品华尔兹般的快速旋转。在书市上，人们送给你一个头像（或者在漂亮头像的蹩脚书柜台）。如果说出版社从现在起购买用于印刷载体的宣传画围绕着作者的照片，也就是那个电视上以固定画面呈现的，而你喜欢的杂志在接下来的一周内复制的，是因为在计算文学资产负债表时，图像的"存在"、嗓音或皮肤毛孔所占分量比文本的质量和写作的密度更重要。这充满微笑的文化法西斯主义，没有倒刺。但从对微笑的信仰到以微笑打猎，其结果是好的，因为后者从不只是对前者的否定。人脸文化与法西斯政策分享了自然主义的简化：将知识分子简化为外形，个性为偶然性，良知为肉体。它颠覆了一种相反的、唯灵的、纯洁的简化，那曾经在两个世纪作为形容词的"知识分子"，与"脱离肉体"是同义词。在1690年的《菲勒蒂埃通世大辞典》中对"知识分子"这一词条的解释是："完全精神化，完全没有肉体。天使、真福者是知识分子的实质。也就是说灵魂的思考是知识分子的力量。"菲勒蒂埃的劳动将会被1990年的再版咀嚼一番："完全可视的，完全没有内在性。明星与组织人是知识分子的实质。知识分子的力量降临到对外展示的肉体。"从一种学院派转向另

法国的知识权力

一种?

谁是不出卖自己就活不下去的活人

娼妓中罕见有志愿者,拉客可以是她的强项,但不会是她的理想,而是一种必然。探寻这样的图书生产者,经济抽象的概念就变成了当代娼妓,因为同样是这个人,在他的物质生存中,也是一个编辑团队的成员,在某教学机构正式任职,一家出版社的负责人。如果作家不是多多少少成了下述这些的混合体,拉客的热情就不可能会是现在这个样子:同时是名气的主体与客体;小说评论家与忍受着评论的小说家;真实的采访者与虚拟的被采访人,因为他将无法获得或保留采访明星的位置,除非他时不时地成为另一个采访中被采访的明星。就像丛书负责人无法长久保留或改善他的位置,除非他自己成为一名成功的作者。一个社论员的威望来自他出版的书,而他作品的成功来自他出手不凡的社论。简而言之,在这些充满回音的单人房中,高层知识分子中每位成员亲自在每个角落忙碌着,如果他停止奔跑一秒钟,所有的墙壁会在同一时刻倒塌。具有扩散性的大旋涡很快将人变成陀螺,直到他抵达彻底的"能力极限"——成功的跳闸开关。令人眩晕的螺旋上升:为了巩固所获得的位置,他必须为下一本书的成功做准备,即镇定自如地驾驭午餐、鸡尾酒会、学术研讨会;总之,在生产—经销商的联营中充实他的个人行动,以至于留给他写作与工作的时间越来越少。但是,越草率地推出他的作品,作者就越需要午餐、鸡尾酒会和学术研讨会。每一个轮回运作都令作家(或理论学、评论作者等)变得比以前又贫乏了一些；但作为公众人物变得更富裕，知名度变得更高。另外一个话题："我们在自卫。"我们得填饱肚子。过去的作家是有年金收入的，如果莫里亚克或纪德的作品被书店搁浅，前者在马拉加尔、后者在屈韦尔维勒的地产收入可以维持他们的生计。那么说，从前在公共生活与创造性劳动之间有块隔板。昔日的作者，基本上拥有教授身份，从事着双重工作：朱利安·格拉克可以在围绕他个性的寂静中生存。一个写书的中学教师的收入或职业生涯不是以他书的销量或媒体通讯录的厚度来计算。今天，这些斯多葛派的外省"中产阶级"不再具有竞争力：他们必须屈从于广告强制，或心甘情愿地辞去职务。这块专用场地，或更准确地说文化市场（曾经"开放"但被媒体"关闭"），已挤满了关系—人，三倍或四倍于自己的职业，判罚以扯破一个网眼来草草修补旁边的网眼，疲于走梭直到被自己编织的渔网捆住手脚。"人们就是这般活着的吗？……"① 不，但我们就是这般让这些人活着，逼迫他们为生存而出卖自己。

---

① 路易·阿拉贡的一首诗，并被列奥·费雷谱曲和演唱。

2. 运用

　　文学生产的新经济无疑将成为生产经济；这种对"事物本身"的节约，严格遵照影响到各个领域社会行动的实践特征。伪造的文化活动集体组织模式将被更尴尬的"创造"危险替代[1]。旧的原则规定：劳动＋天性＝财富。在这种情况下：一个人将潜在的财富（个人天赋）借助他的劳动（写作）转化为价值（一个文本）。如此，他制造出一笔财产（书），其使用价值本身成为随后向商业交换价值转变的基础。但是经验推翻了这些传统定理。交换价值的组成不再以产品交换价值为主，而主要由生产者的个人特征组成，更准确些，由他的"社会表面特征"组成。当作者将一个文本交给出版社时，进行交易的不再是他的文本而是他的通讯录；后者在媒体技术中即工业技术中是获取诀窍的专利；专利持有者被设想为掌握了操作手法的人。在支付给作者预付金的时候，出版社没有对产品进行支付，关键在于，它通过合同获取文本的同时更获取了运作方式，即作者的社会资本。既然资本是劳动的积累，包括在预付款中的社会资本

---

[1] X 出了一本书，Y 以一篇文章回应，Z 以辩论的方式介入。知道了这现行的生产线路、意识形态市场的状况及 X、Y、Z 的特征，您自己可以构成剧本并搬上舞台。——作者注

即合并了作者的中餐与晚餐、所提供的服务、在高层知识分子内部结下的同盟关系。通讯录是多产的工业资本的凝聚形式（同样，报社、政党、协会等的文件，作为市场中介），如同无形关系的有形框架，确保了拥有者在与其他所有作者的对立性竞争中有差别性的地位。以作者权为标志的垄断状况因此改变了目标：它更针对社会关系网而非文学的生产效率。这种关系式的赢利日益成为文化生产者内部的判别因素，尤其是他们各自的酬金多少。就手稿的预付金，目前的剪刀差幅度从1到500[①]。就相同的工作量及平等的潜在财富，较之一位卑微的低层知识分子，一位权威的高层知识分子可以生产十倍、一百倍乃至五百倍的价值。

作者卖给出版社的，是他的知名度——以大众媒体为手段生产并再生产——因为这才是出版社应该卖给公众的。因此他如果不是唯一出名的人物，出版社就不会花力气开发出书；市场看重有特色的明星人物，无所谓是罪犯、足球、教士、战争、电影、色情、政治或歌曲。如果涉及的大明星是个文盲，我们会去"采集他的印象"：他名气的三分之一将落到改写者的口袋里，另外三分之一归他，其余的属于出版社。写作劳动的贬值，不仅没有降低文本生产规律性上扬的商品价值（或出版社的营业额），也形成价值向作者个性迁移的表面效应。随之而来的是真理价值（"打倒意识形态！"）的衰落，以提高亲历、见证、现场的价值（卓越的意识形态的）。录音机没有取消，而是为产品加入了价值（商品的、意识形态的）：它意味着真实性，同时以迅速淘汰加快了其他产品的商业价值实现。出

---

① 从1000法郎到500000法郎（1978新法郎）。——作者注

版社因库存高额费用亏损的,这种资本流通给予它十倍的补偿。在投资者的眼中,"快餐"提高了餐饮产业的价值,在银行的眼中,"快写"(fast-writing)同样让出版产业现代化。明星现象不仅为明星带来利润,也成了在最短时间内获取投资回报的唯一方式。如果那些非明星没有为他们的默默无闻(无利可图)付出如此昂贵的代价,对聚光灯、发射台、麦克风的竞争也就不会成为现在这样:理性的仆人有其存在的理由。

正因为如此,在高级别的知识分子中出现了劳动的新概念——实践先于概念。知识分子的生产性劳动不再是"脑力劳动"——那旧时光的天真无邪——而是其社会关系的扩大性再生产(优先与大报合作),关系层面扩张的程度将决定他报酬的数量(金钱与威望不可分割:就像从前1789年大革命之与左派整体,1979年的报酬是一个整体)。什么也不会失去,一切都在形成,日复一日。交换价值不期待年数,年数被统统记入账本。因此闪亮了一道异域风情的光芒,一个深奥到令新信徒泄气的神秘:第一小提琴手的时间表。天才的优势:排练较少,拉得更好。抑或位置特权:工作比一般人少十倍,销售却高十倍?这些舞台—文化的思想家最令观众不解的是,一旦减去他们的工作早餐或电话早餐、午餐、晚餐、采访、声明、差旅、电话、新闻发布会、电视辩论等,剩下可用于思考的时间是那么的少。不需要成为里尔克,甚至用不着阅读他的《致青年诗人的信》,我们就可以知道即使是在环境背景噪音中最微小的一丝云隙,也苛求孤独与思想的反刍,或社会及情感的悲惨。地位卑微的脑力劳动者每天体验着这一普遍规则,唯一被允许不受此规则限制的是当代法国大意识形态家,能够做到和他们的日程安排表旗鼓相当的只有大商人或政党负责人。可是这些人中的每一位都以团队形式工作，拥有秘书、专业公关、现代办公手段（复印机、录像机、文件档案，等等），而且很难顾及他们的家庭。要和这些大人物共进"午餐"——除非要求者本人代表了全国或国外的某一大型舆论器官——通常最少要等上一个月——这是对朋友们——而普通的要求者会得到秘书一个愉快的微笑："我们手头工作堆积如山，请您月底再联系吧。"一个社会资本建设性的倾泄完全在于下一本书的出版（那本经过十一个月的"联系"与"参与"后可在一个月内写就的书）。根据传统"自由时间（otium）"观念看，似对时间系统性的浪费，在现实中却是系统地利用宝贵到不能为孤独所浪费的时间。"诗人在工作。"——维克多·雨果临睡前挂在门上的牌子。今天的创造者在电话中工作，因为谁又能知道一通偶然的电话或许可以催生一个新的人脉、一个采访计划、一个行动计划的方案？更高产的工作是邀请一位大媒体官僚来他的小庄园漫步或品味游泳池蓝色的池水。如同总统或一个普通议员自即位之时起就开始准备四年或七年后才举行的新选举，公共关系这项工作以日计划，现代选举式的知识分子，无论是否具有被选资格，必须每天，尤其是在假期时考虑推广战役，就仿佛他的书次日清晨就将出版，因为当一两年后他的书真正面世时，作者将一举到手他按周（报纸反响、呼吁小短文、文章、评论等等）及按月（笔战、公众活动、电视露面）参与工作的分红。在这样的前景中，每一举动都不可忽视，鬼鬼祟祟飞快打给朋友的一通电话已是一项长期投资。在极度情况下，对随便什么作品的编辑与出版将处于附带费用的位置，或更精确些：作品，是对以积累为个体真实目标的社会资本进行间隔期确定的分期偿还。据说在战争结束后，诗人勒内·夏尔对加缪说——或位置对调："一个作者欠公众的是作品而不是他这个人。"瞧，这最基础的行为准则：写作伦理或许有一双干净的手，新经济斩去了它的手。

不是因为购买决定无法计划（市场经济下这种情况更少见），我们就无需准备决定地带。知名度预防性的竞争是淘汰性的，因为最后决定取决于个人形象地带。但所有的竞争者无法同时胜出：如果我有能力进入市场，我的能力来自他人的虚弱。个人策略——各自以最大效率介入媒体来将他的知名度最大化——总体上抵消了彼此的力量。对此，所有的人守口如瓶，所有的人心知肚明，这种沉默也是基本上属于零和博弈性质的游戏的一部分。按倒数第二分析法——倒数第一属于抽象范畴。所有的作家彼此均互为竞争者，原因在于每本书的使用价值无法替代，但是存在着在某 具体时刻对某一类既定使用价值的有限需求。商品逻辑无法改变的后果：在某一既定生产领域卖不出去的商品则为邻居创造了商品价值。假设十位生产者分享一个购买力相当于1000小时劳动量的市场，如果其中两位卖掉了800小时劳动，剩下的八位就将分享200小时。他们就为前两位创造了价值——显然非自愿地。如果他们拥有同样的"传播者"，后者也不会抱怨：这些"蹩脚货"为明星贡献了利润。怎样回应一个不被垄断与封闭并且拥有特异性、不平等但忠诚消费客户的文学市场？一本小说不会和一本诗集竞争，一本人类社会学的评论不会威胁到一个剧本。"全体"公众是潜在的、并非既定类型重叠的公众组合（弗朗索瓦丝·多林不会侵占贝克特的领土，亨利·特罗亚也不会踩进阿兰·儒弗瓦的地盘①)。但是大众媒体对文学市场的均一化以及增长中的载体集中化正在打破这层隔板并歼灭次级市场的保护主义:有些类似超级市场通过降低价格和设置工业产品标准化,清算了外省的中小型企业。我们在这里要补充一点,文化财富需求没有预先设定的限制,但也不是绝对弹性的。虽然文化市场的吸收能力在上升——根据产品不同,方式不尽相同——仍然存在不可逾越的天花板,这种限制来自外部,与社会环境及潜在消费者的购买能力有关。针对"文化娱乐"的统计数据显示了"文化消费"的强劲增长,紧随"卫生"及"健康"消费之后②。生产者之间的不平等与竞争更有了加剧的理由。

创造者彻底的个人主义并不排斥他们对交流游戏的利用,这有助于调整他们的职业生涯,因为个人命运逻辑只能在其所属类型的整体地位中被理解。但是,对于作为主体—国王,整体性是如此怪诞,一如它社会学或历史性的客观化那样令人厌恶。让我们来看看小说这个例子。每个小说家都试图想象他的职业生涯以及代表小说市场现状的"他的同事们",不过反向来看,有些像电视屏幕上的世界现状。小屏幕大挑战:众所周知,一本小说或一本书的商业成功

---

① 弗朗索瓦丝·多林(Françoise Dorin, 1928—2018),法国演员、作家、作曲家。贝克特指萨缪尔·贝克特(Samuel Beckett, 1906—1989),荒诞派戏剧重要代表人物,诺贝尔文学奖得主。亨利·特罗亚(Henri Troyat, 1911—2007),法国作家,以传记文学著名。阿兰·儒弗瓦(Alain Jouffroy, 1928—2015),法国诗人,艺术评论家。
② 法国1959年到1974年增长了264%。这个总体数字遮盖了许多消费品的消失。戏剧与报纸的增长幅度远远低于平均水平;绝对高于平均水平的是广播—照片—电视类家电、唱片及视听产品;图书、版画及复制品的增长率仅为"正常"。——作者注

总体上围绕着一个皮沃特以另外三四个人转动。每年选中的虚构类作品相对保持稳定。1979年哪些作品可以被选中呢？本年度社会可视性达最高点的那些作者。对于2000名小说被出版的作者，一个由100个单位组成的有支付能力的市场，5位作者将获奖，20位将被皮沃特邀请到他的"引号"节目；前面5位获奖作者将坐在节目中的第一排，因为一个文学奖可以正式保证作者多次"上电视"，以及将媒体的外围设备连接到他的大脑、家中、他的孙女以及他收集的辣椒酱瓶上。作为疏导需求的工具，文学奖曾经为它确保推广的产品勾画了一块同质场（评审委员会在阅读而不是表演的基础上做出决定，依据的是文本的质量而非一个编辑的习好）。如今，文学奖已隶属于新的文学财富价值制造模式——对产品种类的垄断以其无与伦比的野蛮不再接受任何辩驳。这种美文对视听的隶属关系逻辑性地为秋季"颁奖"程序注入了青春，近二十年来其商业效果增长不容小觑；除此之外，评奖的有效性问题已不再属于他们自己：而是由"媒体体制"来提供。

电视本身不是价值的创造者。它介入市场（小说、家电、香水）只是为了决定哪种价值可以转化为价格并实现交换。它也不制造必须符合所有既定价值的社会需求。没有了电视，对社会需求的分配不会停止，但将以另一种方式。简直是个尤物——其性能之佳今日凌驾于一切之上——调整利润率的工具，但电视的经济功能并没有从根本上区别于那些充斥于比雷埃夫斯码头的吆喝声、中世纪市场的扩音筒或1860年报纸上的广告。特别缺乏罗曼蒂克的电视，现在却在小说家中制造了一个全新的罗曼蒂克的差错。对于雅克-阿方斯·都布，上星期五他出现在皮沃特的右边必然为他的小说增加了商品价值。难道他没有察觉到，自他这次诙谐、魅力四射、肆无忌惮、哀婉动人、令人震惊，总之英雄般的出场后，接下来一个星期他的书销量从1500册上升到15000册，而他在《快报》畅销书排行榜的位置往上爬升了7位。在个体生产者看来最一目了然的事实，在整个生产阶梯中只是一个幻象。因为这个增值是从另一个作者（比如叫阿方斯-雅克·布都）的小说割来的。都布为电视这"民主化妙不可言的工具"（原文如此）感到庆幸并没有错。他只是忘记了有支付能力的需求的弹性空间是有限的，而与此同时，布都，一个不合常规的杰作的作者，卡庞特拉小镇上的一个高中老师，在所有关系中找不出一个大记者，同时被口齿不清和斜视苦恼着，不知不觉足不挪窝就做成了一桩倒霉的买卖。布都知道自己不会制造气氛，他有时会猜测从电视上镜技巧到优生学的理论连接；他放弃了视听的恩典。他因此根本不会对都布有嫉妒之意——没有一点关系——另一个世界。但他们生活在同一个空气稀薄的世界——一个身份可谈判的世界，那里每本畅销书都是站在持续增加的滞销书无生命的躯体上。布都会真诚地向都布的凯旋致意——不会想这本书的凯旋是阻碍他成功的图书中的一本。而都布，不参与政治，更不懂经济，不会去想布都，他自负地想："就是这样。才华再加上一点运气，就足够被皮沃特邀请了。"和所有"自然而然"的想法一样，这是个错误想法。可是雅克-阿方斯·都布在电视上"自然而然"的表现，在主要利害相关者、电视观众和皮沃特自身的眼前，遮住了阿方斯-雅克·布都在文学竞争中被社会性决定的缺席。

3. 后果

总之，在知识分子社会内部，行为与立场的划分令两个世界相对立。低层知识分子依照本意生活和思想着，因为商品价值实现与他们无关。他们生产的不是一个商品而是非商品的使用价值，即不受竞争制约的服务，因为教学（根本地）属于国家垄断。这种对比不足以解释一切，但没有它，一切将无法解释。一个粗略的唯物主义者在说出下面这番事实时不会在渎圣罪面前退缩：低层知识分子需要国家，因为他们靠国家生活；而高层知识分子需要"自由"，因为是自由市场养活他们。这种说法没有习惯性地思考到他们的收入，就长久而言，经验可以证明，一种不考虑谋生手段的思想态度是很难立住脚的。思考我们的生存方式从来就不是件愉快的事。一个过着右派生活却思想左派的知识分子处于不稳定的分裂状态。这种人越来越少不足为怪。也就是说，越来越多的男人和女人心悦诚服地认为"左"与"右"这些词没有意义：改变思维方式比改变生活方式更经济。

1927年，在认为文学与经济的斜坡同时向右派倾斜的同时，蒂博代①将前者与后者作了区别：与经济专家或顾问相反，作家能够

---

① 蒂博代（Albert Thibaudet，1874—1936），法国文学评论家。

征服斜坡使自己生存下去。才华事实上被很好地分配着。1947年，在承认作家被特权者滋养着的同时，萨特从自身看到了一个阶级的背叛者，彻底与养活他的人们相对立："同样，作家是占统治地位的精英的寄生虫。但功能性地，他违背了那些养活他的人的利益。这就是决定他状态的原始冲突。"[1] 萨特式的文学概念，仿佛行为中的否定性，通过揭露并超越普遍的矫揉造作，呼吁创作者和读者从一个自由走向另一个。在我们看来，与其说是针对文学行为，不如说这是萨特式哲学针对"我思"（cogito）缔造者的陈述。并不错，1947年的天才们被事物的力量与战后环境推向了"左派"：因为"纳粹的合作者"没有发言权。萨特在笔记中奇怪地建议，他的公众群的扩张将让作家摆脱那些可以花五十法郎买他一本书的富人的控制。我们自然会思索十九世纪的社会主义理论家，这些人相信以普选的扩张来让国家和立法机构摆脱占统治地位的资产阶级的控制。现实中，潜在公众的扩张伴随着将进入这些公众的手段极大地集中到"占统治地位的精英"的手中并在他们的支配权控制之下。渠道的空间窄缩甚至无法满足价值制造程序的本性，因为这种内在的"资产阶级"的价值，是建立在瞬间性/个体性/可视性的三联基础上，构成一个硕大、引诱、暴虐的三角架。继蒂博代的时代五十年后，萨特时代三十年后，我们不得不自问文学新经济是否令上坡变得更侥幸更冒险。自从购买者在不知情的状况下成了他们所购买的作品的资助者，不久前由萨特挑起的有关本质与存在、作家的功能与立场的辩论中，还剩下些什么呢？在文化领域（图书、剧院、电影院、学校、电视，

---

[1] 《什么是文学？》，《境况种种》第二集，p.129。——作者注

等等）和其他所有领域，将经济诉求安置在指挥站这个位置从政治角度而言不是中立的：它以自身解释了一种政治控制及一个阶层的立场。假如说1978年大众舆论不断重复天才们从左派转向右派，也就是说不再有左派和右派，这是偶然的吗？那些我们不敢称之为"合作者"的人——1947年的失败者——以权势获得收入，在另一个名称、另一面小旗之下。毫无疑问，法国进入了它历史中最反动的阶段之一，它的作为气压计的高层知识分子，前所未有地"前卫"，带着为他们带来荣光的大胆走在运动的前列。但是到时候提出这个问题了，"资产阶级知识分子"这种陈词滥调的表达方式是否已变成重言式的同义反复？从此以后，怎样的奇迹才能让一个个体知识分子幸免于他所处的本质被历史性确定的社会，他的国家地理上所处的位置，在劳动全球分工中他的经济位置——以及与他直接相关的生产、传播、促销的物质体系？只需要一个意外、一个意愿或一种伦理。冒险家、斗士以及使徒们从来只代表他们自己——起码在此时此刻。他们足以面对公开打击与禁止，并生存于这种荒谬中。无论如何，如果说真的只有通过分析以西方工业为受惠者的价值传输与没收进行调整的星际间相互联络，才能明白欧洲事物的进程，那么，在六边形的法国本土对世界进程负有日复一日进行谵语使命的人，其所处之地，看似符合他们对自己的多边形支承力的重组。他们不会在其中崩溃，他们以此为依靠。

而就这个问题："可是您到底说的是谁？"应该这样回答："那些今天让大家谈论他们的人。"标志着我们时代的人。那不重要，人们会说：因为那些话语让明天感兴趣的人，今天也好昨天也好，他们都在别处，在后台或第三阶梯：我们再重复一下我们的观点。致力于现时的历史草图必然会犯错,我们也知道,这些差错将会在明天成为不公平。其实,我们应该尝试理解这些差错,与现时的"错误"联姻,即它对自己的理解,它从库存中为自己抽取的影象,被它所提高的形象。对于每个时代,只要翻阅想象中的法国先贤祠连续不断的画册与光荣榜,就可以一劳永逸地注意到,"显著"不是"卓越"的同义词,却是"难忘"最确定的反义词。标志着一个时代的名字会成为下一个时代的笑料:长辈们尊重的标志激起了儿子们的不恭,但什么也保证不了他们所笑的不会在半个世纪后被他们的孙子所嘲笑。还有,想正视自己时代,最好不要过多注视那些雕像。相信最容易被撤换的就是底座,但出于必要,每个人类社会都会竖立雕像,他将享受围绕他的那些雕像,发现它们所重建的他生活其中的社会。一个时代从"现场"观看自己的生活很困难吗?对。如果一个时代优秀的调解人是知识分子,没有什么比通过他们去抵达一个时代,同时将调解转回到时代自身更好了。

真实的历史从未像今天这般令民族的"理想形象"反感:凭什么他要忠诚于法国的知识分子史,继承这始于公元零年的绝对的开始。他决定清理历史唯物主义:他的行为可作为学校给孩子们上辩证课用的看图说话,目前如此激烈的反马克思主义看起来倒像是马克思主义的实物教学课。他选择将知识分子表现出来的最轻微的精确症状称为教条主义:这成了为教条主义护驾的最佳方式,唯有最成体系的精确才能从中解脱。古老的存在与虚无的游戏,谎言永恒的转盘迫使大领导小主子通过成为他们所不是的,来回避他们所是的。"1979年的知识分子"以声明他们对平民的爱来表达对大众的憎恶；在国家理性的名义之下是他们对理性的轻蔑和对国家的拒绝。他们颂扬少数派，却归顺到多数派的阵营。他们对无序的胃口，是对秩序的渴望。他们越试图逃避，位置越巩固。他们的话应该倒过来听，因为真实的他们被他们的意识所颠倒。总之，他们的社会政治意识可归结为一种对自己的社会存在吹毛求疵的否认。然而，正是他们的社会存在决定了这种否认。

说实话，这是个作弊的游戏——我们的冠军并不那么光荣。因为这些社会人不自我否认其社会性，就无法成为他自己。丧心病狂地追寻特殊性是社会等级的集体命运，以生产者的社会边缘性来计算产品的商品价值、混淆异议竞争与利益竞争的经济体制，认可并巩固了这种追寻。最大限度的个人主义化保证了最大的社会化。与他人脱离因此成为加入团体的条件。个体之间内聚力的缺乏——这将知识分子与其他社会阶层相区别的——是集体存在的模式。这种反内聚力活跃在每个等级，标志着我们的专业、我们的心理、我们的选举和选任亲合性，同时，更标志着我们每日的困境。

高层知识分子对组织的反感不仅使他们处于党派或工会之外，甚至回避了对专业性组合的本能意愿。按他的观念——他是对的：集体维护根本属于对立性的利益，对他自己毫无好处。作家是坐在书桌前的狼。狼用不着成立工会，除非发现前方有老虎。出版社，虽不是绵羊，要保护住自己的地位，爪子还是不够长。组合狼群完全无解的问题在于，如何确保他们将是坦率而忠诚的食肉动物。在以最大公约数计算的竞争中，试图以"行会"形式组织与其他职业行会谈判不会有圆满结果。不然的话，如何解释法国作家反复受挫的协会、联盟及工会？如果不是以一个确定的社会利益为基础，以

第七章 / 竞争社会

一个共同的目标集合成员，协会就无法生存。作家的组织状况因而是不正常的，而那些出现在我们中间的是诞生于泡沫的美丽的阿佛洛狄忒们。来自同行（1936，1944，1968，1978）之外的热情或希望掀起巨浪，她们与这热情或希望共同涌现于浪潮之巅。而当这个行业回落到它自身的静滞，就回到了最初的分裂。地心吸力令最清楚的头脑、忠诚、顽强（因为每个协会以会费收入维生常捉襟见肘）从波涛粉碎成浪花。作家联盟，成立于1968年5月21日（由贝尔纳·潘戈、罗杰·博尔迪耶、吉·德博斯歇尔、吉耶维克发起），接下来在内部通过选举产生了一个职能委员会，以专业和意识形态为两个使命，制定了一份简报、一个声明以及一个目的（"联盟的目的是通过定义作家来自我定义"）——作家们，几年后作鸟兽散。法语作家工会，1976年由玛丽·卡迪娜尔、伊夫·纳瓦尔、皮埃尔-让·雷米等人创立。他们成立了一个执行委员会，有章程，有简报；可是，既然法国作家最头痛的事就是与行政部门打交道，这个工会的未来又怎能不让人担忧？文人协会，享有对外正式代表知识分子行业的垄断权，在国内外的成员不超过两千名，主要作为一个税收窗口，负责税务管理、津贴及救济[1]。至于国家文字中心，是一个隶属文化部授权机构，专业人员只能远程地将它作为工具使用，而这个机构的职能与用处也仅在于遥远的问候。作家联盟最终赢得的——社会保险、职务单一性，等等；法语作家工会所挑起的——报业调整、新型合同，等等；文人协会将其具体化，所有的作者均从中得益，但这项工作，最好的结果是被他们遗忘，最糟糕的是受

---

[1] 更精确些：1977年1月1日，1501名成员，2187名会员，1817名实习生（1976年让·罗赛洛的正式报告）。——作者注

到他们的鄙视。

这个物种更喜欢的是对个人知名度的自我管理，而不是集体的自主管理。不可言表的选择，绝大多数人表现为礼貌的冷淡，某些人将此升华为玄奥的不平等性。比如菲利普·索莱尔（Philippe Sollers），与他在内部关系权力中处于绝对优势的地位（以及他作为出版社员工的身份）完全相符，在批评法语作家工会"仅仅从权力关系的角度介绍法国出版界"之后，同时解释了他的思路："没有什么会比写作行为更适用于被等号所控制的四则运算。或许在物质传播的分配中可能有平等，但这决不可能存在于比如两性之间，也不可能存在于语言表达的方式中。所以我可以肯定，一个作家工会只能导致标准化和抑制性的意识形态。既然这工会只能是左派的，它将于此加入左派的标准和抑制力量……"① 仅仅是工会或联盟这样的词，就可以拿来用以刺激脊髓反射。"编制内"的小公务员对自由职业的蔑视，因了目前局势的危险、军国主义的幽魂而成倍增长。不再是："宁要希特勒不要人民阵线"②。而是："宁要市场不要公务员的职务"。结盟的知识分子违背了他真正的公共职能，即被围捕、打倒、堵住嘴巴，缺少了这些，他就无法被王子邀请到饭桌前，在正式场合端坐居中。如果他没有被部落排挤出门，又能以什么名义被人们关注呢？他的尊严在他的愤怒之中，邀请一位作家加入到他不是领袖的协会，就是要求最受宠爱的例外人士回归平淡无味。平庸，

---

① 《答皮埃尔-让·雷米》，发表于《文学杂志》（1976年3月），冠名为"作家与牙外科医生具有可比性吗？"——作者注
② 人民阵线（Front populaire）是20世纪上半叶法国出现的一个反法西斯左翼政治联盟。

即彼此相似，脚踏实地即集聚。当法国高层知识分子组建委员会，他们将功补过地成立了"自由欧洲知识分子委员会"，简称为"天空"(CIEL) ①。既非协会性质，也非社团，这模糊暧昧的节日，以忠诚之名行分裂主义之实，以天职之名尽尖锐反讽之能，只有在肯定人们不将他们围猎到手决不罢休时，才会站到舞台的前面。同样，十年来主导话语的合法性指征也被颠覆，如果一位总统的发言不以"那个对你们说话的煽动者"开始，一个院士不以"作为贱民的我"，或一位将军不以对叛乱者的颂扬开场，可以肯定立即会涣散注意力②。在其他地方，特别是北欧地区，存在着活跃而统一的强大的作家工会，这一事实首先解释了这些国家中知识分子的政治重心力的不足。因为一个德国知识分子不加入一个工会，并任由工会按等号原则加加减减，就无法期望得到重视或制造严重混乱。如果法国无法效法，这不是机能不全，而是满溢。一个有分量的声音不在计算范围内。一个在明亮的圆形贫民区回荡的声音，比不具名的行业会议上的掌声持续更久。

最后，这也同样解释了老生常谈的辩论："知识分子不存在"这种观念是错误的，但正确的是"对抗者"的团体是最优秀的反团体者。在"我们不存在"中，第一个词是唯一确定的：无论如何这不

---

① "天空"的星座图将另行描述（参见"条约"）。——作者注
② 就该主题，人们可以考虑一下这是否真是一个好策略：对"大知识分子"反复强调我们需要动员，而他们则是社会的号角。（罗杰·博尔迪耶发表于1970年2月12日《世界报》上的文章：《法国作家社会的号角》）。这种吹捧只能让他们满心欢喜，因为希望的巅峰之作在最底层的底层社会。——作者注

法国的知识权力

是以我们存在着,而是以一群我。所以这些我不会欺骗,他们最先为他们光荣的异常、不可缩减的运气所说服。曾经每个进入高层知识分子必经的投机与风险,在他眼前遮盖了某种继承性。一个职衔通过命名获得,但一个社会地位的征服则需要在对手的进攻下以一种职权立即反击。为晋升的个人战役使得对每位升级者具有强制性的战略布置图变得晦暗模糊。滑铁卢:法布里斯仍在地图上寻找那个小镇,拿破仑在他是否找到的怀疑中溃败①。

这个幻想被降了级的阶层是事实上的超阶层,他将违心办事和他的原子论构成了一种意识形态。就此主题,毫无新意可言:黑格尔早已将知识分子动物视作绝对个人主义的象征。这种特异性的潜伏——该物种可能性最高的意识形态——随着地点和时代有所区别。我们曾称之为"自由主义者/极端个人主义者"的组合——并非一个立场的严密整体而是否定的矛盾性总和——构成了法国六十年代它的所谓自然的展示形式②。正是从我们对承担思想生产的阶层最不抱期望的地方,他开始利用自己。通常穿着成衣的高层知识分子,此时却穿上了定制服装,因为这块意识形态的粗花呢,色调的光泽突出了面料的柔软,正好用来诱惑内部整体呈群岛状的消极团体。有弹性的、不留渍迹、如预期般柔软,这面料使物质生活的必需(自由主义线条)与美德的荣誉点(极端个人主义线条)、生产经济的真实状况与商标形象的政策达成和解,同时保证了个体在无定性且多值的媒体空间中的最佳流动。纱线在此不如被它授权的梭子更

---

① 滑铁卢的法布里斯:形容看问题不着眼全局的人。
② 就此形式的简述,请参阅《第十周年演说与仪式专辑》,马伯乐出版社,1978。——作者注

重要。因为目前"自由主义者—极端个人主义者"意群最主要的线条是连字符：它保护了路线的可逆性，维护了异质中的同质性。也就是说，在《国际白痴》和《费加罗杂志》、《快报》与《解放报》、《观察家》与《法国新行动》之间往来反复的可能性。由个人自己在阿隆区与朱利区自由发明路线[1]：即兴跳跃的幻想，财富逆转的眩晕。没有不能治愈的打击，没有不可回头的倒退。选举名单的混合圈选与破格录取，向每个人保证了一个中奖号码。

一个除了彼此的差别之外没有共同点的社群，每天面临一个没有可靠解决办法的挑战：如何让我的同僚们认可我的无可匹敌？如何将我作为例外被这个以例外为总则的世界接受？大家一起独特是很难做到的。这个家庭的成员整日奔波于解决这个令人不快的悖谬，不断地量力而行，彼此吞食。量力而行是因为出于为自己的知名度考虑，他们彼此需要支持；彼此吞食是因为这个知名度的条件是其他人在我眼前消失，在我的优势前衰落。"精神的动物法则"于是发明出一种文明的特殊形态，我们可将此称为邪恶的礼貌：所有物质匮乏的社会都是残忍的蓄水池，因为贫穷导致彼此的依赖：每个个体都依赖他人来满足他的基本生存需要。这种潜在的耻辱自然产生了它的弥补形式：恶意。文化界的人们每天生活在这种"贫穷文化"中。如断了供给的瘾君子，他们惶恐不安地游荡于整个巴黎，带着转弯抹角的怨恨和难以发泄的辛酸行走着。他们窥伺着，严阵以待，有可能向第一个遇到的同行投出一个转瞬即逝的微笑，总是介于爪

---

[1] 阿隆指雷蒙·阿隆；朱利指法国解放报总编塞尔日·朱利。

子与抚摸、跳跃与躲闪之间。但无论如何他保留着外表的体面。他的媒体专员会不会打电话来提醒他"捍卫他的书"？漂亮的表达方式，显而易见，刚刚面世且仅仅因为存在这一事实，一个作品已被包围，被憎恨威胁，被嫉妒纠缠。我们的这位人物，他因此有理由进行反攻。志得意满之际，留下一些毫无道理的失落感隐约可见，仿佛他们从未被充分地赞扬、欣赏、理解；仿佛他们担心那些完全不知其名的人中，甚至他们最亲密的朋友中，有一些狡诈的欠债人，随时准备在还债那一刻开溜。疲惫啊，这终身的怨恨。因此，这宣泄的刻毒、蝰蛇的痉挛、这被判决前的精疲力竭重构了个人认同。不诋毁邻居他就无法欣赏自己。一个配得上知识分子称号的人，他的特征在于对同行，特别是那些他最亲密的朋友，只有说坏话。这种象征性的死刑判决对他而言相当于人寿保险费。在我们这儿，大家彼此封爵，彼此贬低。这里不关拉布吕耶尔[1]的事，不过和古尔维奇与牟斯有关[2]：事实上这涉及的是一个"彻底的社会现象"，不是道德缺陷。

我们也别过于夸张。个人主义支配的地方，药方存在于痛苦中。守业式的担忧警惕地监视着：我们从不会真正杀死对方。我们不喜欢正面和猛烈的攻击。我们在笔记上通过影射或转弯抹角来刺伤对方。我们所说出的恶并非作恶，没有人会想到我们的确看到了一个作品的长处，而且在最后的致敬部分我们也说到了。这类好意奉承

---

[1] 拉布吕耶尔（La Bruyère，1645—1696），法国哲学家、作家，著有《品格论》。
[2] 指乔治·古尔维奇（Georges Gurvitch，1894—1965）与马瑟·牟斯（Marcel Mauss，1872—1950），均为法国社会学家。

与义务不产生后果。我们不可以使用对立来要诡计，但我们可以运用它的不同之处。如果知识分子社会过于看重他们之间的纠纷与诡辩，孤独者的联盟也是有可能的。将争论戏剧化；沉浸在夸张膨胀中的个人关系；这姿态与文字的歇斯底里——我们从中看到一种以"说"回避"做"的方式，它划定了游戏范围，既保证每个人的豁免权同时也保护了作者之间的秘密串通。生意场上不要求友情外露；政治场任人唯亲，但有时也承认同志或师徒关系。浩大的知识分子世界友情是唯一的通行证，但他们称之为友情的是一种贴现利息。朋友越多，兑现就越多，反之亦然。一个政客看到他的密友圈随着他的党派获得的席位以及他自己在国家机器中的位置而扩大或缩小，同样，一个高层知识分子成员，其个人关系网的扩大与缩小直接取决于他的重要性（该重要性自有其针对眼睛与耳朵的评判等级），即他的社会功效。莫里斯·克拉维尔的电话响个不停，路易·阿尔都塞的电话则安静得很。如果前者可以将我引见给圣殿的成员们，后者则是媒体的死胡同：上电视无门，周刊上没有文章，电台没有节目，一套不被媒体认可的理论丛书，三十年哲学生涯中只被一家法国报刊采访过。阿尔都塞对我有什么用呢？我的朋友是克拉维尔。处于关系密度最高的权力巅峰的人们，他们有的只是朋友——权力的朋友。如果他们将"关系"称为"友情"的话，他们就可以自以为是幸福的人。圈内的争吵也是出了名的：分裂、口角、断绝关系滋养着各种流言和专栏文章。大多数相当于要求对既存妥协重新谈判，或者当面对一位合作者试图强化他的手腕时，提升外交攻势与战争的逐步升级。不过，"在只有个人而没有价值冲突的地方，一切都可以谈判"，这是没有终局的棋盘。有利的行为原则就是原则与行为、说与做之间不用衔接。那么多幸福的惊讶：拿起电话听到几乎饱含深情的一个"朋友"的声音，前一日通过报纸将你拉下水的他，现在请你共进晚餐——因为"开个小玩笑"很正常。或者，晚上在大街上看到两位手挽手走着的朋友，第一位在早上刚和你说了第二位的坏话。或者在报纸上看到那个人的署名，可就在上周他还和你解释这张报纸是如何无耻下流，只有头脑简单的人才会得出结论，他从此会避免与这张报纸合作。一个充斥着噪音与爆炸声的地方，那里的消防员与纵火者同谋。那里的秋季辩论，双方在夏季伊始就从容地私下准备——只要一场糟糕的辩论依然比一则好广告有效十倍。那里谁也不欠谁，因为人人相欠。那里自称"左派"并不妨碍与右派的来往，将声誉加入实用，也不妨碍在那些依然保持信仰的傻瓜的尸体之上彼此交换阶级与舞台。此外，在那里，无论想成为什么，只要会说以及会让别人说，就足够了。人种志学者或许想掐醒自己——不知不觉中，他自己是否已经彻底地成为这古怪人种中的一员——其结构与束缚已侵噬到我们每个人的骨子里。

结论

I. 不幸之圈
II. 地狱新门

I. 不幸之圈

真的是一种新"风气"吗？或者是一种特定意识的结构？"这种个体性本身首先仍是一种独特而坚定的个性；它自认为是一种绝对真实，根据个体性转化为有意识的模式，这种绝对真实就成了抽象的普遍真实，缺乏履行及实质，只不过是这个种类的空洞思维……"黑格尔自他的动物范型第一立场便引入了变形的关键。个体自以为是绝对的，否认联接他的所有构成性关系。"与他人的关系，构成了这种意识的限制，在这里被消除了……"这里，是哪里？在这个意识的形象之中，如同所有其他以现象学所描述的，不是"一个历史中的历史，而是一个使历史的可理解性成为可能的历史"？或者说，这里，在法国，在二十世纪的没落期，在目前知识分子重要人物的意识中——一个我们中的每个人在其中思想与生活的集体头颅中？一切有关今天知识分子的最新陈述，不过只是对黑格尔那二十页就"假象"而非挫折的"讲述"所加入的一个饶舌次要的注释①。终点因此并没有比开始更多的东西，但是要想知道，必须抵达终点。

---

① "精神的动物王国及假象，或事物本身"：相关章节附标题（《精神现象学》第一卷，p.324）。我们对罗歇·埃斯塔布莱不胜感激，就我们所知，他的评论为《精神现象学》带来了最明亮的光线。——作者注

神话是用来重复的，如果黑格尔的知识分子动物神话被当作有关起源的神话，这也不是我们的错，众所周知，我们只能在历史的终点，当无法弥补的被完成时，才能发现起源。

知识分子的历险，这拧不紧的螺丝，是一种最终没有发生的辩证法：它充满了颠覆，但像一个靠自身滚动的球。这种自身的矛盾运动，既阻碍了知识分子如本质如愿那样发现自我，同时也避免了他彻底迷失自我，从而在别处重造自我。这"了解真实自我及目标的个体"最初有他的自身理念。但这种独特性还只是一个空洞的普遍性，因为尚未得到任何客观证实。不可言喻，独创性就只能流于形式。独特性应该通过一个决定性的作品以差异和对立的形式表达出来。这就是为什么知识分子无法慢条斯理地实践蒙田的格言（"懂得光明正大地享受自己的存在，这是一种绝对的完美与神圣"），因为他需要感激，这不是和解而是互利性。向自我关闭的细胞，意识期待着他的作品达到他自定的含义，但是作品本身没有含义，它的含义仅来自其他人所给予的定义。自给自足从此消失，细胞打开了一条缝隙。他一边为同僚而写，一边对抗着他们。一方面，他是那个只以自己为源泉的人。他的意识拒绝外部影响（那讥讽他独立性和束缚他精神的影响）、原则（个体是他自己的起始，普遍概念只是一种表象和蒙蔽）、体制（将他的特异性溶解于客观的抽象）。另一方面，他者性（altérité）是他的根；与他人割断，如釜底抽薪，因为他只因公众且为公众而存在。总之。他将自己同时定义为"为他人"及"反他人"的存在。也就是说，他人将一个个成为他的地狱与天堂，而他的社会生活便是炼狱，不断地往来于地狱和天堂之间。

某天，他幽居修行，自我沉溺或近乎隐名埋姓；可是同样这个人次日急忙回应一个采访要求且摘掉了他的黑眼镜。某天，他在一本专业杂志上喜悦地浏览到对他新作尖刻的批评：不理解在他看来显然是对他的才华最清晰的强调。一个星期以后，一个陌生人不经意的一个词却让他心如刀割。这种分裂反射了一个不可能的双重假设。

艺术生产（总体而言即知识生产）不能规范化，但我们可以想想所有的创造方案是否在不知不觉中事与愿违地成了规范的。它的特殊性隐藏了一种既现实化又被掩饰了的普遍主张；这种主张集中了一切参考、一切难以言表的价值，对每个作为人的人都有效，在交给每位读者、观众、听众时，可以立即被不加思索地采纳。礼貌的主张，甚至放肆或幽默的主张，但其中隐藏着专横，也许远远超过作者所能想象或不愿去想。书写的作品自身带着一种观点，对"世界"的观点或想法，自发地存在着，且从定义而言如同一个整体，带着一个心照不宣的排他性诉求。如果只有一个而不是两个世界，那原则上应该只有一个公正而"真实"的对"确实如是"的世界的观点，即"确实如我所言"的世界。就此意义，知识创造者的自我中心主义将是一种不自知的帝国主义，或加快步伐以降低与他人冲突及放弃主权的风险。它将给予竞争经济以先验性的最终基础。这既不能被说、不能被想，也不能被描画，但没有了它，那有关措辞、思想、形象化的方案将统统不可能成立。这个先验的知识感知形式，令创造者成为创造者的公愤，令所有象征符号生产者成为其同行一种无法宽容的冒犯。每个人都能注意到，我们中间那些从他者性中感觉到个人冒犯的人的数量上升。这就是挫折的数字，镌刻在这无心肠的社会的心脏上，述说着一个缺乏团体精神的社会团体的精神。

事实上这个社会无法产生一个真实的社群，因为社群对于知识分子而言，只是实现自我和抵达个人理念的手段。作为必要的我，在发现了自己的非必要性时回到我们中，当我们变得非必要时再返回到我自己。就像一口文化浓汤，里面的每个微生物靠邻居微生物的毁灭而滋养自己，没有有机的全体性，有的是个体不断的去全体化过程，随后个体将被再全体化，以此循环类推。每一本书返回到其他书中，这些书将摧毁先前的书，并将最终被另一批书摧毁。无作品无价值的个人主义产生出无器官行为的有机体。"商业社会"可以呈现一个迷人的家庭圈子。但这个无家者的家庭看起来像是资产阶级社会自身的一个拷贝。"作品，"在《精神的动物王国》中，"具有商品在自由经济中同样的含义。这里，作为具体劳动的具体产品的商品被溶解于其货币等值中；那边，个人作品同时既是商品也是货币。"作品本身的价值——比如艺术作品、论文文集、文本的实质——要低于它们带给读者的社会等值（可视性、知名度、信誉，等等）：它们在个体价值的一般流通中是支付的手段；也就是说，最终，它们是相互贬值的工具。作品自身为了其相对位置的利益在它们内在的必然性中化为乌有。媒体化的社会贬值了话语而高估了位置和时刻的指数——标牌的通货膨胀等于语义的通货紧缩。无所谓说了什么，重要的是谁说的，什么时候，在哪里。总之，知识分子动物唯一的共同作品是溶解，他们溶解了所有作品，他们中的每个人被其他所有人所溶解。

我们是否可以从内部打破这些不幸之圈？其中极端的奚落，或许因为这些圈子不更新便无法被描述，既然那个轮到陈述的人，将立即被怀疑代人发言。或者将某些糟糕的不满曲解为良好的动机。这么多页文字带给未来读者的巨大不适，无疑会令他们对此处的伪装言论感到遗憾。最好的敌人是亲密的敌人，为什么要用漫画来表现自画像？

莫里斯·达弗杰[①]写道："当一个知识分子说起知识分子们，他说的是他自己。他用复数和第三人称来表述应该是单数第一人称的思想。当连续不断的我令人无法忍受的时候该怎么办呢？实际情况其实要含蓄很多，因为将他自己的思想应付的责任归于一个一般的抽象的他人，是一种巨大的傲慢和某种怯懦。"我们已经测量了傲慢与怯懦，这两者说服了我们不要使用单数第一人称（因为我们可能会在解释原因的无人称的"我"和原创性展示的教派式的"我自己"之间划清界限）。在话语的秩序中，以"我自己"为参考，不仅违背廉耻心更违背理性。我们曾都更倾向于这种风险——首先，最显而易见的，人们会指责我们有太多的账要跟知识分子清算——和我们自己——以免我们严重搞错账单。如果，在读者看来，结算和计算他的账户是一回事，我们将很乐意为这种揣测买单。集合所有的良知而不减少其独立性，这不是一项轻松的任务，而且世俗历史完全不打算履行由哲学家起草的旧社会合同。无论如何，辽阔的世界隐藏了足够的虔诚与相容性，可以让那些曾经放任自己的人，把希望寄托在知识分子世界里，在那里发现我即我们，我们即我，用一颗

[①] 莫里斯·达弗杰（Maurice Duverger，1917—2014），法国法学和政治学家。

轻盈的心扣上他们的行李箱。

"有一天,"尼采写道,"我们受到别人用对我们的看法所发起的攻击,然后我们认识到这才是最猛烈的。"

但面对一个空虚的地方,攻击者该怎么办?

II. 地狱新门

> 到目前为止,进步一直被认为是最好的承诺。
> 今天,我们知道进步同样也是末日的宣告者。
>
> ——米兰·昆德拉

1. 技术与意识形态的功能并不对立而是成直接比例关系:前者越复杂,后者越简单,因此也越强大。信息新技术增强了意识形态的实践能力。大众媒体的崛起在人类历史上第一次令媒体人成为大众人。传播导致的生产移位使传播执行者介入事物的操作者。监督员对劳动者的控制正在进行中。知识分子时代降临了。

2. 知识分子时代将属于最重要的知识分子。事实上,一个消息的信息价值和它的可传播性之间关系倒置。一个思想越可论证,它的传播代价越高、接受效果风险越大。理性经济令理性成为反经济。大众媒体在知识分子内部进行的底层选拔是严格而不可撤销的,因为知识分子社会自身服从一个严格而不可撤销的法则。大众媒体保证将私人的蠢话进行最大社会化。这种社会蠢话可以作为精密数学的攻击对象。除此之外,它无懈可击。

3.信息有价。信息理论将一切对信息传输与接收的内在的能量消耗称为"负熵"。"信息的增长类似同样可能状态的数量的对数"也已成立。我们可以试问,这可以将信息物理概念数学化的法则,是否不会导出一条指挥社会信息技术发展的收益递减规律。我们将发现,熵或能量损耗随着流通的延长及传输量的增长呈几何比例地增多。换言之,信息的精确性因信息层面的不断扩张而日益成为不可能。坏的信息驱逐了好的信息,因为真相的成本越来越高。

4.纸质媒体编辑类版面的减少;体育及气象在广播电视新闻中所占时间规律性地延长,通讯社缺乏精确性的电讯消息的增多;文学评论收缩成印刷的小糖锭;有益于意识形态信号装置的理论辩论的消逝:用专业人士的解释,所有这些对合现象都是迫于位置、时间、资金及收益(消费者)的不足。这些"不足"其实显示了令真相费用更加高不可攀的一种深层趋势。真相是富裕社会越来越消费不起的奢侈品。

5.最低能者有条不紊的晋升,如果这不能解释为一个非常严重的意识形态现象,将只是一个有趣的社会学经验:在以理性劳动结果的实际应用为基础的一个文明的内部,非理性无法抵挡地逆流而上。人类在每个阶段的演变或许可以见证,介于泛滥生产的手段与技术能力、错觉中的数量与真实的功率之间的,是一个恒定的相对价值比率。非理性的造反(教派、法师、教主、预言家是其中的泡沫)并没有违背这条法则。作为补偿效应,其上升刻度的分级与科学性应用阈值的提高相平行。客观世界越"理性化",非理性越为其注入主观性。科学如果不完善非科学或反科学,便无法提高它自己的性能;与此同时,被约束性越来越强的社会框架强化的个体联网也强化了渴望从中逃离的个人主义意志。所以,"意识形态"与"科学"并不对立,而是超过它,陪它上路,如影相随。

6. "没有新意可言"——在目前阶段,这种观点是否等于向千禧年的讨巧说法低头,而不是质问技术科学的进步是否在文明进程中接近向后飞跃的唯一的量化触发器?受现阶段物质与社会环境的加速理性化的推动,对非理性的要求已达临界阈值;而在这个环境中,知识分子行为被供求法则支配着。如果从未有过对逻辑抽象的社会要求,西方社会对商标(logos)的怪癖已经抽象到了保留空间。一方面是古老袖珍书的死亡,一方面是远程通讯与信息处理的发展,两者将联于为唯灵论和唯心主义提供一个大众市场,以及作为奖励,为它们提供一个很好的"叛徒"教士。世界越是被掌握和现代化,它的客观真实越模糊、越远离它的使用者。在现代化的尽头是上帝与魔鬼。以及神甫。

7. 科学的发达延长并复杂化了真相的建立过程;媒体的发展缩短并强调了行政化程序。今日社会很大一部分幻想破灭产生于这种反差中。然而,还有明天的惶恐与自杀。

8. 如果人类有一天自杀了——或日复一日地——突然或慢性地自杀,必将伴随着音乐——无论是否发生原子战。"最小加密,最大接收"（赛尔①）。音乐是一种全球性的传播，因为她没有什么要传播。一张带声图像的传输利润要高于一个符号的传输利润，因为就神经装置而言，接收一幅图画比破译符号更廉价。那么，无间歇全方位的流行音乐将极有可能就是我们的未来，同一运动将装满迪斯科舞厅，扫空会议厅。向生理神经需求的转移，属于宇宙物理学的范畴，强调了停顿的紧迫性。事实上，喜欢音乐的塞尔可以解释为什么乔尼·哈立戴（Johnny Hallyday）能够主宰社会思想的舞台。乔尼·哈立戴，自己解释不了，只能让他的歌迷转去听赛尔。传统的非对称性，危险之大，超越了一定的状态。

9. 对于媒体来说，最好的信息是信息量最少的，越不知所云越容易被理解。我们官方计划中始终最显要的微不足道以它的方式表明了这条经济规则，根据这条规则，最令人满意的信息（从媒体角度而言）即最低值的传播（从数学角度而言）。音乐控制的极点再造了纯净噪音。

*

从实用角度，两条道路似乎有可能避开这种野蛮。

如果我们认为人类的进步需要尽快关闭循环以重新开始"某些其他事物"，我们将选择以恶攻恶，加快噪音流的循环速度直到头晕眼花，同时彻底消灭真理与事实的旧标准，不留一丝疑问。积极与

---

① 赛尔（Michel Serres，1930—2019），法国哲学家和作家。

谵妄合作，始终提倡更多的轰动性，让法师们再演一次，在每晚的今早新闻中再加入一则新的新闻。简而言之，到处加。这将是我们称为"革命性的颓废"，和平时期针对一战期间颓败主义革命的回应，从而尽快走出令媒体奔跑退化的中世纪初期，令自动点唱机疯狂，爆炸耳鼓和大脑——直到彻底碎裂，将人们送回他们内心的时光，在墙角下，静寂中。这将是一个重新回来的真时代。可如果它像是石器时代呢？

与最糟政策相对立的是善之政策，在媒体官僚氛围的地方，以批评的武器换取对武器的批评。值得尊敬的道德反应，但是局部的、个人的反应。无疑，直接行动是就一个悖谬的自我辩护，所有被卡住的对媒体的批评都在这个悖谬中：批评的客体（抵制也属于同一措辞）具有通过避免批评主体进入流通从而将其消灭的物质特性。但是一个历史和集体性的问题只能通过历史和集体的办法来解决。道德是绝望者的最后一招。

在此情况下，绝望将是无理性的，因为两者可以合一：如果是最后一招，第一种情况最终将会出现。如果他们显得难以寻觅，最终将为人所共知。在这两种情况下，最后的发言权将不属于遏制者。